SeaEagle

SeaEagle

SeaEagle

SeaEagle

你一定想看的亞洲史

Asian history you must know

乾乾脆脆的，把亞洲史一次給理清楚！

每個事件都與中國、世界歷史對照
一目瞭然，給記憶一個重要的位置

作者\楊益

前言

亞洲論「塊頭」居於地球七大洲之首，佔有全球三成的陸地面積、六成的人口數。所以現在提「亞洲的時代」簡直有點「多餘」——全球一大半人口都在這裡呢。

在過去很長一段時間，一說「亞非拉」，就是第三世界發展中國家。不過，亞洲相較非洲和拉美，又有很大的不同。美洲和非洲雖然也有歷史悠久的文明，但在歐洲崛起之後，卻都先後被強大的外來力量征服，先前的文明進展幾乎被生生打斷，從殖民地文化中開始了一段新的歷史，前後歷史是截然不同的時代。

相比之下，亞洲在過去幾千年裡，本身文明較為發達，與歐洲的互動（貿易與戰爭）頻繁，整體來說勢均力敵，誰也不能壓倒誰。在亞洲也不斷興起強大的帝國，如亞述帝國、阿契美尼德波斯、塞琉古、帕提亞、薩非、阿拉伯帝國、塞爾柱帝國、蒙古帝國、帖木兒帝國、奧斯曼帝國及中國的諸朝代等，其中不少是地跨兩大洲甚至三大洲的帝國，對歐洲造成了很大壓力。

因此，即使在16世紀歐洲開始領跑之後，亞洲各國依然憑藉強大的實力和慣性，與外部入侵的歐洲人對抗著，一直對抗了幾百年。在這個過程中，亞洲人不斷地從痛苦中學習，堅持越久，痛苦越重，但終究是保留了自己的特色與尊嚴。正是由於這種堅持，才使得亞洲能在陣痛之後贏得今日的新生。今日的亞洲，一方面不可避免地接受了歐洲人帶來的先進文明影響，同時，也延續著數千年的自我文明。

亞洲不但歷史悠久，而且地域極為廣闊。這就造成亞洲文明發展必然是多頭並進，彼此交錯影響。這也給寫一本通俗的《亞洲史》帶來了難度。如果說歐洲史可以按時間縱向劃分階段，那麼亞洲史必須同時按地理方位橫向劃分區域。為了幫助讀者理解，本書將對亞洲的區域劃分及每個區域的簡史加以概述。

大致來說，亞洲按照地理方位，可以分為北亞、東亞、東南亞、南亞、西亞、中亞這幾大塊。

北亞主要指亞洲北邊、俄羅斯東部的西伯利亞等地區。雖然地域廣大，但氣候寒冷，人煙稀少，歷史上故事並不多。這一地區曾經從屬於蒙古高原的游牧部族，蒙古西征之後，這裡曾建立了一個地廣人稀的西伯利亞汗國。16世紀下半葉，崛起的俄羅斯征服了西伯利亞汗國，從此西伯利亞成為俄羅斯的領土。

東亞主要包括中國、日本、朝鮮半島等地。這塊地方幾千年來自成一家地發展著，中國是四大文明古國之一，在東亞具有壓倒性優勢，數千年來雖然不斷地改朝換代，但是文明不曾中斷；朝鮮半島長期作為中國藩屬；日本雖也是藩屬國但數次挑戰中國。西漢以來，中國與中亞、西亞乃至歐洲逐漸有了商貿聯繫，並開闢了絲綢之路。19世紀，東亞各國先後遭到西方入侵，中國淪入半封建半殖民地的深淵後最終浴火重生。日本雖趕上帝國主義「末班車」，卻因為野心而在第二次世界大戰中遭受重創。朝鮮半島則慘遭美、蘇勢力劃分，至今仍民族割裂，也曾手足相殘過。南亞次大陸主要是印度、巴基斯坦、孟加拉等國。印度也是四大文明古國之一，但在數千年裡分裂的時間多於統一的時間。從西元前1500年左右雅利安人入侵開始，不斷遭到來自中亞的民族入侵。印度的王朝也曾強大過，將勢力擴展到阿富汗一帶，但其主因是印度王朝本身就是從阿富汗過來的。到19世紀前期，印度徹底淪為英國殖民地，直到1947年印、巴分治才結束這種地位。

西亞包括小亞細亞、阿拉伯地區和伊朗等地，其西北接歐洲，西南接非洲。歷史上，這裡是三塊大陸的交會處，也是文明碰撞最厲害的地區。四大文明古國中的兩河文明即位於此，此後又接連建立起阿契美尼德波斯、塞琉古、帕提亞、薩非、阿拉伯帝國等龐大帝國，兩千年中不斷對歐洲的古希臘城邦、古羅馬帝國、東羅馬帝國、神聖羅馬帝國等施加壓力。直到西方開始領先後，依然有奧斯曼土耳其帝國威風數百年。不過從19世紀奧斯曼土耳其帝國徹底衰敗後，這塊地方便長期處於混亂之中，先是被歐洲列強控制，獨立後的國家內部也是紛爭不息，至今都在動盪。

中亞主要指六個「斯坦」，即土庫曼、塔吉克、哈薩克、吉爾吉斯、烏茲別克、阿富汗。中亞位於亞洲中部的「十字路口」，是周邊強國爭奪的要衝。古代東西方文化交流的絲綢之路，中亞是其中核心一站。而中亞本土也常常崛起強悍的民族，向某個方向開疆拓土，建立龐大帝國。歷史上，中亞的突厥人和蒙古人建立了橫貫亞洲的塞爾柱帝國、威震西亞的帖木兒帝國、印度的德里蘇丹國和蒙兀兒王朝等，甚至奧斯曼土耳其帝國的祖上也是中亞來的突厥人。歐洲崛起後，中亞一度成為俄國和英國劇烈爭奪的咽喉之地，最終由英國控制了阿富汗，俄國佔領併吞了其他五個斯坦國。阿富汗在「一戰」後獲得獨立，卻始終無法擺脫被強大的外部勢力插手其內政的命運；五個斯坦國則在蘇聯解體後獲得獨立。

東南亞大致包括中南半島、馬來半島和東印度群島等。從地理位置來看，它們位於東亞之南、南亞之東，也是兩大古文明區域的連接處。歷史上，東南亞長期受到來自東亞、南亞這兩個方向的文明影響。但因為缺少強大的本土政權，這個地區很早就遭到歐洲人入侵，直到「二戰」後才擺脫殖民地命運，取得了獨立。

亞洲大致分為這六個板塊，要把幾千年的歷史在短短20多萬字中講出來，其難度可想而知。本書採取的模式，係將整個亞洲歷史，按時間分為7章，然後每一章中再分若干節，每一節講述一個話題或一件事，以聊天的筆法，儘量輕鬆地講出來。不過，由於前面所說的原因，亞洲的文明發展是「多主線」，所以每一章中的各節，並駕齊驅的多，前後承接的少。在本書中，每一章均涉及的史料，按照中西亞、印度、東亞三大部分的內容各自闡述，同時提到這幾大板塊彼此之間的交流。

由於涉及的人物、事件實在太多，對於具體每個國家的故事，基本都是一筆帶過。尤其對於中國歷史，各位讀者想必都較為熟悉，因此本書講得非常簡略。只是在涉及中國與亞洲其他各國乃至世界的交流時，稍微多用了一些筆墨。

目錄

｜第三章｜旗幟捲地——阿拉伯帝國時代

｜第四章｜鐵騎如風——蒙古人的興衰

｜第五章｜亞洲的衰落——西方大入侵

｜第六章｜土崩瓦解——殖民與瓜分

｜第七章｜風潮迭起——冷戰與亞洲

第一章：鴻蒙初開——上古、中古亞洲

（史前至西元前4世紀）

距今五、六千年前，亞洲已然噴射出文明的曙光。西亞的兩河文明，由蘇美、阿卡德、巴比倫、亞述等文明組成；南亞的印度，雅利安人從西邊入侵後，在此建立起種姓制度；東亞的中華文明，三皇五帝、夏商周王朝更替，商朝後裔更在朝鮮半島播撒了文明的種子；猶太人也在西亞和非洲之間進行著接力跑。到西元前4世紀—西元前6世紀，波斯第一帝國統治了整個中西亞，與西邊的希臘諸國展開了持久的戰爭；印度的釋迦牟尼創立了佛教；中國則展開諸國混戰，逐漸由分裂走向統一。

ASIA

現今亞洲政區示意圖

開闢！兩河文明

亞洲，曾被譯作「亞細亞洲」，面積約4458萬平方公里，是地球七大洲中面積最大的一個，其陸地面積約占地球陸地面積的三成，絕大部分位於北半球，位南半球的只有一些大陸架和島嶼。亞洲東臨太平洋，東北角與北美洲的阿拉斯加僅一水之隔（白令海峽），北臨北冰洋，南臨印度洋，西邊與歐洲以烏拉爾山脈、烏拉爾河、大高加索山脈、黑海等為界，西南則隔著紅海和西奈沙漠與非洲大陸相連。

亞洲名稱的由來

相傳「亞細亞」的名稱是由古代腓尼基人（生活在今天黎巴嫩、敘利亞一帶）所起。腓尼基人在地中海地區以經商為生，他們把愛琴海以東的地區稱為「Asu」，意即「日出的地方」；把愛琴海以西的地方泛稱為「Ereb」，意為「日沒地」。Asia（亞細亞）便是從Asu演化來的。Asia曾經是古羅馬的一個行省的名稱，以後概念逐漸擴大，指今天的整個亞洲地區。

亞洲領土遼闊，地形多樣，歷史上，長期作為人類文明的領跑者。古代四大文明古國中，亞洲就占了三個——古巴比倫、古印度和中國；另一個文明古國為非洲的古埃及，它也是緊挨著亞洲的。

四大文明古國總的來說各有千秋，不過在筆者上小學的時候，論起知名度，其中兩河文明的重要組成部分，古巴比倫要比其他三個低得

BC
埃及第一王朝形成
古印度興起
BC2000
巴比倫第一王朝
愛琴文明
亞述擊敗巴比倫
BC1000
羅馬王政時代
第一屆奧林匹克
佛陀誕生
羅馬共和時代
蘇格拉底出生
柏拉圖出生
亞里士多德出生
0 耶穌基督出生
基督教為合法宗教
君士坦丁統一羅馬
回教建立
神聖羅馬帝國開始
1000
第一次十字軍東征
英法百年戰爭開始
哥倫布發現新大陸
美國南北戰爭開始
第一次世界大戰
2000

多——畢竟，埃及、印度這兩個國家現在還在，中國更不用說了；可是如今，世界上卻沒有一個國家叫「巴比倫」。雖然兩河文明大致位於今天的伊拉克，可這個文明古國卻不叫「古伊拉克」，所以那時候我們都以為四大文明古國中的一個是古希臘。那麼，開篇我們就先聊聊這個「知名度曾經很低」的兩河文明吧。

兩河文明，又叫美索不達米亞文明，因為其位於兩河平原（又叫美索不達米亞平原）。這塊地方就在如今西亞的伊拉克一帶，是幼發拉底河和底格里斯河的交匯處。西亞氣候比較乾旱，但這塊地方由於河水不時氾濫，帶來了肥沃的沖積沃土，很適宜種莊稼。於是，這塊風水寶地上的人類繁衍生息得很快，在這裡哺育出了較早的文明。據考古研究發現，早在西元前9000年左右（距今1.1萬年），當地的人類就開始馴養家畜；最遲到西元前7000年時，這裡已經建立了農業村落，種植小麥，養殖山羊、綿羊、豬、狗，而且已經開始使用青銅器，這些比歐洲早了五千年以上。

兩河流域地名

大致來說，兩河流域的北邊被稱為「亞述」，南邊被稱為「巴比倫尼亞」，而巴比倫尼亞的北邊被稱為「阿卡德」，南部被稱為「蘇美」。這些命名其實都是根據在當地建立的國家命名的。此外，地中海東岸的敘利亞、黎巴嫩、巴勒斯坦地區也是個土地肥沃、交通便捷之地，這塊地與兩河流域合在一起，構成彎月形，被稱為「新月沃地」。

兩河流域歷史悠久，所謂的「兩河文明」其實是許多民族在這一帶以傳承接力的形式發展形成的文明，而且裡面很多都是由來自東南西北各地「外來人」創立的。在西元前6000年有哈蘇納文化；西元前5000多年有哈拉夫文化、薩邁拉文化；西元前4000多年有歐貝德文化。它們之所以是「文化」而不是「文明」，主要是因為還沒有形成像樣的國家制度和城鎮。

在這些文化中，有一群被叫作「蘇美人」的人，在西元前4000多年到達了兩河流域的南部。到西元前3000年左右，他們已經建立了十多個城邦。開始時這些國家都很小，每個國家只是一個到幾個城鎮加上若干個村社的形式，面積不過百八十平方公里，人口僅數千。裡面的統治者是祭司和長老，下面有自由公民，再下面是奴隸，官員則由神廟人員擔任。

此後，這些國家的邊界逐漸擴展，國力增強，人口變多，大國甚至有十幾萬人口。有的國家出現了國王，有的國家是由貴族統治。人口增加了，就得搶佔更多的土地、水源，還總想著從鄰國那裡撈點好處。於是蘇美諸國從西元前2800年開始展開了混戰，這一打就是幾百年，其間還間雜著奴隸、平民造反。到西元前24世紀，溫馬的祭司、國王盧加爾紮克西（西元前2359—西元前2335在位）大殺四方，前後佔領了50個蘇美小國，幾乎統一了蘇美。誰知，這時候卻有一個意想不到的敵人跳出來，摧毀了盧加爾紮克西的美夢。

楔形文字

西元前3200年左右，蘇美人發明了楔形文字，是世界上最早的文字之一。楔形文字最初屬於象形文字系統，後來字形結構逐漸簡化和抽象化，文字從約1000個減至約400個。已發現的楔形文字多寫於泥板上，少數寫於石頭、金屬或蠟版上。

當時來的敵人是阿卡德人。阿卡德人屬於閃米特人的一支，原本居住在西邊的北非一帶，後來逐漸往東遷徙，在西元前2500年左右才到達兩河流域，就待在蘇美人的北邊。他們眼看著蘇美人的內戰打到高潮，

BC
埃及第一王朝形成
古印度興起
BC2000
巴比倫第一王朝
愛琴文明
亞述擊敗巴比倫
BC1000
羅馬王政時代
第一屆奧林匹克
佛陀誕生
羅馬共和時代
蘇格拉底出生
柏拉圖出生
亞里士多德出生
0 耶穌基督出生
基督教為合法宗教
君士坦丁統一羅馬
回教建立
神聖羅馬帝國開始
1000
第一次十字軍東征
英法百年戰爭開始
哥倫布發現新大陸
美國南北戰爭開始
第一次世界大戰
2000

暗中高興。阿卡德國王薩爾貢一世（約西元前2371—約西元前2316年在位）一邊休養生息，一邊厲兵秣馬，訓練了幾千精兵，等溫馬把其他蘇美國家都打敗了，這才猛然揮戈南下。溫馬征服了諸邦，看似威風凜凜，實則自己也打得筋疲力盡，哪裡擋得住北邊這個養精蓄銳多時的強敵？很快就被打得大敗。薩爾貢趁勢挺進，很快征服了蘇美諸邦。可憐的蘇美人自己折騰了幾百年，反而給阿卡德人作了嫁衣裳。蘇美文明的早期階段結束了，兩河流域進入阿卡德時代。

阿卡德國王薩爾貢征服了蘇美地區後，繼續東征西伐。數十年間，他進兵掃蕩東邊的埃蘭（今天伊朗西南部）、北方的蘇巴爾圖（伊拉克北部）、西北的陶魯斯山區（今土耳其小亞細亞）及西邊的敘利亞、黎巴嫩等地，把這些地方統統變成了屬國。後面的幾任國王繼續征戰，又打了不少勝仗，建立了一個「從波斯灣到地中海」的大國，還發展了同印度的海上貿易。

然而，阿卡德王國的強盛並不長久，自薩爾貢一世死後一百多年，約西元前2191年，東邊的「蠻人」古提人便從今伊朗的紮格羅斯山區衝殺而來，直撲兩河平原，打得阿卡德軍隊滿地找牙，連國王也淪為傀儡。又過了幾十年，阿卡德王朝徹底覆滅，兩河流域進入古提王朝時期。

古提人文明程度較低，征服兩河流域純靠「亂刀砍殺」，雖然砍翻了阿卡德人，可他們自己也不知道該怎麼治理這片肥沃的土地。所以他們的霸權不過曇花一現。這時候，先前被阿卡德人壓得喘不過氣來的蘇美人可開心了，風水輪流轉，這回輪到我們坐收漁利啦！西元前2120年，漁夫出身的烏魯克人烏圖赫加爾自立為王，打敗了古提人，還抓住了古提國國王。蘇美人終於奪回了兩河流域的霸主位置。

幾年後，烏圖赫加爾的女婿烏爾納姆（約西元前2113—西元前2096年在位）殺死了岳父，又經南征北戰，在西元前21世紀末統一了兩河流域，建立了「烏爾第三王朝」，這段時期也稱為「蘇美人復興」時期。烏爾納姆文武雙全，上馬能打江山，下馬能治江山，他頒布了世界上已知的最早的成文法典——《烏爾納姆法典》。沒錯，比著名的《漢摩拉比法典》還早幾百年。

烏爾納姆法典

《烏爾納姆法典》用楔形文字寫在30多塊泥版上，一共20多條。法典規定：離婚要支付離婚費；通姦者將被處死；強暴自己的女奴要被罰款；作偽證者被罰款；鬥毆者根據傷勢賠償受害者；捉住逃亡的奴隸，奴隸主要給捉住奴隸的人報酬；傷害他人的身體要被處以酷刑並被罰款；破壞他人耕地者要賠償他人食物。

蘇美人空前強大，傲視兩河流域，誰能可敵？可惜他們還是逃不脫興衰輪迴的宿命。烏爾第三王朝的奴隸制已經很發達了，不少平民因為破產、欠債而被迫賣身為奴，奴隸則不堪殘酷的壓榨而大批逃亡。不光王國內部矛盾重重，外敵也頻繁入侵。東邊，一度臣服的埃蘭國重新與之為敵；西邊，阿摩利人又殺了過來；國內，阿卡德人則重新起兵割據。內外交困之下，烏爾第三王朝招架不住了。西元前2006年，蘇美人的國王被埃蘭軍隊俘虜，結束了烏爾第三王朝百餘年的歷史，蘇美人從此永遠地退出了兩河流域的政治舞臺。

烏爾第三王朝覆滅後，一時之間沒有一個足夠強大的力量出來統治兩河流域，以致群雄割據。南部有阿摩利人建立的巴比倫、拉爾薩王國，以及阿卡德人建立的伊辛王國；北部有埃什嫩那國、馬瑞國和強大的亞述王國；還有東邊的埃蘭國也在虎視眈眈。這些國家從西元前21世紀末開始，相互掄著板磚砸了二百多年，終於砸出了一位偉人，他就是巴比倫國王漢摩拉比（約西元前1792—西元前1750年在位）。

BC
埃及第一王朝形成
古印度興起
BC2000
巴比倫第一王朝
愛琴文明
亞述擊敗巴比倫
BC1000
羅馬王政時代
第一屆奧林匹克
佛陀誕生
羅馬共和時代
蘇格拉底出生
柏拉圖出生
亞里士多德出生
0 耶穌基督出生
基督教為合法宗教
君士坦丁統一羅馬
回教建立
神聖羅馬帝國開始
1000
第一次十字軍東征
英法百年戰爭開始
哥倫布發現新大陸
美國南北戰爭開始
第一次世界大戰
2000

上古時期 BC
夏
BC2000
BC1800
商
BC1600
BC1400
BC1200
周
BC1000
BC800
BC600
BC400
秦
BC200
漢
0
200
三國
晉
400
南北朝
隋朝
600
唐朝
800
五代十國
宋
1000
1200
元朝
明朝
1400
1600
清朝
1800
中華民國
2000

漢摩拉比是一位天生的軍政人才，善於審時度勢，當機立斷。他既懂得低頭服軟，也會聯弱抗強，還能識破敵人的離間計，反過來驅虎吞狼。必要的時候，他又能翻臉如翻書，把盟軍也一起殺掉。依靠種種手段，他在西元前1758年統一了兩河流域的大部，其勢力到達了現今土耳其東南部的迪亞巴克爾。這個時期，被稱為「古巴比倫」時期（區別於千餘年後的另一個巴比倫稱霸時期）。漢摩拉比跟幾百年前的烏爾納姆一樣，也是軍事、治理的雙料人傑。他在位期間除興修水利、開墾良田、完善曆法，他還建立了龐大的官僚機構和一支常備軍，再加上對臣民灌輸「君權神授」的意識形態，三位一體地確保了自己的統治。他最出名的事蹟當然是頒布《漢摩拉比法典》，法典是被刻在石頭上的，雖然比《烏爾納姆法典》晚了幾百年，卻要完善得多，一共有282條，包括訴訟手續、損害賠償、租佃關係、債權債務、財產繼承、對奴隸的處罰等，用該法管理一個三千多年前的國家是綽綽有餘了。

漢摩拉比的文治武功十分了不起，他的古巴比倫王國格外強盛，可是天下合久必分，祖宗再強也保不住無能的子孫。漢摩拉比死後，巴比倫王國由盛轉衰，約西元前1595年，終於被南下的強敵西臺王國攻破，這時候從漢摩拉比繼位算起也就大約二百年。此後，巴比倫雖然也曾改朝換代建立過一些政權，但終究難以重歸兩河流域霸主的地位。耐心等上近千年吧，巴比倫才有重新揚威之時。

兩河流域在西元前的幾千年裡，朝代更替，王國逐次興起，但論起來最具影響力的就是兩個，一個是最早開闢文明的蘇美人，一個就是頒布法典、建立了較為完整的國家體系的巴比倫。所以，在說起「四大文明古國」的時候，也有人把兩河文明稱為「蘇美文明」或「古巴比倫文明」。

征戰！群雄逐鹿

距今四、五千年前，以兩河流域為中心的西亞打得不可開交。不光是兩河流域本地的幾個國家，還有東邊的伊朗一帶、西北的小亞細亞一帶，以及西邊的敘利亞、黎巴嫩一帶，連非洲的古埃及都摻和進來，把地區戰爭生生打成「洲際大戰」。

比如在約西元前1595年擊潰古巴比倫的西臺王國，就是從小亞細亞來的強國。小亞細亞民風素來彪悍，西臺人的軍隊相當強大，據說能調集30萬大軍，能裝備起幾千輛馬拉戰車。要知道，這可是在三千多年前啊！要說數量或許有些誇大，但西臺人是最早使用鐵器的。鐵製的刀劍，比起銅製的武器，那破甲能力可不是同一個等級，也難怪西臺人這麼厲害，能夠打敗強大的古巴比倫國。為了確保自己的優勢，西臺人對冶鐵的技術嚴格保密，確保了幾百年的霸權。直到他們被亞述打敗後，冶鐵技術才被解密傳到附近的其他國家。

西臺王國

西臺人最早於西元前2000年左右在小亞細亞建立了一些城邦。西元前18世紀，西臺人打敗了往小亞細亞擴張的亞述人，拉巴爾納斯（約西元前1680—西元前1656年在位）執政時建立王國，此後逐漸擴張國土。約西元前1595年西臺攻破古巴比倫王國後，因為王子爭位，發生數十年內亂，版圖大為縮小。後來國王泰利皮努斯（約西元前1530—西元前

1510年在位）進行改革，確立了長子繼承制度，加強了王權，並保證了王室成員的團結，西臺王國才得以重振雄威。

結束內亂後，西臺又重新大殺四方。西臺人往東打敗了米坦尼王國，往東南降服了在巴比倫舊地建立的加喜特王朝，成為小亞細亞與兩河流域的霸主。

西臺王國還不滿足，又向敘利亞伸手。不過，這時候的古埃及也正是鼎盛時期，幾十年前古埃及就跨過西奈半島，征服了敘利亞、巴勒斯坦等大片土地。一山難容二虎，西臺要當霸主，得問問古埃及同不同意。這兩個大塊頭又打了起來，一會兒你推過來，一會兒我殺過去，前後折騰了好幾十年。戰場上互有勝敗，其間西臺一點一點地從古埃及手中把敘利亞北部啃了下來。

約西元前1269年，古埃及與西臺達成停戰和約，確認敘利亞大部分領土歸西臺所有，古埃及法老拉美西斯二世娶了西臺公主，兩國攜手對付入侵的外敵或人民起義。這也是人類史上第一份有記載的兩國和約。

卡迭石之戰

西元前1312年，古埃及法老拉美西斯二世與西臺王穆瓦塔魯在卡迭石展開決戰。雙方各出動了2萬軍隊，其中古埃及軍隊較為精銳，但法老中了穆瓦塔魯的反間計，輕敵冒進，只帶一個軍團5000精兵直撲卡迭石，遭到西臺軍主力包圍。另一個軍團緊急來援，又被西臺軍戰車伏擊，傷亡慘重。幸虧西臺軍忙於劫掠埃軍的財物，法老才逃過一劫。隨後古埃及後援趕到，西臺軍幾次進攻無果，只得撤退。這一戰兩敗俱傷，均未能達成戰略目的。此後雙方又打了十多年，都無力改變局勢，只得和談。

單純依靠武力征服四方的國家，往往根基難以牢固。西臺和古埃及為了爭霸打了幾十年，國力消耗得七七八八，再也難以維繫龐大的統治體系了。很快，佔領區的人民紛紛起來反抗西臺的統治，「海上民族」腓力斯丁人也踏著地中海的波濤而來。強大無匹的西臺王國，就在西元前13世紀末土崩瓦解，只殘存下一些西臺人的城邦，於西元前8世紀被亞述帝國徹底併吞。

西臺人的霸業煙消雲散之後，接替他們的是亞述帝國。亞述人也是閃米特人的一支，他們可是兩河流域的老住戶了。早在西元前2500年左右，亞述人就在兩河流域北部建立了城邦，西元前1800年左右建立了亞述王國。之後，亞述就像一隻「變形蟲」一樣，黏在自家的地盤上，不停地伸縮。周圍國家強大的時候，他們就低頭稱臣；周圍國家衰弱了，他們就趁機擴張、併吞土地。可一旦冒出一個新的強敵，或者某個藩屬一下子強大了，他們又識時務者為俊傑，趕緊再度拜「大哥」。就這樣，亞述起起落落上千年，目睹了蘇美人、阿卡德人、古提人、巴比倫人、西臺人的興衰存亡。在西元前1595年巴比倫帝國垮臺後，亞述就成了兩河流域最強大的本地勢力。

等到西臺帝國衰敗後，終於輪到亞述稱霸了。從亞述王亞述烏巴里特一世（約西元前1365—西元前1330年，他的名字「亞述」後來成為國號）開始，亞述連續擊敗米坦尼、巴比倫、西臺帝國等，佔領了整個兩河流域。這個強大的亞述帝國維繫了數百年，中間又是幾度興衰。尤其到西元前1000年以後，亞述人開始大批使用鐵製兵器，軍隊戰鬥力更上了一個臺階。他們不但征服了西亞的大片領土，甚至在西元前7世紀跨過西奈沙漠，把古埃及都給併吞了。這麼一來，亞述佔領了兩河流域、巴勒斯坦、敘利亞和古埃及，成為一個地跨亞、非兩洲的超級大國。

但正如先前的西臺人一樣，這種超長範圍的征服戰爭對於國家的長治久安其實有害無益，尤其亞述人是純粹的窮兵黷武，國內隱患重重。就在攻佔古埃及之後幾十年，亞述爆發內戰，北邊的游牧民族西徐亞人

BC
埃及第一王朝形成
古印度興起
BC2000
巴比倫第一王朝
愛琴文明
亞述擊敗巴比倫
BC1000
羅馬王政時代
第一屆奧林匹克
佛陀誕生
羅馬共和時代
蘇格拉底出生
柏拉圖出生
亞里士多德出生
0 耶穌基督出生
基督教為合法宗教
君士坦丁統一羅馬
回教建立
神聖羅馬帝國開始
1000
第一次十字軍東征
英法百年戰爭開始
哥倫布發現新大陸
美國南北戰爭開始
第一次世界大戰
2000

入侵，周邊藩國趁勢反噬，征服地區內的人民也紛紛起義。內外夾攻之下，稱雄七百多年的亞述帝國滅亡了。

接替亞述帝國的是新巴比倫。這個新巴比倫和一千年前滅亡的古巴比倫除了地理位置一樣，其餘可完全不是同一回事。新巴比倫又叫迦勒底王國，主體民族為迦勒底人，在西元前10世紀初才定居到兩河流域南邊，那時候阿摩利人建立的古巴比倫早就衰亡幾百年了。不過，這兩種人都是屬於閃米特族的兄弟。迦勒底人來到古巴比倫這塊地方後，逐漸成為當地的一股勢力，在亞述人統治下還鬧過好幾次叛亂。到西元前7世紀後期，亞述帝國陷入內憂外患中，迦勒底人的首領那波帕拉薩爾趁機在西元前626年奪取了古巴比倫地區，自立為新巴比倫國國王。不但自立為王，他還跟伊朗高原的米底王國結盟，夾擊亞述帝國，在西元前612年把亞述帝國消滅了。之後，新巴比倫國就和米底王國瓜分了亞述帝國的領土。新巴比倫國分得了兩河流域南部、敘利亞、巴勒斯坦和腓尼基等地區。

不過，對於敘利亞、巴勒斯坦等幾塊土地的歸屬問題，新巴比倫和米底還有爭執，從亞述統治下解放的古埃及也認為這幾塊土地屬於自己。於是乎，這兩家先前共同打擊亞述帝國的「戰友」又開始互打了起來。那波帕拉薩爾的兒子尼布甲尼撒二世（約西元前605—前562年在位）殲滅了在敘利亞的古埃及軍隊，其後又遠征阿拉伯地區，滅掉了依附於古埃及的巴勒斯坦猶太王國，把大批巴勒斯坦人抓到新巴比倫，史稱「巴比倫之囚」。

尼布甲尼撒二世還有一段風流韻事。他為了和古埃及對抗，必須維持和米底王國的盟約，所以娶了一位米底公主。可是公主離鄉背井嫁到巴比倫，思鄉心切，鬱鬱寡歡。為了讓愛妻開心，尼布甲尼撒二世修了一座華麗的花園，據說是將花園建設在四層平臺之上，平臺則由25公尺高的柱子支撐，還有高架的灌溉系統，園中種植各種奇花異草，蔥郁絢麗，遠看猶如懸在半空中的仙域一般。這就是歷史上著名的「巴比倫空中花園」，名列世界八大奇蹟之一。除了這個面子工程，尼布甲尼撒二世在建設上也頗有成就，新巴比倫成為舉世聞名的繁華之都，商人往來如織，都市中樓閣林立，好一派富貴氣相。可惜，這也就是兩河文明的最後輝煌了。尼布甲尼撒二世死後，新巴比倫跟前面的幾個朝代一樣，迅速陷入混亂。王室內鬥，軍隊干政，祭司集團和王室的矛盾很大。它的東邊崛起了強大無比的波斯第一帝國（阿契美尼德王朝）。

西元前539年，波斯軍隊兵臨新巴比倫城城下，城內的祭司竟然開城縱敵進入，於是新巴比倫王國滅亡了。新巴比倫王國從成立到滅亡還不到一百年時間，「兩河流域文明」的發展也就到此告一段落了。

BC
埃及第一王朝形成
古印度興起
BC2000
巴比倫第一王朝
愛琴文明
亞述擊敗巴比倫
BC1000
羅馬王政時代
第一屆奧林匹克
佛陀誕生
羅馬共和時代
蘇格拉底出生
柏拉圖出生
亞里士多德出生
0 耶穌基督出生
基督教為合法宗教
君士坦丁統一羅馬
回教建立
神聖羅馬帝國開始
1000
第一次十字軍東征
英法百年戰爭開始
哥倫布發現新大陸
美國南北戰爭開始
第一次世界大戰
2000

興衰！波斯的阿契美尼德王朝

消滅新巴比倫國，徹底終結兩河文明的是波斯的阿契美尼德王朝（又叫波斯第一王朝）。波斯指今天的伊朗，緊臨著兩河流域，雖然發展程度略低於兩河流域，卻也是一個文明發達的地方。其中的埃蘭、米底等國家很早就參加了兩河流域的爭霸。波斯人屬於印歐人種。西元前700年左右，一個叫阿契美尼德的部族首領，在今天伊朗西南地區建立了一個小小的波斯王國。後來，北邊的米底王國強大起來，在西元前7世紀和新巴比倫一起滅亡了亞述帝國，勢力如日中天。波斯王國就臣服於米底王國，兩國之間長期通婚，關係倒也不錯。

又過了不到一百年，阿契美尼德的國王換成了居魯士二世（約西元前559—西元前529年在位），他的父親是阿契美尼德的曾孫，媽媽則是米底的公主。據說他的外公——米底國王阿斯提阿格斯很早就做過一個夢，夢見自己的外孫將要取代米底，於是他多次迫害居魯士。但所謂吉人自有天相，小居魯士多次逃脫了外公的毒手。還傳聞，居魯士的乳母綽號「母狼」，日後以訛傳訛變成了「居魯士是母狼哺育大的」。這與「母狼哺育了羅馬」如出一轍。

西元前559年，居魯士成為波斯的首領。他首先用幾年的時間統一了波斯的各個部族，然後在西元前553年召集全部波斯壯丁，殺奔米底而去。經過三年苦戰，居魯士攻克了米底都城，在西元前550年正式建立了波斯帝國。此後的幾年裡，居魯士又征服了埃蘭、帕提亞、亞美尼亞等小國。

當時在西亞一帶總共有三大強國：小亞細亞的呂底亞王國、伊朗的米底王國和伊拉克的新巴比倫王國。波斯滅亡米底王國，激起了呂底亞國王克洛伊索斯的嫉恨，決定替天行道，教訓這群波斯小子。據說出征之前這位國王去求神問卜，之後就信心滿滿地出兵去攻打波斯了。

小亞細亞素來尚武，呂底亞軍隊裝備精良，尤其有精銳的長矛騎兵；而波斯軍人多勢眾，雙方大戰數陣，不分勝敗。居魯士想出妙計，把大群馱運輜重的駱駝集合到隊伍前面，一起大聲鳴叫著衝過去。呂底亞騎兵的戰馬一看到這麼多臭烘烘、毛茸茸的大怪物怪叫著衝來，嚇得紛紛亂跳亂竄，陣腳大亂。居魯士趁機揮軍掩殺，大敗呂底亞軍。西元前546年，呂底亞被波斯攻佔。

攻滅呂底亞之後，居魯士揮戈向東，征服了伊朗東部和中亞地區，穩定了後方。然後，他在西元前539年向西亞的最後一個強國——新巴比倫進攻。新巴比倫雖然強盛一時，此時早已威風不再。波斯兵鋒所到之處，新巴比倫祭司開城迎降。於是，兩河流域最後一個本土強國也做了波斯的屬地。

至此，居魯士統一西亞。難能可貴的是，他雖然用武力征服了各國，卻並沒有恃強凌弱，用武力來推行「波斯化」。相反，他每打下一片土地，都會去拜訪貴族，安撫民眾，保留當地的傳統和政治機構，還允許被征服的地區供奉自己本族的神祇。他把被新巴比倫王國囚禁的大批猶太人放回了巴勒斯坦地區，這種善舉使這位波斯國王在《聖經》中被譽為「上帝的工具」，說是上帝保佑居魯士所向披靡。被俘的呂底亞國王克洛伊索斯也保住了性命，居魯士還聽從他的建議，頒布軍紀，嚴防波斯軍隊劫掠小亞細亞。

智勇雙全而又寬厚仁慈的居魯士，不愧是一位偉大的君王，因此後世尊稱他為「居魯士大帝」。此後，居魯士繼續東征西伐，擴張領土，打下了今天的伊朗東部、中亞五國和阿富汗的大片土地，向東接近印度

BC
埃及第一王朝形成
古印度興起
BC2000
巴比倫第一王朝
愛琴文明
亞述擊敗巴比倫
BC1000
羅馬王政時代
第一屆奧林匹克
佛陀誕生
羅馬共和時代
蘇格拉底出生
柏拉圖出生
亞里士多德出生
0 耶穌基督出生
基督教為合法宗教
君士坦丁統一羅馬
回教建立
神聖羅馬帝國開始
1000
第一次十字軍東征
英法百年戰爭開始
哥倫布發現新大陸
美國南北戰爭開始
第一次世界大戰
2000

河流域、帕米爾高原等。

常在河邊走，哪能不濕鞋。居魯士酷好戎馬征戰，終究是有打敗仗的時候。西元前530年，他出兵討伐馬薩格泰人（在今天裡海東岸，伊朗東部地區），與馬薩格泰女王的大軍展開一場血戰。波斯軍隊幾乎全軍覆沒，居魯士也陣亡了。他的腦袋被女王割下來放到裝滿血的皮袋裡，並說：「你不是嗜血嗎，我讓你喝個夠！」

居魯士死了，但波斯帝國繼續擴張。他的兒子岡比西斯二世（西元前529—西元前522年在位）繼承父志，打敗了馬薩格泰人，更向西攻滅埃及，把肥沃的古埃及變成了波斯的糧倉。波斯一口氣滅了兩大文明古國，成為地跨兩大洲、規模空前的強大帝國。

後來岡比西斯二世病故，其堂弟大流士一世（西元前522—西元前486年在位，是居魯士大帝叔叔的孫子）繼位。他鎮壓國內的暴動，進行了政治、軍事、經濟、法律的改革，使得波斯國力更加強大。大流士一世同樣積極擴張，他往東一直打到了印度西北地方，往西則從小亞細亞進入歐洲巴爾幹地區，征服了色雷斯人（今天的保加利亞）。波斯帝國因此成為世界歷史上第一個地跨歐、亞、非三個大洲的帝國。

波斯宗教與民族

波斯帝國的宗教是瑣羅亞斯德教（又叫拜火教、祆教），教義核心是善神（光明之神）阿胡拉·馬茲達和惡神（黑暗之神）安哥拉·曼紐特勢不兩立的戰爭，而火是善神的標誌，是光明和生命的象徵。信徒崇拜火焰，堅持善思、善言和善行，死後靈魂升入天堂。大流士一世本人是個虔誠的拜火教教徒，拜火教是波斯帝國主流宗教。不過，其他宗教信仰也被寬容對待。在波斯境內的各民族中，閃族的腓尼基人、阿拉米人和猶太人對波斯帝國很有感情，而直接被波斯征服的米底人、巴比倫

上古時期 BC
夏
BC2000
BC1800
商
BC1600
BC1400
BC1200
周
BC1000
BC800
BC600
BC400
秦
BC200
漢
0
三國
200
晉
400
南北朝
隋朝
600
唐朝
800
五代十國
宋
1000
1200
元朝
明朝
1400
1600
清朝
1800
中華民國
2000

人、埃及人和歐洲的希臘人等，則一有機會就造反。

所向披靡的波斯帝國，之後終於遇上了最強的對手，那就是歐洲文明的「始祖」——古希臘人。西元前6世紀的古希臘已經到達巔峰，經濟、文化、科學、政治全面繁榮，其勢力遍佈地中海沿岸，小亞細亞和古埃及地區在被波斯征服之前也早已「希臘化」。單拿軍事來說，儘管希臘分為許多個城邦國，力量分散，難以聚集如波斯人那樣的龐大兵力，但希臘軍隊裝備精良，戰術相當成熟，歐、亞兩大文明的碰撞，鹿死誰手實在難說。

戰爭首先在小亞細亞開打，大流士一世輕而易舉地就把當地希臘人的殖民城邦一一征服了。接著該對希臘本土動手了。西元前492年，大流士一世派兵出征希臘，誰知人倒楣了喝口涼水都塞牙，半途遭遇大風暴，艦隊被打沉大半，只得退回來。西元前490年，大流士一世第二次出兵，順利在希臘登陸。誰知馬拉松一戰，波斯軍隊被雅典的步兵方陣殺得大敗。之後沒幾年，大流士一世就死了。

大流士一世之子薛西斯一世（西元前485—西元前465年在位）繼位後，繼續攻打希臘。西元前480年，薛西斯一世率領數十萬大軍、上千艘戰艦再度殺奔希臘，滿以為這回是牛刀殺雞，必是輕而易舉。哪曉得陸軍先在溫泉關被斯巴達300精兵阻擋了好幾天，之後海軍又在薩拉米灣海戰中被希臘聯合艦隊殲滅。第二年，陸軍又在布拉底被希臘聯軍打敗，鬧了個灰頭土臉。

再往後，希臘聯軍轉入反攻，把愛琴海上的島嶼和沿岸要地逐個奪取了。波斯連吃敗仗，只好和希臘簽訂和約（西元前449年的《卡里阿斯和約》），波斯放棄對愛琴海及赫勒斯滂和博斯普魯斯海峽（黑海出口）的控制權，承認小亞細亞西岸的希臘各城邦獨立。

希波戰爭成為波斯帝國由盛轉衰的關鍵點。波斯不但被希臘人打得丟盔棄甲，停止了向歐洲的擴張，而且耗得「脾弱腎虛」，國內的反對

BC
埃及第一王朝形成
古印度興起
BC2000
巴比倫第一王朝
愛琴文明
亞述擊敗巴比倫
BC1000
羅馬王政時代
第一屆奧林匹克
佛陀誕生
羅馬共和時代
蘇格拉底出生
柏拉圖出生
亞里士多德出生
0 耶穌基督出生
基督教為合法宗教
君士坦丁統一羅馬
回教建立
神聖羅馬帝國開始
1000
第一次十字軍東征
英法百年戰爭開始
哥倫布發現新大陸
美國南北戰爭開始
第一次世界大戰
2000

勢力趁機鬧了起來，連古埃及都一度獨立了幾十年。各地的總督不再服從朝廷命令，而是據地自立為正。波斯皇宮之中，陰謀頻出，流血事件不止，薛西斯一世就死於暗殺。

儘管在希波戰爭之後，希臘各城邦間也爆發了內戰，斯巴達、雅典、底比斯、科林斯等強邦彼此混戰不休，這給了波斯帝國重新稱霸的機會，但波斯帝國內部的問題並沒有因此得到改善，宮廷政變、人民起義和軍隊叛亂此起彼伏。歐、亞兩大文明在這一場曠日持久的戰亂之後，沒有誰是贏家。

到了西元前4世紀，希臘北邊的馬其頓王國崛起，打敗其他城邦，成了希臘的盟主。西元前337年，馬其頓國王腓力二世建立了「泛希臘同盟」，準備團結希臘人一起往東去打波斯。波斯王大流士三世（西元前336—西元前331年在位）驚嚇之餘，趕緊派出刺客把腓力二世給暗殺了。誰知，他殺了一個腓力二世，卻把另一個更可怕的對手推上了臺，那就是腓力二世的兒子亞歷山大。亞歷山大迅速整合老爹的舊部，把希臘各邦統一在一起，於西元前334年春天率領3.5萬精兵，開始了東征波斯之旅。

亞歷山大的這場遠征是戰爭史上的一個傳奇，是歐洲人的一個榮耀，然而對波斯帝國而言，卻是一個慘烈的悲劇，充分演繹了什麼叫「兵敗如山倒」。大流世三世也好，其他波斯將領、總督也好，糾集兵馬去跟亞歷山大對陣，那是打一仗輸一仗。西元前333年，小亞細亞全丟了；西元前332年，地中海東岸、埃及丟了，波斯海軍全完了。大流士三世心想，識時務者為俊傑嘛，他忍辱負重，向亞歷山大求和，願意割地賠款。誰知亞歷山大不屑一顧：誰要你割地賠款？我要的是整個波斯，把你打趴下了，這些地啊款啊不全是我的？

西元前331年10月，大流士三世率領剩下的波斯主力，在高加米拉（今伊拉克）和亞歷山大的希臘聯軍決戰。保守估計，波斯投入了近30

萬大軍，而馬其頓不到5萬。但雙方士兵的訓練、裝備、士氣和將領的謀略都實在相差太遠，波斯軍早已是驚弓之鳥，因為害怕遭到馬其頓軍夜襲，竟然擺好陣勢在戰場站了一夜。次日早上，波斯軍先以戰象和戰車突擊，都被馬其頓軍擊潰。隨後，波斯軍兩翼騎兵殺出，將亞歷山大兩翼壓制得喘不過氣來。亞歷山大中央步兵則和波斯軍步兵主力相持不下。眼看著波斯軍有了點勝利的希望，不料陣前忽然煙塵飛揚，亞歷山大親率2000精騎直衝大流士三世的中軍，波斯軍隊如波浪開裂般被敵軍分隔。轉眼間，亞歷山大衝到大流士三世車前不遠處，大喝一聲，親手投出標槍，戳死了大流士三世的車夫。波斯軍聽到國王車上傳來一聲慘叫，還以為大流士三世被殺了，士氣頓時跌落到谷底，紛紛潰退。希臘和波斯之間的這場規模最大的會戰，遂以亞歷山大的全勝而告終。

此後，亞歷山大很快佔領了巴比倫城，以及波斯帝國的三個城市蘇薩、波斯波利斯和埃克巴坦，單是繳獲的金銀財寶，據說就用了5000頭駱駝和2萬匹騾子來搬運。而可憐的大流士三世則被叛臣殺害。疆域空前的波斯第一帝國就此覆亡，立國前後兩百多年。

大流士三世和亞歷山大

大流士三世為人寬厚，在高加米拉決戰前，他曾寫信給亞歷山大，以長輩口吻勸他不要過於輕狂，表示願意與亞歷山大分地為王。亞歷山大卻冷酷地回答，你趕緊準備決戰吧，這個世界容不下兩個大帝。大流士三世沒法子，只得祈禱自己死後波斯能被一個仁慈的征服者統治。大流士三世被叛臣刺傷後，又被緊追而來的馬其頓士兵發現。臨終前的大流士三世和馬其頓士兵握手，請他轉達自己對亞歷山大的敬意。之後，亞歷山大為大流士三世舉辦了盛大的國葬，把殺害他的叛徒五馬分屍。

在波斯帝國龐大的國土之上，馬其頓國王亞歷山大娶了大流士三世的公主，然後繼續追亡逐北，把波斯的領土全部收入囊中，更飲馬印度河，建立起比波斯帝國更為遼闊的亞歷山大帝國，領土大部分在亞洲，統治核心在巴比倫。希臘文明因而推廣到了中、西亞各地。

西元前323年，一代雄主亞歷山大因病去世，帝國頓時分崩離析。部將們一番混戰，最後將帝國分裂成幾大塊：佔據希臘、馬其頓地區的卡山德王朝；佔據中亞地區的塞琉西王朝；佔據埃及地區的托勒密王朝等。此後三百年間，整個亞洲的中西部進入了「希臘化」時代。

遷移！希伯來人

在今天北非、西亞一帶居住著一大群人，他們是白種人，但又和歐羅巴人種差異很大，這就是「閃米特人」（簡稱閃人）。據研究，閃米特人最早是生活在北非一帶。西元前5000年左右，撒哈拉逐漸從草原變成沙漠，閃人陸續東遷，很多人搬遷到了今天的西亞一帶。在前面說的兩河文明中，不少國家都是由閃人建立的，比如說阿卡德王朝的阿卡德人、古巴比倫王國的阿摩利人、亞述帝國的亞述人、新巴比倫的迦勒底人等都是閃人，可以說兩河文明中有一大半是閃人創造的。還有在地中海東岸，今天黎巴嫩、敘利亞、巴勒斯坦一帶的腓尼基人（迦南人）也是閃米特人。這些人在西元前3000年就定居下來，擅長航海經商，人稱「海上民族」，其中一支還跑到北非建立了殖民地，建立了稱霸地中海數百年的迦太基國。在這些閃人中，有一支長期居於阿拉伯半島，最後在西元7世紀建立起地跨三洲的龐大帝國，甚至幾乎席捲整個歐洲，他們就是阿拉伯人。阿拉伯人的故事，留待後面再講。還有另一支閃人，在數千年中奔波勞頓，足跡遍及全球，飽受壓制、厭棄，同時也累積了難以想像的財富和智慧，他們就是猶太人。這裡我們先聊聊猶太人在中古時期的故事。

話說在西元前2000年的時候，兩河流域北邊的哈蘭地區居住著一群閃米特人，以游牧為生。後來，他們在傳說中的首領亞伯拉罕的率領下，從伊拉克進入敘利亞，又往巴勒斯坦地區遷徙。這就少不了跟當地同屬閃族的迦南人玩些謀財害命、掄磚舞刀的把戲。迦南人把這些遠道

BC
埃及第一王朝形成
古印度興起
BC2000
巴比倫第一王朝
愛琴文明
亞述擊敗巴比倫
BC1000
羅馬王政時代
第一屆奧林匹克
佛陀誕生
羅馬共和時代
蘇格拉底出生
柏拉圖出生
亞里士多德出生
0 耶穌基督出生
基督教為合法宗教
君士坦丁統一羅馬
回教建立
神聖羅馬帝國開始
1000
第一次十字軍東征
英法百年戰爭開始
哥倫布發現新大陸
美國南北戰爭開始
第一次世界大戰
2000

而來的人叫作「希伯來人」，意思是「河那邊來的人」。希伯來人跟迦南人糾纏了一些年，因為前景不好，於是南下逃荒到埃及。據說他們的領袖是亞伯拉罕的孫子雅各。傳說雅各曾經和天使摔跤得勝，所以這幫人又自稱為「以色列人」，意思是「神的勇士」。

在埃及這個物產豐富的大糧倉中，希伯來人一開始過得還不錯。但後來埃及的法老想要稱霸歐、亞、非，建立強權帝國，開始瘋狂壓榨國內的人民，沒根沒底的希伯來人就成了最好的奴隸。這麼下去，希伯來人終於忍受不了了，就在西元前13世紀，由摩西率領，往東逃出埃及。傳說，摩西帶領幾十萬希伯來人在逃難途中，在西奈沙漠中寫下了「十誡」，讓大家拋棄過去雜七雜八的宗教信仰，統一信仰上帝耶和華。這樣就創立了猶太教。

希伯來人穿過西奈沙漠，回到巴勒斯坦之後，又開始和同族兄弟迦南人開戰。俗話說強龍不壓地頭蛇，加上希伯來人還分成了「以色列」和「猶太」兩個聯盟，力量分散，所以打了一百多年，也沒搶到多少地盤，還不時被迦南人打得滿地找牙。後來，希伯來人又出了幾位偉人。一位叫撒母耳的首領把各部族團結在一起；掃羅王（西元前1047—西元前1007年在位）則建立了統一的猶太—以色列國家。之後，大衛王（約西元前1040—西元前970年）和所羅門王（西元前970—西元前930年在位）先後登基，帶領希伯來人進入極盛時期，征服了約旦河以東、死海以南地區，又和埃及結交，還發展海外貿易。據稱，所羅門王不但英明神武，而且富可敵國，就連埃塞俄比亞的示巴女王都對他一見傾心，以身相許。所以埃塞俄比亞人都自稱是所羅門王的後裔。

不過，希伯來人的好日子也就這百年時間。所羅門王死後，帝國又分裂為兩個國家，北方的叫以色列王國，南方的叫猶太王國，兩家兵連禍結。好在當時兩河流域的國家也正在混戰之中，一時顧不到這邊。等到亞述王國強大起來後，在西元前721年滅了北方的以色列國。南方的猶太國雖然沒有被滅，也被迫向亞述稱臣，淪為附庸。

此後，猶太國就只能不斷地拜老大，亞述、埃及、新巴比倫、波斯……誰拳頭大誰就是宗主。新巴比倫國王尼布甲尼撒二世曾經兩次攻佔耶路撒冷，把大批猶太人掠回巴比倫。大部分人在巴比倫待到死亡，他們的後裔直到西元前559年，波斯的居魯士大帝攻滅新巴比倫之後才得以被釋放回國。在這場浩劫中，身在異國的猶太人別無指望，只能依靠宗教。於是，他們對上帝耶和華的信仰更虔誠了。返回故鄉後，這種宗教熱情進一步感染了所有的猶太人，猶太教成為深入全民族骨子裡的靈魂寄託。

在波斯帝國的統治下，猶太人生活好了不少，所以猶太人對波斯帝國是很有感情的。然而波斯帝國的統治也只有兩個世紀，隨後，猶太國又相繼被亞歷山大大帝、古埃及托勒密王國和中亞塞琉西王國所統治，最後被古羅馬征服。羅馬人對猶太人毫不客氣，一番殘酷掠奪、鎮壓之後，把他們全部轟離巴勒斯坦，使之開始了一千多年的流浪生活。

BC
埃及第一王朝形成
古印度興起
BC2000
巴比倫第一王朝
愛琴文明
亞述擊敗巴比倫
BC1000
羅馬王政時代
第一屆奧林匹克
佛陀誕生
羅馬共和時代
蘇格拉底出生
柏拉圖出生
亞里士多德出生
0 耶穌基督出生
基督教為合法宗教
君士坦丁統一羅馬
回教建立
神聖羅馬帝國開始
1000
第一次十字軍東征
英法百年戰爭開始
哥倫布發現新大陸
美國南北戰爭開始
第一次世界大戰
2000

悲憫！佛陀降生

南亞次大陸的印度，也是四大文明古國之一。早在距今四千多年前，印度河河谷便出現了城市，並創造了著名的哈拉巴文化。後來，在西元前2000—西元前1500年，大批印歐語系的金髮碧眼的白種人從中亞進入印度，征服了當地的達羅毗荼人。這些人自稱「雅利安人」，意為高貴者。經過幾個世紀的擴張，雅利安人逐漸征服了整個北印度。

最初，雅利安人在當地從事畜牧業，後來吸收當地的知識，開始種植大麥等農作物。雅利安人從西邊一路過來，也帶來了兩河流域的一些先進文化。在西元前1000年左右，鐵器出現了。雅利安人原本建立的氏族部落制度開始解體。部族同胞間的貧富差距拉開了，首領和僧侶權力增大，形成權貴階層，甚至世襲國王；一般部族成員成了窮人，甚至賣身為奴。在宗教文化方面，雅利安人把自己的部族信仰和印度本地宗教信仰結合，創造出了「婆羅門教」（在西元2世紀左右發展為印度教），僧侶被稱為「婆羅門」。

為了更好地確保權貴階層能壓倒窮人，也為了保證雅利安人能在本地佔據優勢，印度統治者們創立了種姓制度（瓦爾納制度）。簡單地說，他們把全國人民分為四大種姓：婆羅門、剎帝利、吠舍和首陀羅。其中前三個種姓是專屬於征服者雅利安人的，最後一個首陀羅屬於達羅毗荼人。

地位最高的是僧侶、祭司，即婆羅門，是所謂「最接近神的人」。位列第二的剎帝利是君王、武士、官員，掌握著世俗政權。這兩個高級種姓的人高高在上，大權在握，家財萬貫，勾結起來作威作福。

第三等級的吠舍就是平民，包括農民、工匠、商人，一般是雅利安人中的中下階層，他們要向國家納稅。第四等級首陀羅主要是被征服的人，從事「卑賤」的職業，社會地位極其低下，實際上等同於奴隸。當然，實際上第三等級和第四等級在職業分工上並沒有那麼涇渭分明，比如種地、編織，裡面既有吠舍也有首陀羅。

印度王公們還頒布了一部《摩奴法典》，規定各個種姓等級的權利及義務。其中第四等級首陀羅最慘，他們不能累積私人財產，不能對高級種姓有任何不敬。各個種姓之間發生衝突，懲罰也完全不一樣。低級種姓的人如果傷害了高級種姓的人，那麼，動手的要砍手，動腳的要砍腳。而高級種姓的人如果殺死一個首陀羅，則只需要賠償牲畜就可以了。婆羅門罵首陀羅罰款12帕那，罵吠舍罰款25帕那，罵剎帝利罰款50帕那；相反，剎帝利罵婆羅門要罰100帕那，吠舍罵婆羅門罰150帕那到200帕那，首陀羅敢罵婆羅門，就要被滾燙的油灌入嘴巴和耳朵。

印度的種姓制度規定極為森嚴，這四個種姓不能待在同一個房間；不能同桌吃飯；不能同飲一口井的水。四個種姓的職業可世襲，而且互相不許通婚。換言之，你如果是吠舍，那麼不但你一輩子是吠舍，而且你的結婚對象也只能是吠舍，你的子子孫孫都永遠是吠舍，真是「永世不得翻身」。那麼，假如真有人膽敢冒天下之大不韙，與不同種姓通婚，那生下孩子該怎麼辦呢？隨父親？隨低的一方？你太小看印度權貴的手段了。不同種姓之間通婚，生的孩子算作第五個額外等級「賤民」，比最低等的首陀羅還要低賤。賤民只能居住在村外，不能與婆羅門接觸，只能從事最低賤的職業，走在路上還要佩帶特殊的標記，口中要不斷發出聲音或敲擊器物，提示旁人及時躲避。

古往今來的社會，階級壁壘或大或小，也只有印度能做到如此。在這套制度下，印度的貧富貴賤完完全全、永生永世地被固化了。為了維

BC
埃及第一王朝形成
古印度興起
BC2000
巴比倫第一王朝
愛琴文明
亞述擊敗巴比倫
BC1000
羅馬王政時代
第一屆奧林匹克
佛陀誕生
羅馬共和時代
蘇格拉底出生
柏拉圖出生
亞里士多德出生
0 耶穌基督出生
基督教為合法宗教
君士坦丁統一羅馬
回教建立
神聖羅馬帝國開始
1000
第一次十字軍東征
英法百年戰爭開始
哥倫布發現新大陸
美國南北戰爭開始
第一次世界大戰
2000

護這個制度，最高等級的婆羅門僧侶還編出了一整套故事。他們說，把人分為四個種姓完全是神的意志，由來是原始巨人普魯沙死後，天神梵天用他的嘴造出了婆羅門，用雙手製成了剎帝利，用雙腿製成了吠舍，用雙腳製成了首陀羅。

可是，這樣讓人一輩子看不到希望真的好嗎？不怕底層人起來造反嗎？婆羅門有辦法。大家可以指望來世嘛！循規蹈矩、安分守己的人，來世就可能升為較高種姓者，不老實的人則降為較低種姓。怎麼樣，為了來世的幸福，這一世你就老老實實幹活吧！

種姓制度不但是冷酷的、不人道的，在印度人之間還製造了隔閡和對立，而且也使得社會更加落後。作為一個有著幾千年文明的大國，印度長期發展遲緩，種姓制度「功不可沒」。

到西元前7世紀，印度四分五裂，比較大的國家就有16個，小國不計其數。於是大國爭霸，小國投機，鬧得雞犬不寧。西邊的波斯帝國，還有後來的亞歷山大大帝也帶兵打過來湊熱鬧。加上種姓制度的壓迫，民眾真是生活在水深火熱之中。

這時候，很多人開始質疑婆羅門教所謂的「祭祀萬能」、「婆羅門至上」，到底是真理還是胡扯？憑什麼婆羅門就能接近天神，而首陀羅連參加宗教活動都不被允許？為何不能打破這種禁錮？只要虔誠，人人都可以出家修行！只要信仰堅定，眾生平等，四大種姓不分高低貴賤！這就是「沙門思潮」。這期間湧現出不少哲人，而最著名的一個就是大名鼎鼎的釋迦牟尼，也就是佛教中的「佛陀」。

釋迦牟尼大約在西元前6世紀出生在今天的印度和尼泊爾的邊境。他本名悉達多，父親是位釋迦族的部族酋長，叫「淨飯王」。據說，悉達多生下來就一手指天一手指地，意思是「天上天下，唯我獨尊」云云，這當然是神話。悉達多並沒有這些神蹟，但他聰明過人，而且懷有一顆悲天憫人之心。他生於權貴之家，錦衣玉食，後來娶妻生子，生活美滿。然而，目睹民眾飢寒貧病，目睹低種姓的首陀羅身處在萬劫不復之中，悉達多愁眉不展。怎樣才能讓人們免除生老病死的痛苦，怎樣才能讓萬眾平等？悉達多苦苦思索。終於，他在29歲這年毅然拋妻別子，剃髮出家，拜訪諸位有名的學者，遊學修行。經過一番遊學，學者們都希望悉達多留下來一起修行，但悉達多認為這些人還不能滿足自己的要求，於是繼續探求。

當時印度流行一種「苦行僧」的修行方式，就是不吃不睡，光著身子掛刺藤、睡釘板，或者拿刀子戳自己，指望靠這種自虐到極致的方法來勘破人世間的喜怒哀樂。悉達多畢竟年輕，從學者們那裡得不到答案，他也趕起了這個時髦，把自己折磨得形銷骨立，以至於其他苦行僧都對他佩服得五體投地，甚至懷疑他快死了。可是，即使把自己折磨得奄奄一息，悉達多依然找不到想要的答案。

有一天，悉達多到尼連禪河去洗澡，因為長期飢餓，虛脫得倒在河邊。一旁有個善良的牧羊女看了，就送給他羊奶喝。悉達多聞到香味，咕嘟咕嘟喝了好多羊奶，感覺身體舒服多了，才有精神繼續探求人生真諦。可是隨同他一起修行的幾個苦修者，卻很生氣地離開了，他們覺得悉達多貪圖享受美味的羊奶，背棄了神聖的苦修事業。這一正一反之間，悉達多忽然明白了：單純殘害自己的身體是愚蠢的，只有健康的體魄才能更好地普濟大眾。於是，他停止了自殘的苦修，來到一棵菩提樹下閉目沉思多時，他終於頓悟了。他「成佛」了，想通了化解人世間痛苦的方法，並創立了佛教。

佛教的教義

佛教包含「四諦」，也就是四個真理：苦諦、集諦、滅諦、道諦。「苦諦」是說人生的喜怒哀樂其實原本都是苦。「集諦」是指人之所以

BC
埃及第一王朝形成
古印度興起
BC2000
巴比倫第一王朝
愛琴文明
亞述擊敗巴比倫
BC1000
羅馬王政時代
第一屆奧林匹克
佛陀誕生
羅馬共和時代
蘇格拉底出生
柏拉圖出生
亞里士多德出生
0 耶穌基督出生
基督教為合法宗教
君士坦丁統一羅馬
回教建立
神聖羅馬帝國開始
1000
第一次十字軍東征
英法百年戰爭開始
哥倫布發現新大陸
美國南北戰爭開始
第一次世界大戰
2000

受苦，主要是因為欲望導致的行為，行為導致的結果。今世的果是因為上一世的因，而今世的因，來世便會成為果，善有善報，惡有惡報。「滅諦」是說要擺脫痛苦，只能消滅欲望。「道諦」是說透過修道來消滅欲望。釋迦牟尼還制定了「五戒」：不殺生、不偷盜、不邪淫、不妄語、不飲酒。出家的教徒男僧（和尚）女尼（尼姑），必須剃頭，穿僧袍，完全脫離家庭生活。另外，他們還要遵守一些出家人的專門的戒律。

此後，悉達多就到各地去傳教，招收信徒。他被弟子稱為釋迦牟尼，意思是「釋迦族的聖人」。佛教主張不分貴賤，人人平等，同情受苦人，宣揚善惡有報，今生苦樂看前世，來生果報看今生。同時佛教主張無欲無求，消除煩惱。在那個亂哄哄的年代，很多人都成為了釋迦牟尼的信徒，四個種姓中都有他的信眾。大家入教之後，與人為善，消除物欲，彷佛真的不像過去那樣痛苦、煩憂了。

釋迦牟尼傳教四十五年，80歲左右去世。據說，他的去世之處有8棵娑羅樹，東、西、南、北，每邊兩棵，都是一枯一榮，這就是「沙羅雙樹」。又說，他的遺體火化以後，沒有成灰的骨頭結成了許多五光十色的顆粒物，叫作「舍利」，這些舍利後來被幾個印度國王分別收藏到高塔中供奉起來。佛教在釋迦牟尼死後傳播到世界各地，如今擁有眾多信徒。

薪火！中華三代

在東亞地區，中華文明也登上了歷史舞臺。大約在距今五千年前，黃帝、炎帝和蚩尤三支部族聯盟在河北涿鹿展開一場大戰，最後炎、黃的聯合軍隊擊敗了蚩尤。這以後，炎、黃二族成為今天華夏民族的祖先，而蚩尤部族的人一部分加入了炎黃集團，另一部分則退到南方，後來成為苗族等少數民族的祖先。從此，中華大地進入五帝時代。

三皇五帝

三皇五帝時代統指中國夏朝之前的時期。其中三皇時代約在西元前10000年到前3077年。三皇具體所指說法不一，女媧、伏羲、神農、祝融、共工、有巢、燧人等皆在其列，一般認為不是指三個具體的上古君王，而是曾經稱雄的部族稱號。五帝則一般是指黃帝、顓頊、帝嚳、唐堯、虞舜五人，其在位時期大致在西元前27世紀到前21世紀的五、六百年間，並不是五位連續統治的君主。

西元前21世紀，中原地區發大水，當時的君王虞舜用大禹治水，靠「疏導」平定了水患，於是禹成為天下之王。其後，禹的兒子啟仗著父親的功勞威望，自立為王，開創了中國有史記載的第一個王朝——夏朝。

夏朝傳承四百多年，末代君王夏桀昏庸殘暴，民怨沸騰。商國的君主成湯在西元前17世紀起兵造反，在鳴條之戰中大敗夏桀，推翻了夏王

BC
埃及第一王朝形成
古印度興起
BC2000
巴比倫第一王朝
愛琴文明
亞述擊敗巴比倫
BC1000
羅馬王政時代
第一屆奧林匹克
佛陀誕生
羅馬共和時代
蘇格拉底出生
柏拉圖出生
亞里士多德出生
0 耶穌基督出生
基督教為合法宗教
君士坦丁統一羅馬
回教建立
神聖羅馬帝國開始
1000
第一次十字軍東征
英法百年戰爭開始
哥倫布發現新大陸
美國南北戰爭開始
第一次世界大戰
2000

朝，並流放了暴君夏桀，建立商朝。

商朝延續了五百多年後，末代君王商紂王獨斷專行，窮兵黷武，對內暴虐百姓，對外大舉征討今天山東一帶的東夷。在今陝西崛起的周，在周武王姬發率領下乘虛而入，在西元前1100年左右於牧野之戰擊敗商朝的留守部隊，攻入商朝首都朝歌。商紂王走投無路，自焚而死。周武王滅掉了商朝殘餘勢力後，建立了周朝。

夏、商、周這三個朝代被稱為「三代」。相對於夏、商來說，周朝已經是一個很成熟的國家了。周朝採用的制度是分封制，就是周天子把領土分封給他下面的諸侯，每個諸侯把自己的領土分封給大夫，大夫再把領土分封給家臣，這樣層層分封，把整個社會變成層層向下的金字塔，好處是減少了管理的難度，壞處則是使得國家力量分散，容易滋生割據勢力。別小看這分封制度，西歐基本是到西羅馬帝國崩潰之後，在法蘭克王朝時期才出現，比中國晚了一千多年呢。同時，為了控制這些分封出去的諸侯不至於威脅到王權，周天子擁有一大塊肥沃的直屬領土，包括陝西中部和河南西部，面積遠遠超過任何一個諸侯。天子還擁有一支龐大的軍隊，共有大軍7.5萬人。有這兩個優勢在，也沒哪個諸侯嫌命長，敢來挑戰天子的威嚴了。不過，周朝的分封制度有個最大的麻煩，就是周天子的土地不斷往外分封出去給諸侯，很少有收回來的。這麼幾百年下來，就是金山銀山也招架不住，周天子的實力漸漸被削弱了。到西元前771年，周幽王昏庸無能，導致西邊的犬戎大舉入侵，攻佔周朝首都鎬京（在陝西），殺死了周幽王。周王室只好逃到全高京東邊，定都在洛陽。歷史上把先前定都在陝西的周朝叫作西周，遷都到河南洛陽的周朝叫作東周。

可這麼一來，失去了陝西的直屬領土（後來被秦國收復），河南的土地又慢慢被分封出去，周王室的勢力就更是一天不如一天了，反而東邊的那些諸侯國越來越強。所以整個東周的歷史，就是一部諸侯國相互混戰，順便欺負周天子的歷史。東周五百多年的歷史還可以被分成兩半，前一半為春秋時期，那時候各國打仗比較講禮節，一般是雙方擺開戰車，比劃個輸贏就收兵，也不怎麼屠殺，打了勝仗，通常也就是要求別人臣服，很少滅人國家，併吞土地也很少。大家打歸打，至少在面子上對周天子還是尊重的。

又過了兩百餘年，到了西元前5世紀，進入戰國時代，局勢就更險惡了。大魚吃小魚後，形成了七個大國，稱為「戰國七雄」。周天子剩餘的那點直屬力量在戰國七雄面前不值一提。七雄力量大了，乾脆都自稱為「王」，這就把周天子的「專稱」也給剝奪了。這個年代大家打仗都很厲害，動不動出動十幾萬、幾十萬軍隊，一仗下來砍掉的腦袋都是五位數、六位數，真是血流成河。西元前4世紀，西邊的秦國經過商鞅變法，成為實力最強的一國。到西元前3世紀中葉，秦國攻佔了周王朝的最後一點地盤，生擒末代天子周赧王，東周就這樣滅亡了。

那麼，此時中國的鄰居日本、朝鮮（韓國）在幹什麼呢？朝鮮半島上建立了第一個朝代——箕子朝鮮。原來西元前11世紀商王朝滅亡後，商紂王的叔叔箕子痛心國家的滅亡，就帶著幾千商朝遺民，一路跋涉到了朝鮮半島北部。依靠強大的武力、先進的生產力和文教，箕子征服了朝鮮半島的部族，成為朝鮮君主，被周武王封為「朝鮮侯」。

箕子和他的繼承人們，深刻銘記紂王窮兵黷武的教訓，他們的統治也就反其道而行，在朝鮮半島上的部落中傳播商貿和文教，以德服人。這樣，朝鮮半島依然存在許多部落或部落聯盟，只不過半島北部受殷商文明影響更大一些。在箕子治理下，朝鮮半島社會風氣越來越好，簡直到了「夜不閉戶」「路不拾遺」的程度。當中原的周朝變亂迭起，乃至春秋、戰國烽火連天之際，朝鮮半島上卻十分平靜，成為一片樂土。於是被戰火和苛政壓迫得難以生存的中國百姓，紛紛扶老攜幼，朝著朝鮮半島逃難，他們也帶去了中原地區最新的文化科技。甚至就連孔夫子都曾感歎，要是我的大道得不到弘揚，那我就坐船出海到朝鮮去好了。箕子朝鮮立國八百多年，甚至當周王室被秦國滅掉後，他們依然在半島上享受小國寡民的平靜生活。

至於島國日本，由於和大陸隔絕，彼此往來沒那麼方便，因此直到西元前3世紀左右，還處在所謂的「繩文時代」，也就是結繩記事。人們不依靠耕種為生，吃飯仍是依靠打獵、採集、捕魚，使用的器皿也以石器為主，真是淳樸到家。

整體來說，在中古時代，東亞地區和中西亞地區乃至歐洲地區之間的互通還很少。這也不難理解，雖然波斯帝國和亞歷山大帝國都曾經占據印度北部，但就算他們佔領了整個印度，也無法翻越喜馬拉雅山啊。而在西北，甘肅、新疆一帶還是少數民族的地盤，包括西周王朝在內，對這個地區也主要以防守為主。要想突破這種距離上的隔閡，還要等至下一個時期，等待兩位偉大的開拓者出現。

中古時代的東南亞地區

到西元前3世紀為止，東南亞的馬來半島和印尼、菲律賓等地區尚處在原始社會階段。大陸上的緬甸、老撾、柬埔寨等地則出現了一些類似部族聯盟的小邦國。在越南北部出現一個鴻龐氏王國，傳說該國君主是中國炎帝的後裔，統轄的地方不但包括越南北部，還包括中國南方的兩廣、雲南地區。西元前257年，蜀國王子蜀泮率軍滅亡了鴻龐氏王國，建立了甌雒國。由於中國歷史上的古蜀國在西元前271年就被秦徹底併吞，因此蜀泮到底是古蜀國的一位流亡貴族，還是越北或中國西南其他部族首領，史學界尚有爭議。

第二章：萬里雄心——近古亞洲

（西元前4世紀至西元7世紀）

隨著人類文明發展，東西之間的交流與衝突愈加密切。在中西亞，塞琉古帝國、帕提亞帝國、薩非帝國先後崛起，與西邊的古羅馬展開持續近千年的大戰。東邊，中華經歷了秦、漢、魏、晉、南北朝與隋、唐；朝鮮半島經歷了箕子朝鮮、衛氏朝鮮、前三國、統一新羅；日本也統一了，天皇出現後開始和權貴爭權奪利。其中，西漢時張騫出使西域，鑿穿了東亞與西方的堅壁，建立了輝煌了兩千年的絲綢之路。南邊，印度的孔雀王朝和笈多王朝先後接近統一，最終卻曇花一現。猶太人則在羅馬帝國的苛政下背井離鄉，開始了全球流浪。

ASIA

俄羅斯
歐　洲
哈薩克
烏茲別克
蒙古
土耳其
敘利亞
土庫曼
吉爾吉斯
塔吉克
北韓
南韓
日本
中國
黎巴嫩
伊拉克
伊朗
阿富汗
尼泊爾
不丹
約旦
巴勒斯坦
以色列
巴基斯坦
科威特
印度
寮國
台灣
沙烏地阿拉伯
阿拉伯聯合大公國
緬甸
孟加拉
香港
阿曼
泰國
葉　門
越南
菲律賓
柬埔寨
非洲
汶萊
OCEANIA
斯里蘭卡
馬來西亞
大洋洲
新加坡
印度尼西亞

現今亞洲政區示意圖

塞琉古！希臘化帝國

西元前4世紀時，馬其頓的亞歷山大大帝橫掃中西亞，建立了一個面積達500萬平方公里的龐大帝國。可惜他在西元前323年去世之後，部將立刻開始爭權奪利，把這個帝國瓜分了。這其中，大將塞琉古（約西元前358—西元前280年）分到了最大的一塊蛋糕：包括敘利亞地區、兩河流域、伊朗和中亞地區，面積達300多萬平方公里。這也是當時世界上國土面積最大的國家。西元前305年，塞琉古一世稱王，首都在今天土耳其的安條克。中國史書上把這個國家稱為「條支」。

按說占了這麼大的一塊地盤，還有何不滿足的？可是人心不足蛇吞象。塞琉古本是亞歷山大的部將，他不但繼承了亞歷山大的兵馬和地盤，也繼承了這位大帝的雄心，想著繼續開疆拓土，甚至統一天下。所以塞琉古建立國家後，就和附近國家打個不停。

塞琉古在西元前304年企圖征服印度，哪曉得遭遇了一個強敵——印度孔雀王朝的開國之主旃陀羅笈多（月護王）。兩人都是一代雄主，交鋒數場不分勝敗，印度的大批戰象更是讓塞琉古吃盡了苦頭。最終，兩位大王惺惺相惜，簽訂和約，通婚做了親家。塞琉古割讓了從印度河到今天阿富汗的廣大疆土給印度當禮物，印度則送給塞琉古幾百頭大象。

東牆垮了西牆補，塞琉古在印度吃了虧，轉過頭就往西邊去欺負自己的戰友們。靠著從印度弄來的「秘密武器」大象，經過十多年的混戰，他逐步把敘利亞、小亞細亞納入手中。對希臘人塞琉古來說，地中

BC
埃及第一王朝形成
古印度興起
BC2000
巴比倫第一王朝
愛琴文明
亞述擊敗巴比倫
BC1000
羅馬王政時代
第一屆奧林匹克
佛陀誕生
羅馬共和時代
蘇格拉底出生
柏拉圖出生
亞里士多德出生
0　耶穌基督出生
基督教為合法宗教
君士坦丁統一羅馬
回教建立
神聖羅馬帝國開始
1000
第一次十字軍東征
英法百年戰爭開始
哥倫布發現新大陸
美國南北戰爭開始
第一次世界大戰
2000

海沿岸的小亞細亞、敘利亞等地更靠近老家歐洲。

塞琉古王國的地盤基本上和先前的波斯第一帝國重合，所謂入鄉隨俗，其制度也跟波斯帝國很接近，國王獨斷專權，自稱君權神授（相反，在希臘國家裡民主風氣比較濃重）。波斯原本民族成分就很複雜，而塞琉古王國則是希臘人、馬其頓人開創的江山，這些外來人就成為統治階層。可是如何以少數的希臘人來統治這麼大的領土？塞琉古父子的辦法是建立一些由希臘人、馬其頓人主導的城市，以點帶面。同時，高級官吏大部分都是希臘人、馬其頓人擔任，再組建一支由希臘人、馬其頓人組成的精銳部隊，這樣，希臘人、馬其頓人總人數雖少，卻構成王國的棟樑。依靠他們作為基本力量，就可以進退自如了。為了增強統治力量，塞琉古王國還不斷用優厚條件吸引希臘人、馬其頓人移民過來。

塞琉古王國不但面積大，而且擁有兩河流域這塊土壤肥沃、農產豐盛的地區。那時候，當地不但種小麥，還種稻子，王國各地有許多手工業中心。比如敘利亞、小亞細亞和中亞的金屬冶煉；巴比倫尼亞的麻布織造；敘利亞沿海城市的紡織品、染料、玻璃製造和釀酒等，都是遠近聞名。中東地區有著名的油田，塞琉古王國時期已經開採石油用於照明了。

塞琉古王國東西萬里，水陸交通便捷，商貿相當繁榮。商人們走水路可以跟希臘、埃及、黑海乃至地中海西部做生意。陸路向西到達敘利亞和巴勒斯坦，再進入小亞細亞、亞美尼亞，向東則經伊朗後一面進入中亞，一面折向印度西部。後來著名的「絲綢之路」，就是從塞琉古國土中間穿過的，其西段終點就在塞琉古王國首都安條克城。中國和印度的絲綢、香料等由此地轉運至西方，敘利亞、兩河流域和希臘的精巧手工藝品也經此運往中亞。這一來一往之間，塞琉古王國坐地分錢，那還能不富得流油嗎？當時安條克、塞琉古亞等大城市甚至有50萬人口，是全球一等一的超級大都市。

塞琉古一世併吞了小亞細亞後還不滿足。西元前280年，他又渡過土耳其海峽，企圖進一步把馬其頓本土也打下來，建立和老長官亞歷山大一樣的功績——不同之處是亞歷山大從歐洲往東打，塞琉古是從亞洲往西打。可是這回他卻在行軍途中遇刺身亡，塞琉古帝國也從巔峰開始滑落。

塞琉古一世之子安條克一世（西元前324年—西元前261年）繼位後，領地內頻頻有人造反，托勒密王朝不斷起兵來犯，歐洲的游牧民族也不時擾襲。此後，在西元前3世紀的後期，塞琉古帝國和埃及托勒密王朝打了五次「敘利亞戰爭」，雙方互有勝敗，結果是戰爭消耗了雙方的力量。就在塞琉古帝國忙著跟埃及打仗時，小亞細亞的帕加馬（在土耳其）、中亞的巴克特里亞（在阿富汗，中國稱其為大夏）和帕提亞（在伊朗，中國稱其為安息）三處的總督趁機鬧起了獨立，帝國領土面積大為縮小。

一直到安條克三世（西元前241年—西元前187年）繼位之後，塞琉古帝國這才有了幾分「中興」的模樣。他在西邊打敗了托勒密王朝，奪取了巴勒斯坦地區，在東邊打敗了巴克特里亞和帕提亞，迫使這些叛臣在名義上繼續尊奉塞琉古帝國為宗主。接著，他趁著西邊的馬其頓王國被古羅馬打敗的機會，揮軍西進，再次登陸歐洲，佔領了色雷斯地區。

可惜安條克三世生不逢時，遇上了更厲害的對手——古羅馬。羅馬共和國剛剛打贏了第二次布匿戰爭，正在擴張時期，豈能容忍塞琉古帝國動自己嘴邊的乳酪？而安條克三世呢，他自以為地域廣闊，兵多將廣，也不把羅馬放在眼裡，還收留了羅馬的死對頭——迦太基名將漢尼拔。於是，這兩國開戰就是必然了。

西元前192年，「安條克戰爭」正式爆發。可憐的安條克三世這才見識到厲害。在嚴整的羅馬軍團面前，他的波斯、馬其頓混合部隊根本不管用。西元前190年的馬格尼西亞之戰，7萬名塞琉古軍隊被3萬名羅馬軍打敗，塞琉古軍損失5萬人，而羅馬軍僅戰死300多人。沒辦法，安條克三世只好向羅馬求和。條件非常優厚：塞琉古割讓全部歐洲和小亞細亞的領土，交出所有的戰象，只能保留12艘戰船，還要賠款15000塔蘭銀幣。

從此以後，古羅馬的勢力擴展到地中海東岸，而塞琉古則是一年不如一年。東邊的附庸國帕提亞開始不斷作亂，把帝國東部領土大口大口地啃掉，到西元前127年，連兩河流域都被其啃下來了。西邊，巴勒斯坦的猶太人又爆發了起義，幾次攻佔耶路撒冷。羅馬共和國不時地還要來指手畫腳一番。屋漏偏逢連夜雨，帝國內部爭權奪位的戰火也頻繁燃起。西元前83年，昔日的附庸國亞美尼亞攻入敘利亞，塞琉古王朝實質上滅亡了。西元前64年，古羅馬大將龐培擊敗亞美尼亞後，把敘利亞變成了羅馬的行省。這樣，曾經盤踞在西亞兩百多年的塞琉古帝國，徹底覆滅了。

塞琉古帝國在兩百餘年中擔負了歐、亞文明融合的橋樑的角色，使數百萬平方公里的亞洲土地接受了希臘文化的影響，包括哲學、宗教和政治等多方面。在塞琉古帝國滅亡後，「西亞霸主」的地位轉交給了它曾經的附屬國——帕提亞帝國。

帕提亞！重挫羅馬

把時間回推到西元前250年左右。那時候，塞琉古帝國尚且強大，古羅馬還在傾盡全力地和迦太基打第一次布匿戰爭。塞琉古帝國正在跟西邊的托勒密王朝爭奪敘利亞，誰料到被後卻燃起來一把火——東邊的兩個總督：巴克特里亞省（在阿富汗）總督狄奧多特一世，還有帕提亞省（在伊朗）總督安德拉戈拉斯幾乎同時造反。這哥倆都是希臘人，不甘心當人下屬，決定自己過一把帝王癮。於是他們據地稱王，一個建立了巴克特里亞王國（即大夏國），一個建立了帕提亞王國（即安息國）。哥倆說好，有福共享，有難同當，在東邊逍遙快活。

誰知道安德拉戈拉斯福氣太淺，沒當幾年國王，就有一個兇猛的游牧民族打了過來。來的是伊朗東部的帕尼部族，酋長叫阿爾沙克一世。安德拉戈拉斯這才知道，獨立稱王雖然威風，可背後失去了帝國的支持，天真要塌下來就沒人給頂著了！盟兄弟大夏國呢？別開玩笑了，大難臨頭各自飛啊！

就這麼生挨了幾年，安德拉戈拉斯在劫難逃，在戰場上被阿爾沙克一世砍了腦袋（西元前237年）。阿爾沙克一世把伊朗這塊地盤接收過來，自己當了國王。於是剛剛建立的帕提亞王國國王，就從希臘人換成了土生土長的本地土著人。為了強調其合法性，爭取本地群眾的支持，帕提亞王室自稱是波斯第一帝國阿契美尼德王朝的後裔。

最初幾十年裡，西邊的塞琉古帝國力量還在，不時想滅掉這個「叛賊」，收復帝國東部的土地。雙方打了不少仗，帕提亞有時候也被打得

BC
埃及第一王朝形成
古印度興起
BC2000
巴比倫第一王朝
愛琴文明
亞述擊敗巴比倫
BC1000
羅馬王政時代
第一屆奧林匹克
佛陀誕生
羅馬共和時代
蘇格拉底出生
柏拉圖出生
亞里士多德出生
0 耶穌基督出生
基督教為合法宗教
君士坦丁統一羅馬
回教建立
神聖羅馬帝國開始
1000
第一次十字軍東征
英法百年戰爭開始
哥倫布發現新大陸
美國南北戰爭開始
第一次世界大戰
2000

很慘，可是他們很頑強，即便頭破血流也不投降。到了西元前209年，塞琉古皇帝安條克三世見打不下帕提亞，只得承認帕提亞國王阿爾沙克二世（西元前211—西元前191年在位）的政治地位，相對的帕提亞也就承認塞琉古帝國為宗主國。

沒多久，西邊的塞琉古帝國流年不利，被古羅馬打得滿地找牙。帕提亞國王可不是傻瓜，趁機往西邊擴張，搶宗主國的地盤。米特里達梯一世（西元前170—西元前137年在位）當政期間，趁著塞琉古帝國內戰，率軍大舉西進，把肥沃富饒的兩河流域給打了下來，還把首都也搬遷到這裡。塞琉古帝國皇帝德米特里二世大怒，出兵欲收復失地，反而兵敗被俘，只好放棄收復兩河流域的念頭。同時，帕提亞在東邊與巴克特里亞王國大打出手，搶了不少地盤，統治範圍一直達到印度河。德米特里二世的兄弟安條克七世企圖收復兩河流域，又被帕提亞打敗，安條克七世自己也掉了腦袋，他兒子被俘虜後被封為帕提亞親王，女兒則進了帕提亞國王的後宮。

此後，帕提亞帝國繼續向西擴張，把小亞細亞、地中海沿岸的一些國家變成自己的附庸國。統治印度西北部和阿富汗東部的「印度—帕提亞王國」也一度自稱為帕提亞的附屬國。這時候，帕提亞已經是一個面積200多萬平方公里，人口600萬的大帝國了。

而帕提亞之前的宗主國塞琉古帝國呢，只剩下敘利亞一帶的土地，又過了幾十年，敘利亞、巴勒斯坦地區都被羅馬併吞了。這樣一來，不斷西進的帕提亞帝國，就和不斷東擴的古羅馬共和國碰頭了。

羅馬東邊的馬其頓、塞琉古都一個接一個地被打垮了，如今帕提亞的運氣能否好一點呢？一開始，兩國相安無事，約定以幼發拉底河為界，西邊歸羅馬，東邊歸帕提亞。古羅馬和亞美尼亞王國打仗，以及併吞敘利亞的時候，帕提亞帝國都信守諾言，兩不相助。

到西元前58年，帕提亞發生了內亂。奧羅德斯二世和米特里達梯三

世兄弟倆殺害了老爹，又開始彼此爭位。羅馬呢，正是橫著走的時候，可沒有「不干涉別國內政」的覺悟

他們插手內戰，支持米特里達梯三世，力圖扶持一個友好的帕提亞皇帝。誰知道，最後卻是奧羅德斯二世（西元前57—西元前37年在位）打贏了內戰，砍了兄弟的腦袋。羅馬作為他的兄弟的支持者，當然就是不共戴天的仇敵。這回，兩大強國必須要來分一個高低了。

正巧，古羅馬共和國當時是凱撒、龐培、克拉蘇三巨頭聯合執政時期。羅馬第一土豪克拉蘇看著凱撒、龐培兩個人屢立戰功，正在眼紅，心想老夫當年也是鎮壓了斯巴達克起義的，怎能被你們倆給比下去？西元前53年，他親率7個軍團去找帕提亞的不痛快。在克拉蘇心中，帕提亞帝國不過是一群波斯野蠻人，哪裡是英勇無敵的大羅馬軍團的對手？因此，克拉蘇驕橫跋扈，命令大軍緊追著帕提亞軍隊，一路渡過幼發拉底河發動進攻。

可是他面對的卻是帕提亞最出色的青年將領蘇雷納。蘇雷納只有一萬多的騎兵，兵力遠少於古羅馬軍團；但是帕提亞的輕騎兵射術天下無雙，重騎兵身披鐵甲，衝擊力非常恐怖，在兩河平原裡正好能發揮特長。蘇雷納深知古羅馬軍團的厲害，他專門研究過對付古羅馬軍團的戰術，還針對性地進行了訓練，他準備用東方民族的計謀來埋葬這支精銳的西方部隊。

在炎炎的夏日下，古羅馬軍隊一路穿越荒漠，終於在卡萊附近發現了帕提亞軍隊。克拉蘇下令按慣例擺成方陣，只等敵軍衝上來送死。可是帕提亞軍隊根本不和他們正面對打，而是如同狼群一樣圍著羅馬方陣飛奔，不停地向陣中射箭。帕提亞人用的弓箭，射程和威力都遠在古羅馬軍之上，古羅馬軍的盾牌、鎧甲一不注意就被射穿。而羅馬人的標槍、投石器則根本夠不到四、五十公尺外的帕提亞騎兵。這麼一來，古羅馬軍團只能被動挨打，毫無反擊能力，1萬重步兵成了1萬個人形固定

上古時期 BC
夏
BC2000
BC1800
商
BC1600
BC1400
BC1200
周
BC1000
BC800
BC600
BC400
秦
BC200
漢
0
三國
200
晉
400
南北朝
隋朝
600
唐朝
800
五代十國
宋
1000
1200
元朝
明朝
1400
清朝
1600
1800
中華民國
2000

靶。1萬帕提亞騎兵盡情地飛射，為了保證箭矢充足，蘇雷納專門用了幾千頭駱駝來運送箭矢。

克拉蘇畢竟久經戰陣，眼見局勢危急，命令幾千輕步兵和高盧騎兵從陣中反擊。結果這些輕裝部隊剛離開方陣，就被帕提亞騎兵先截斷退路，然後一陣亂箭，最後放出帕提亞重騎兵將古羅馬輕裝部隊殺個乾淨。戰役成為單方面的屠殺，直到夜幕降臨，古羅馬軍才撤出戰場。此後，深入敵境的古羅馬軍被圍困在卡萊城中，克拉蘇突圍時被帕提亞人抓住砍了腦袋。麾下4萬大軍，最後逃回國的不到1萬人。這一戰展現了帕提亞帝國的強大實力，也讓如日中天的古羅馬共和國挨了當頭一棒。而克拉蘇的喪命，更使得三巨頭中另兩個人凱撒和龐培失去制衡，從而開始了長期的內戰：先是凱撒和龐培打，然後凱撒遇刺，凱撒派和元老派打，凱撒派內的安東尼和屋大維打。直到西元前30年屋大維滅了安東尼才算消停，古羅馬共和國也轉為帝國。從某種意義上說，是帕提亞軍隊摧毀了古羅馬共和國。

這樣，就輪到帕提亞帝國反過來插手羅馬內戰了。趁著羅馬人自己打得熱鬧，帕提亞帝國往西佔領了敘利亞、小亞細亞、巴勒斯坦等地。不過，羅馬畢竟還是當時的西方第一強國，也不能指望所有統帥都如同克拉蘇一樣犯暈。等羅馬從內戰中緩過勁來後，又重整旗鼓，和帕提亞大戰數次，互有勝敗。最後，羅馬帝國開國皇帝屋大維和帕提亞帝國皇帝握手言和，重新以幼發拉底河為界。

這以後的兩百年裡，羅馬和帕提亞兩大帝國長期對峙，有時候能和平，但也少不了彼此過河拆橋、趁火打劫的勾當。雙方經常插手亞美尼亞的內政，用這種方式來較量。帕提亞發生內亂時，羅馬帝國也會火上澆油。西元前116年，羅馬皇帝圖拉真攻打帕提亞，佔領了幼發拉底河沿岸的杜拉、歐羅普斯、泰西封、塞琉西亞、查拉塞尼、蘇薩等重鎮，還扶持了殺死帕提亞皇帝的「帕奸」當國王，威風一時。隨後，羅馬軍隊遭到兩河流域的各地軍民反抗，只好狼狽地撤退。這之後，羅馬軍隊又幾次越過幼發拉底河，但每次總是無功而返，終究不能動搖帕提亞帝國的統治。

帕提亞雄踞中亞、西亞數百年，也繼承了先前由塞琉古帝國控制的絲綢之路。中國的絲綢、珍珠，印度的鐵、香料和毛皮到歐洲都可以賣高價，而帕提亞的香料、水果，還有西亞和羅馬的玻璃器皿運到中國後也很受歡迎。這條商路上財源滾滾，商人們不辭辛苦地奔波，有錢賺誰怕累啊！

西元前121年，中國漢武帝的使者到達了安息，兩個大帝國正式建立了貿易關係。西元87年，安息皇帝送給漢章帝獅子和羚羊。西元97年，東漢大將班超的副使甘英取道安息帝國，想出使羅馬。安息帝國可不願意自己東西兩面的兩個大國直接建立起外交關係，那樣不是斷了自己財路嗎？他們哄騙甘英說：「去羅馬只能走地中海，可是地中海太大了，就算遇上順風至少也得三個月，要是風向不利，耽誤兩年都是可能的，我們這裡的人出海就要準備三年糧食，很多人出海後害思鄉病都死在船上了！」甘英不熟悉歐洲情況，被他們欺騙了，就取消了去羅馬的計畫。

帕提亞帝國在兩百餘年裡抗住了羅馬帝國侵擾，可是與羅馬的長期交鋒加上內部的鬥爭，也使帕提亞逐漸削弱。西元224年，波西斯（在今伊朗）總督阿爾達希爾起兵造反，帕提亞皇帝阿爾達班四世前去鎮壓，結果兵敗身亡。龐大的帕提亞帝國隨之土崩瓦解，被阿爾達希爾建立的薩非王朝取而代之。

巴克特里亞王國（中亞希臘王國、大夏國）

當初跟帕提亞一起造反獨立的巴克特里亞王國，於西元前208年擊敗塞琉古軍隊，獲得了獨立。德米特里一世（約西元前200—西元前185年在位）乘印度孔雀王朝衰落之機，大舉南侵，攻取了中亞地區的喀布爾、印度河流域上游的犍陀羅和旁遮普等地。到其子德米特里二世（西元前85—西元前165年在位）時，國家版圖東起喜馬拉雅山脈以南的恆河中游流域，西達波斯沙漠，南抵孟買灣，北界錫爾河，勢力達到鼎盛。但隨後國家分裂，總督、將軍紛紛割地自立，大月氏人和塞種人從東邊進攻巴克特里亞。西元前145年，巴克特里亞為大月氏人和塞種人所占。該國殘餘勢力在西元1世紀初被大月氏人完全併吞。

猶太人！成聖與成氓

塞琉古、帕提亞改朝換代之際，巴勒斯坦地區的猶太人可遭了殃。巴勒斯坦位於歐、亞、非交界處，從古埃及時起就被周圍幾個大國你爭我奪，換一個主子就要換一種政策，猶太人飽受折騰。後來這塊地落入羅馬手中。西元前1世紀中葉還好，當時的猶太國是羅馬的盟友，幫著羅馬對抗帕提亞，因此羅馬的大佬如安東尼、屋大維等也都維護它。可是到西元初年羅馬帝國穩固後，就把巴勒斯坦地區當作提款機，對其苛捐雜稅，還打壓猶太人的信仰。哪裡有壓迫哪裡就有反抗，西元6年猶大領導了反羅馬起義。當然，起義沒有懸念地被羅馬軍團鎮壓下去了。

這時候，猶太教分出了許多教派，觀點各不相同。比如下層民眾組成的吉拉德派，想要靠武力擺脫羅馬和猶太國上層的統治，贏得獨立；以貴族為主的撒都該派主張和羅馬妥協；法利賽派主張消極對抗羅馬，並說只要遵守《聖經》戒律，一定能挨到得救；艾賽尼派則是一群有組織的苦修者，宣傳救世主即將降臨，領導猶太人擺脫羅馬統治。在眾多教派中有一個教派逐漸興盛起來，超越了猶太人的範圍，最終成為西方世界的宗教信仰的主流，它就是基督教。

基督教創始人叫耶穌，傳說他誕生於西元前1年12月。他帶領彼得、約翰等十二個門徒，到處傳教，宣揚上帝耶和華是唯一的真神，耶穌被尊為「基督」，是上帝的兒子下凡。初期的基督教主張信徒們團結在上帝、基督和聖徒周圍對抗魔鬼，要建立人人平等的「千年王國」，實際上是號召猶太人反抗羅馬暴政。這種革命論調當然不受政權的歡迎，因此遭到羅馬帝國和猶太國上層權貴鎮壓。耶穌本人在西元33年被猶太國統治者釘死在十字架上。耶穌死後，基督教分為兩大派。其中一派領導是耶穌的大弟子彼得，另一派領導是保羅。這位保羅算是猶太人中的「精英」，家境小康，還有羅馬公民權，最初曾反對基督教，後來被基督教教義感化。彼得是「草根」，代表廣大窮人，對羅馬統治深惡痛絕，主張激烈反抗。

基督教主張不分種族，不分貧富，只要信仰基督，就是手足兄弟。這帶來了全新的心靈感受。羅馬帝國最初對基督教血腥鎮壓，彼得和保羅先後被處死。隨著羅馬帝國自身矛盾越來越嚴重，越來越多的人開始信仰基督教。基督教內部的保羅派也主動向羅馬帝國朝廷示好，他們強調隱忍，說奴隸就要乖乖地聽主人的話，老百姓就要乖乖地聽官府的話，安於命運，死後就能上天堂。這樣，羅馬上層統治集團也漸漸意識到，基督教可以幫他們維護統治。兩個集團開始眉來眼去。西元313年，羅馬皇帝君士坦丁大帝宣布基督教合法，392年，羅馬皇帝狄奧多西一世更把基督教提升為「羅馬國教」。從此，基督教成為西方的主流信仰，直到今天依然是全世界信徒最多的宗教。

《舊約》和《新約》

基督教的典籍為《聖經》，分為前後兩部分。前面部分叫《舊約》，是用希伯來文寫的，記敘從上帝創世紀到西元前的事蹟。《新約》用希臘文寫成，記敘耶穌誕生之後的事蹟。《舊約》原來是猶太教的典籍，之後才被基督教借用。《新約》則純粹是基督教誕生後才寫成的。

不過，基督教的繁榮，對猶太人可沒有半點的好處。早在西元44年，羅馬帝國就撤銷了猶太王國，改為由羅馬總督管理的猶太行省。西元66年，羅馬總督慫恿當地的希臘人挑釁、羞辱猶太人，猶太人反抗，遭到殘酷地鎮壓，有數萬人被殺害。猶太人忍無可忍，爆發了起義。他們揭竿而起，消滅了耶路撒冷城中的羅馬駐軍，又擊敗了羅馬的征討軍。羅馬皇帝尼祿勃然大怒，派出6萬大軍前往鎮壓；猶太人則集結7萬義軍，頑強抵抗。經過數年血戰，羅馬軍隊在西元70年攻克了耶路撒冷；西元73年，猶太人起義軍的最後一座要塞馬薩達被攻克。無數猶太人被釘死在十字架上，7萬人被販賣為奴，整個戰爭的死難者據說高達百萬，耶路撒冷古城也被洗劫一空。

此後數十年間，猶太人的反抗不曾停止。西元131年，羅馬皇帝哈德良禁止猶太教教徒舉行割禮和閱讀猶太律法，還要在耶路撒冷城附近建立羅馬城市和羅馬神廟。猶太人被逼到了絕路，再次揭竿而起，佔領羅馬的殖民地，殺死羅馬人。然而，羅馬帝國的實力此時也更加強大了。很快，全副武裝的羅馬軍團殺氣騰騰地撲來，又是數年血戰，羅馬軍毀滅了猶太人的城市50餘座、村莊近1000個，屠殺猶太人58萬人。哈德良還把倖存的猶太人全部驅逐出巴勒斯坦，不許他們再回到這裡。猶太人開始流浪世界。

堅韌！鑿穿西域

中亞、西亞打得如此熱鬧時，中國正經歷由七雄並立變為秦國一家獨大。秦王嬴政（西元前259年—西元前210年）在西元年前221年掃平六國，一統天下，自稱「始皇帝」，史稱秦始皇。秦始皇廢除分封制，建立郡縣制，開創了中國歷史上第一個中央集權式的秦帝國。可惜秦國一味橫暴，來不及收攏天下人心，加之秦二世昏庸，因此在統一了十八年後，就被不堪壓迫的民眾與六國貴族殘餘勢力推翻了。

秦國滅亡後，反秦勢力恢復了分封制，把中國又分成十幾個國家，推楚國的王室子弟熊心為「義帝」，但熊心只是個傀儡帝王，實際掌握大權的是西楚霸王項羽（西元前232年—西元前202年）。而項羽真正能管理的也只有西楚這塊地盤，其他十多個諸侯國都是各行其是。天下很快又爆發了大混戰。經過數年激戰，漢王劉邦（西元前256年—西元前195年）擊敗項羽，在西元前202年登基稱帝，建立了西漢王朝。

到這時候，中國人並不瞭解西邊的世界到底是怎麼回事。很多人覺得中國這一塊土地就是世界中心，周邊都是些落後的部族。但「中心」也有被打敗的時候。經過幾百年的戰亂，中國內部損耗很大。北邊的游牧部族匈奴從戰國時就經常入侵中原。秦始皇之所以耗費無窮人力修築萬里長城，目的就是想把匈奴擋住，免得其禍害中原。一統天下後的漢高祖劉邦，也在匈奴那兒吃了敗仗，被匈奴單于冒頓包圍在白登山，最後靠賄賂才解圍逃走。劉邦的兒子漢文帝劉恆（西元前202年—西元前157年）、孫子漢景帝劉啟（西元前188年—西元前141年）等，面對匈奴也只能妥協，送錢、送女，用以避免邊境爆發大規模戰爭。

經過幾十年的休養生息，中國國力大為提升，人口增多了，庫房裡的錢糧多得用不完。這時候的皇帝是雄心勃勃的漢武帝劉徹（西元前156年—西元前87年），他可不能容忍匈奴這樣猖狂，於是從西元前133年起發動了全面反擊，不僅要保衛邊境，還要深入匈奴的根據地，摧毀這個強敵。

依靠衛青和霍去病兩位名將，漢朝軍隊數次大破匈奴。雖然也吃了不少敗仗，傷亡不少兵馬，但這麼一拳一腳打下去，還是匈奴先招架不住，只得向漢朝求和，甚至接受漢朝冊封。當然，此後數百年，漢、匈兩方還是衝突不斷，但漢朝從此不必如過去那樣戰戰兢兢、龜縮不出了。這一戰，終究是漢朝贏了，打出了大國的威風，奠定了大國的地位。

就在與匈奴開打的同時，漢武帝還啟動了另一個意義重大的專案——出使西域。

原來，漢武帝聽說西北過去有個強國叫大月氏，因被匈奴擊敗，往西逃亡。漢武帝突發奇想：要是我能聯合大月氏，對匈奴東西夾擊，那麼豈不是勝算大增嗎？他遂招募人才出使大月氏。可是，那時候中國對長城之外的情況一無所知，到底大月氏在哪裡，離大漢有多遠，誰知道啊？更何況還要穿越匈奴地盤，這不是找死嗎，傻子才去呢！

結果偏偏來了這麼一位「傻子」——張騫（西元前164年—西元前114年）。西元前140年，張騫帶著一百多人開始了出使大月氏的征途，半途就被匈奴抓住。張騫在匈奴待了十餘年，娶妻生子，匈奴人都覺得這傻女婿該聽話了吧？誰知張騫趁著匈奴人放鬆警惕的時機，竟然拋妻別子，又帶著幾個部下繼續往西挺進。

走過萬水千山，經歷千難萬險，他們到達了大宛國（在今烏茲別克斯坦），又從大宛國到了康居（今哈薩克斯坦）、大夏（巴克特里亞，

BC
埃及第一王朝形成
古印度興起
BC2000
巴比倫第一王朝
愛琴文明
亞述擊敗巴比倫
BC1000
羅馬王政時代
第一屆奧林匹克
佛陀誕生
羅馬共和時代
蘇格拉底出生
柏拉圖出生
亞里士多德出生
0 耶穌基督出生
基督教為合法宗教
君士坦丁統一羅馬
回教建立
神聖羅馬帝國開始
1000
第一次十字軍東征
英法百年戰爭開始
哥倫布發現新大陸
美國南北戰爭開始
第一次世界大戰
2000

上古時期 BC
夏
BC2000
BC1800
商
BC1600
BC1400
BC1200
周
BC1000
BC800
BC600
BC400
秦
BC200
漢
0
200
三國
晉
400
南北朝
隋朝
600
唐朝
800
五代十國
宋
1000
1200
元朝
明朝
1400
1600
清朝
1800
中華民國
2000

在今阿富汗），終於找到了大月氏國。然而此時的大月氏國已經征服了大夏，他們實在懶得再回到東邊去跟匈奴作戰了。張騫待了一年也無法說服大月氏王改變心意，只得怏怏而歸。返回途中他又被匈奴人抓住關了一年多，後來趁匈奴內亂才逃回漢朝。此時已是西元前126年，去時一百多人的團隊，如今只有兩人返回。

雖然張騫並沒有完成「聯絡大月氏夾擊匈奴」的戰略任務，然而他開拓了另一片新的天地。中國人第一次瞭解到，原來西邊竟還有如此多的邦國，世界居然如此廣闊。

這時候，漢朝對匈奴的戰爭已經取得了一定優勢。西元前119年，漢武帝派張騫第二次出使，使團多達300人，帶著上萬頭牛羊和無數金帛貨物，分別到達烏孫（在新疆）、大宛、康居、月氏、大夏等國。此後，漢朝使者還到達安息（帕提亞帝國）、身毒（印度）、奄蔡（在鹹海與裡海間）、條支（塞琉古）等地，各國使者也不斷來長安訪問，並與漢朝進行貿易。

張騫此舉鑿通了西域與漢朝的聯繫通道。從此，中國與西方世界都進入了一個完全不同的時代，「絲綢之路」也因此開通，張騫功業光耀千秋。

這之後，漢朝開始加強了對西域的控制力，比如把公主嫁給西域大國烏孫王。西元前104年和西元前102年，漢武帝派李廣利率領大軍征討大宛國，付出慘重代價後，逼得大宛的貴族殺死了親匈仇漢的國王，向漢朝投降。這件事表面上是為了搶大宛國的寶馬，死這麼多人似乎得不償失；但其實大家是在探索一個嚴肅的問題：西域國家到底該聽漢朝的，還是該聽匈奴的？漢武帝付出了慘重代價，贏得了自己想要的答案，從此西域開始一步一步地成為漢朝的勢力範圍。西元前60年，漢朝在西域設置都護府，駐紮在烏壘城（今新疆輪台東），正式開始了對新疆、中亞地區的管理。

至於匈奴呢，他們在漢朝的接連打擊下分裂為兩部。呼韓邪單于歸順漢朝；郅支單于打不過漢朝，一路往西遷徙到中亞，征服了大宛國、烏孫、康居等國。正在逍遙著呢，漢朝大將陳湯說了句「犯強漢者，雖遠必誅」，然後就帶著一眾盟友衝過去，還是把郅支單于給砍了（西元前36年）。此後，西漢經歷了王莽篡漢（9年），天下大亂。等到漢朝皇室的遠支劉秀重新統一中國（36年），重新建立漢政權（史稱東漢）之後，因為戰亂導致國力下降，又有一部分匈奴貴族不安分起來跟漢朝為敵。可等漢朝稍微恢復一點元氣後，他們就只有挨揍的下場了。西元2世紀，反漢的匈奴部族一路朝西敗逃，經過兩百年的輾轉，逃到了東歐。他們沿途征服了不少當地民眾，混合成一個強悍的部族——匈人。在匈人奴的衝擊下，東歐的哥德等日爾曼人紛紛西遷進入羅馬帝國境內，這一連串的骨牌效應最後在5世紀晚期推倒了西羅馬帝國，並在歐洲誕生了許多日爾曼人王國。

降服匈奴之後，漢朝成為真正的東亞之主，周邊各族，如烏孫、鮮卑、烏桓等，雖然有時也會入侵擾襲，但整體來說不再構成致命威脅，他們更多的時候會臣服於漢朝。東漢末年的軍閥混戰，導致東漢王朝在220年滅亡，中國分裂成魏、蜀、吳三國。就是在這分裂的幾十年裡，中國依然能對周邊部族保持威懾。就連大月氏人在中亞建立了強大的國家貴霜帝國，也要向三國中的曹魏政權朝貢。

貴霜帝國

貴霜帝國是大月氏部族建立的一個中亞強國。大月氏原本游牧於中國張掖至敦煌一帶，在西元前170年左右被匈奴擊敗後西遷到阿富汗的阿姆河流域。西元前125年，大月氏人征服了巴克特里亞王國，統治了整個阿姆河、錫爾河流域。西元1世紀中葉，大月氏貴霜部統一了大月氏各部，建立了貴霜帝國，又南下攻擊喀布爾河流域和今喀什米爾地區，定都高附（今阿富汗喀布爾）。此後，貴霜帝國繼續擴展，至2世紀初達到鼎盛，征服了印度次大陸的西北部，在中亞的勢力也擴展至花剌子模（今烏茲別克、土庫曼一帶），吞併了錫斯坦（在今阿富汗與伊朗之間），成為當時與東漢、帕提亞、羅馬並列的歐、亞四大帝國之一。此後貴霜帝國由盛轉衰，233年遭到西邊的薩非打擊，從此一蹶不振。再往後，帝國的東方又有印度的笈多帝國的威逼，北方有嚈噠人（白匈奴）的入侵，到5世紀初最終滅亡。現代的印度賈特人是他們的後人。

那麼，在這幾百年裡朝鮮半島和日本都有什麼事情呢？朝鮮受中國影響，發生了兩次朝代更替。

第一次是在劉邦建立西漢王朝後，燕國的將軍衛滿敗逃到了箕子朝鮮。衛滿在西元前194年發動政變，把箕子王朝的末代君主箕准給轟到了半島南邊。而衛滿自己則在半島北部稱王，建立了「衛氏朝鮮」。衛滿很聰明，向漢朝稱臣納貢，漢朝也就默認了他的王號。

到了衛滿的孫子右渠在位的時候，他不知天高地厚，竟然想和漢朝叫板。這會兒漢朝皇帝是漢武帝啊。西元前108年，衛氏朝鮮被漢軍滅亡。漢武帝把朝鮮半島北部分為樂浪等四個郡，由漢朝中央政府直轄。至於半島南部，則依然是一眾比較落後的部族、小國，包括當初被衛滿轟走的箕子朝鮮殘部。

衛氏朝鮮滅亡後，又過了幾十年，朝鮮半島上崛起了三個比較強大的政權——高句麗、百濟、新羅。其中，高句麗和百濟的統治者都不是半島本地人。

西元前37年，扶餘國（在今天中國吉林）的王子高朱蒙因為遭到迫害而逃亡，在鴨綠江畔的五女山城（今遼寧省內）建立了自己的國家，國號「高句麗」。高朱蒙的兒子溫祚因為沒有繼承權，遂越過鴨綠江南下，於西元前18年，在今天漢城一帶建立了一個國家「十濟」，後來改

上古時期 BC
夏
BC2000
BC1800
商
BC1600
BC1400
BC1200
周
BC1000
BC800
BC600
BC400
秦
BC200
漢
0
200
三國
晉
400
南北朝
隋朝
600
唐朝
800
五代十國
宋
1000
1200
元朝
明朝
1400
1600
清朝
1800
中華民國
2000

名叫「百濟」。至於新羅的統治者，則是朝鮮半島南部土生土長的本地人。新羅最早是一個六姓部族聯盟，在西元前57年建立。這三個國家建立後分別開疆拓土，併吞了不少小國家，連箕子朝鮮的餘部也被百濟滅掉了。百濟佔據了朝鮮半島西南地區，新羅佔據了朝鮮半島東南。而高句麗呢，直到西元3世紀末，主要領土都還在今中國境內，征服的對手也是中國東北的扶餘等部族。至於半島北部，那時是中原王朝直屬的郡縣，不敢動的。

至於日本，這時終於走出了「結繩記事」的蠻荒狀態，進入了「彌生時代」（約前300年，因為使用「彌生式陶器」而得名）。在這個時代，日本的文明水準一下子有了飛躍式發展，從漁獵採集為生進化為種水稻的農業文明；從用石器進化到不但用銅器，還用鐵器；人口也增加到幾百萬人。為什麼能這樣一步登天呢？很簡單，因為中國、朝鮮的移民跨過海峽，登陸了日本，自然就把先進的文化和技術給帶來了。

彌生時代的日本分為許多小國，國內已經出現了「王」、「大夫」、「下戶」、「生口」等階級。在東漢時，日本某些國家的使者就曾到過中國。三國時期，邪馬台國成為30多個小國的共主，邪馬台的女王卑彌呼在238年派使者來朝見魏帝曹睿，曹睿賜給卑彌呼「親魏倭王」的金印一枚。邪馬台國和鄰國狗奴國打仗，還請老大魏國出面支援。曹睿表示了道義上的聲援，但狗奴國並不理睬。

西元前3世紀到西元3世紀的東南亞

印度人最遲在西元前3世紀到達馬來半島，購買當地的商品，並在此地和中國商人做生意。到西元1世紀時，從印度傳來的佛教和印度教盛行於馬來半島，印度梵語成為書寫文字。西元2世紀—3世紀時，馬來半島上已經建立了幾十個貿易城邦。印度人還到達了印尼群島，在西元前2

世紀建立了奴隸制國家——葉調。在這幾百年間，大批馬來人渡海進入菲律賓，帶來了奴隸制。

柬埔寨在西元1世紀建立了一個強大的國家——扶南，其領土包括今天柬埔寨全部、越南南部、老撾南部、泰國東南部，還一度統治著馬來半島北部。扶南國建立之初就向東漢王朝稱臣納貢，三國時候又跟東吳建立了外交關係。

越南北部的甌雒國在秦朝時向秦稱臣，秦朝在越北設置象郡。西元前208年，西漢的諸侯國南越出兵攻滅了甌雒國。西元前111年漢武帝滅南越後，越南北部成為漢朝直屬地交趾郡。西元1世紀北越人曾起兵造反，被東漢大將馬援平定。魏晉時交趾先後歸屬東吳、西晉，但其南部的林邑在西元192年趁著漢末混亂獨立，建立了「占婆國」，成為越南南部的大國。占婆國受印度文化影響較大，一度信仰婆羅門教。

上古時期 BC
夏
BC2000
BC1800
商
BC1600
BC1400
BC1200
周
BC1000
BC800
BC600
BC400
秦
BC200
漢
0
200
三國
晉
400
南北朝
隋朝
600
唐朝
800
五代十國
宋
1000
1200
元朝
明朝
1400
1600
清朝
1800
中華民國
2000

雙輸！波斯戰羅馬

阿爾達希爾一世在224年起兵造反推翻帕提亞帝國，殺死帕提亞皇帝阿爾達班四世，此後順勢向西進攻。失去皇帝的帕提亞帝國權貴們不僅未團結起來抵抗叛軍，反而發生內訌，沒兩年就被阿爾達希爾殺個乾淨。226年，阿爾達希爾攻取兩河流域，在帕提亞的首都泰西封（在今伊拉克）加冕。阿爾達希爾自稱是波斯的阿契美尼德王朝的後裔，用他爺爺的名字「薩珊」為國號，建立了薩非帝國（史稱波斯第二帝國）。

中亞這幾個帝國，一般開國後都有個大殺四方的過程，薩珊王朝也不例外。此後幾十年裡，薩珊王朝東征西討，在東邊打敗了曾經強盛一時的貴霜帝國，征服了巴克特里亞和貴霜帝國的西部，以及其他一些中小邦國。在西邊，他們不但進軍阿拉伯半島和小亞細亞，還進入羅馬的敘利亞行省，和羅馬帝國對上了。那時候羅馬帝國正好遭逢「三世紀危機」，內部兵變頻繁，皇帝接連被殺，再也不復當初的霸氣。兩家交鋒，互有勝敗。244年，阿爾達希爾的兒子沙普爾一世（240—272年在位）擊敗羅馬軍，迫使羅馬皇帝菲力浦求和，向沙普爾一世賠款納貢。260年，沙普爾一世更在埃德薩之戰中生擒羅馬皇帝瓦勒良。沙普爾一世盡情地羞辱了這位西方第一帝國的至尊，把他當作奴隸，上馬時還讓這位皇帝跪在地上當人肉凳子。這也是羅馬帝國罕有的奇恥大辱。

當然，這不過是兩國戰爭中的一個小插曲，之後羅馬人又反撲過來，搶回了丟失的土地，還把沙普爾一世的老婆都抓了。3世紀末，羅馬軍隊攻進兩河流域，俘虜了王室成員，還迫使薩珊割讓大片領土，兩國的邊界從原先的幼發拉底河往東平移到底格里斯河。此後薩非陷入動盪，南邊的阿拉伯地區和東邊的貴霜地區頻繁作亂，內部則是貴族和王室間血淋淋的鬥爭。眼看這個建國不到一百年的龐然大物就要土崩瓦解了。

這時候，波斯皇帝換上了英明神武的沙普爾二世（309—379年）。這位奇人在位時間比壽命還長——他在母親肚子裡就被加冕為王。等他成年後正式親政後，在南邊打退了阿拉伯人，在西邊打敗羅馬軍隊，在東邊制服了中亞地區的各部族，更征服了阿富汗地區。363年，波斯軍隊擊殺了羅馬皇帝尤利安，還把尤利安的繼承人約維安圍困起來，逼得羅馬皇帝放棄了幾十年前從波斯割走的土地。高加索的亞美尼亞也成為波斯的附屬國，後來被併入波斯。

之後的百餘年裡，薩非和羅馬兩國在大部分時間裡都相安無事，偶爾打上幾仗。尤其是羅馬帝國在4世紀末正式分裂成東羅馬和西羅馬兩個帝國後，力量被進一步削弱，又遭到日爾曼人和匈人入侵，自顧不暇，也沒工夫來煩擾波斯。

這時波斯也有自己的煩惱，東邊的嚈噠人和其他游牧民族經常過來打劫糧食。波斯雖然國力強大，但不怕賊偷，就怕賊惦記。游牧民族來來去去搶不停，而波斯也難免馬有失蹄。比如波斯皇帝菲魯茲一世（457—484年在位）被嚈噠人打敗，連命都丟了。此後幾年波斯東部慘遭劫掠，還被迫支付給這些遊兵巨額的貢金。此後，波斯帝國陷入內亂，王族相爭，最後，喀瓦德一世（488—531在位）在嚈噠人支持下奪得君位。接下來一段時間，波斯帝國可以說受到嚈噠人的控制。

嚈噠人

嚈噠人又叫「白匈奴人」，其種族尚無定論，有人認為是大月氏人和塞種人的混血。起源於塞北，370年左右向西南遷徙，5世紀前期開始進攻薩非和貴霜帝國，經過多年侵襲，終於擊敗波斯，一度佔領呼羅珊大部分地區（伊朗、阿富汗、土庫曼交界），迫使波斯納貢稱臣。6世紀初時，嚈噠人大殺四方，北上與高車人爭奪準噶爾盆地及其以西地區，東進控制塔里木盆地西部，南下入侵印度，一度推進至摩揭陀；但很快就遭到周圍部族的反擊。約558年—567年間，薩非和中亞新興的西突厥聯盟夾擊嚈噠人，將其滅亡，其部眾散居於北亞、中亞及南亞各地，後漸與各地民族融合。

喀瓦德一世在位期間，西邊的羅馬帝國又發生劇變。西羅馬帝國在5世紀晚期被日爾曼人滅亡，而東羅馬帝國跟波斯的戰爭則又頻繁起來。527年，東羅馬換上了明君查士丁尼一世，他企圖復興「羅馬帝國的光榮」。他訓練精兵，任用名將貝利撒留等，東羅馬軍隊的戰鬥力頓時增強。薩非遇上這一強敵招架不住，連吃了好些敗仗，尤其在530年的達拉之戰中，貝利撒留利用精心設置的陣地，以2.5萬名烏合之眾一舉擊潰波斯4萬精兵。不過波斯人運氣很好，因為查士丁尼「復興羅馬」的主要目標在西邊，要奪回的是被日爾曼人佔領的義大利、北非等地。所以雖然波斯在戰場上吃了些虧，但在532年東羅馬還是跟波斯帝國簽訂了「永久和平」協議，東羅馬向波斯支付了44萬金幣的鉅款。

這時候波斯皇帝換上了喀瓦德一世之子庫思老一世（531—579年在位）。他勵精圖治，改革軍政，趁著東羅馬在西邊收復北非、義大利，打得筋疲力盡之際，撕毀和約，出兵西進。於是兩個巨人再度大打出手，這一糾纏就是數十年，雙方上頭揮拳，下頭絆腿，打得難解難分，誰也壓不過誰。同時，庫思老一世佔領葉門，扶持了親波斯的國王，從而在阿拉伯半島南部建立了據點，控制了對東方的海路貿易。後來，波斯乾脆直接併吞了阿拉伯南部。東邊曾打得薩非稱臣納貢的嚈噠人，也被庫思老一世聯合突厥夾擊消滅了。

BC
埃及第一王朝形成
古印度興起
BC2000
巴比倫第一王朝
愛琴文明
亞述擊敗巴比倫
BC1000
羅馬王政時代
第一屆奧林匹克
佛陀誕生
羅馬共和時代
蘇格拉底出生
柏拉圖出生
亞里士多德出生
0 耶穌基督出生
基督教為合法宗教
君士坦丁統一羅馬
回教建立
神聖羅馬帝國開始
1000
第一次十字軍東征
英法百年戰爭開始
哥倫布發現新大陸
美國南北戰爭開始
第一次世界大戰
2000

589年，波斯大將楚賓叛亂，殺死皇帝霍爾米茲德四世（579—590年在位），王子庫思老二世（590—628年在位）逃亡到宿敵東羅馬帝國，娶了東羅馬公主，然後借東羅馬的兵馬殺回波斯，幹掉叛將，奪回皇位。為了酬謝東羅馬，庫思老二世割讓亞美尼亞西部和高加索的伊比利亞給東羅馬帝國，兩國關係一時非常親密。

到602年，東羅馬也發生內亂，庫思老二世的岳父被殺了。庫思老二世大喜，當即以「為岳父報仇」為名，率領大軍殺奔東羅馬而去。這一回，波斯軍隊勢如破竹，短短十餘年時間不但奪回了高加索地區，還把敘利亞、安條克、巴勒斯坦和非洲的埃及都搶了過來。到西元621年，薩非勢力達到巔峰，其領土面積接近600萬平方公里，人口約2000萬人。相反，曾經一度威震亞、歐、非三大洲的東羅馬帝國幾乎被打得亡國了。

不過從軍事上來說，大軍長距離遠征，代價和風險都是非常巨大的。擴張的戰果越多，軍隊也就越疲憊，消耗的錢糧更是成倍增長。波斯軍隊光顧著趁東羅馬內亂時大口大口地啃，不知不覺間超過了自己的胃容量。羅馬皇帝希拉克略趁機反攻，波斯軍隊連吃敗仗，不但圍攻君士坦丁堡的軍隊被擊退，連兩河流域都被羅馬軍隊掃蕩了。波斯貴族們一看自家的良田牛羊都被羅馬人蹂躪，很是不爽。為了出氣，他們在628年把皇帝庫思老二世殺害了，另立其子為帝。波斯和東羅馬帝國和談，波斯放棄了佔領的全部東羅馬領土，搶去的錢財、寶物也都歸還。庫思老二世辛辛苦苦地打了這麼多年，耗盡國庫，結果全部清零。

西元7世紀初，東羅馬和薩非這幾十年的大戰，其慘烈程度遠遠超過先前幾百年的打打停停。雙方都傷筋動骨，氣血衰敗。此後薩珊王朝陷入動亂，大權落入軍隊手中，五年換了五個皇帝。更可怕的是，在南方，穆罕默德領導的阿拉伯人迅速崛起，上演了一齣教科書式的「卞莊刺虎」，對兩個衰弱的大帝國同時下手。薩非根本擋不住這個強敵，短短幾年，兩河流域便被阿拉伯人佔領。末代皇帝伊嗣埃三世（632—651年在位）往東逃亡，在梅爾夫（今土庫曼）遇刺身亡。立國四百餘年的波斯第二帝國，就這樣滅亡了。

BC
埃及第一王朝形成
古印度興起
BC2000
巴比倫第一王朝
愛琴文明
亞述擊敗巴比倫
BC1000
羅馬王政時代
第一屆奧林匹克
佛陀誕生
羅馬共和時代
蘇格拉底出生
柏拉圖出生
亞里士多德出生
0 耶穌基督出生
基督教為合法宗教
君士坦丁統一羅馬
回教建立
神聖羅馬帝國開始
1000
第一次十字軍東征
英法百年戰爭開始
哥倫布發現新大陸
美國南北戰爭開始
第一次世界大戰
2000

爭鋒！隋唐對突厥

薩非從勝利走向滅亡之際，中國又經歷了數次改朝換代。魏、蜀、吳三國對峙數十年後，魏國權臣司馬氏在263年攻滅蜀漢；265年篡滅曹魏，建立西晉王朝；280年晉軍滅亡東吳，天下重歸一統。

但西晉短暫統一之後沒多久，因為出了一個弱智皇帝，引發了宗室的內戰，姓司馬的王爺們互相砍殺，史稱「八王之亂」。八王之亂導致朝廷的力量被削弱，原本依附於中原政權的匈奴、羯族、氐族、鮮卑族、羌族等少數民族趁機紛紛南下。316年，西晉被匈奴人滅亡。五大少數民族在長江以北你爭我奪，先後建立了十多個政權，同時晉王朝的宗室則躲避到江南，史稱「東晉十六國」時期。

又經過百餘年的混戰，東晉大將劉裕在420年篡位，建立劉宋王朝；鮮卑族拓跋部族建立的魏國則在439年統一北方，從此，中國進入「南北朝」時期。其後，南朝先後發生權臣政變，宋（劉氏）、齊（蕭氏）、梁（蕭氏）、陳（陳氏）四朝更迭。北方先是北魏分裂為東魏、西魏，然後東魏被北齊（鮮卑化漢人高氏）取代，西魏被北周（鮮卑宇文氏）篡奪。南北朝延續了一百多年，直到西元6世紀末。

此後，北周的權臣楊堅（541—604年）在578年東滅北齊，統一北方；581年篡位建隋；589年南下滅陳。這樣，中國結束了從東晉開始的近三個世紀的分裂，再次統一。在這近三個世紀中，北方大批少數民族進入中原，殘酷的戰爭給民眾帶來了慘痛的傷亡和巨大的損失，但也促進了民族融合。比如五大少數民族中人數最多的鮮卑族，由於北魏皇帝拓跋宏的漢化改革，就逐漸與漢族融為一體。

在這個激烈的戰爭與融合過程中，同樣發生了從東往西的民族遷徙。比如在蒙古高原有一個部族叫「柔然」，西元4世紀開始崛起，實力相當強大，跟南邊的拓跋鮮卑（北魏）打了很多年仗，《木蘭辭》中花木蘭代父從軍，參加的就是北魏對抗柔然之戰。到了6世紀中葉，柔然原本的跟班突厥人忽然強悍起來，短短幾十年把柔然打得幾乎滅族。殘存的柔然部族只好往西奔逃。他們就跟四百年前的匈奴人一樣，一路裹挾了不少沿途部族，最後到達東歐，被稱為阿瓦爾人。阿瓦爾人在歐洲縱橫兩百餘年，還曾幫助薩非圍攻東羅馬帝國，直到西元800年前後才被查理曼大帝完全擊敗。

再來說突厥人，轟走了「老主子」柔然人後繼續大砍大殺，又先後征服了高昌、吐谷渾等部族，從西域一直擴展到中亞，還跟薩非兩頭夾擊滅了嚈噠人，然後又跟東羅馬帝國兩頭夾擊波斯。中國的北朝政權（東魏和西魏、北齊和北周）對突厥可汗也都只能點頭哈腰，送錢送禮。到西元6世紀中後期，突厥已經佔有東到大興安嶺、西到裡海、南到蒙古大漠、北到貝加爾湖的龐大領土，面積達上千萬平方公里，擁有百萬騎兵，是當時歐、亞大陸首屈一指的強大力量。

這時候，隋文帝楊堅也已經統一了中國北方，建立隋朝。楊堅是一位雄才大略的皇帝，他不甘心再臣服於突厥，遂不再給突厥上貢了。突厥可汗怒了，立刻發兵南下攻打隋朝。兩國從581年到602年打了整整二十年的惡仗，畢竟當時隋朝已經統一北方（後來還統一了全國），能夠調動更多力量，加之隋文帝還使用了離間計，不斷在突厥人內部煽風點火，使突厥人自己也內訌起來。最終，突厥被隋朝打退，不光打了大敗仗，突厥自己還分裂成了東西兩部分，其中東突厥大部分時間臣服於隋朝。

幾年之後，隋文帝楊堅的兒子隋煬帝楊廣（569年—618年）殺了老爹，自己當上皇帝，上臺後胡作非為，橫徵暴斂，把中國搞得一片混亂。水深火熱的百姓和野心勃勃的豪強紛紛起兵造反，天下大亂。突厥趁機又崛起了，615年東突厥的始畢可汗帶領幾十萬騎兵南下，把隋朝雁門郡的41座城池打下來39座，還差點抓住隋煬帝。後來東突厥還聯絡各地反隋的軍閥，支持他們給隋朝捅刀子。內外交攻下，隋朝很快在619年滅亡了。

接替隋朝的是大軍閥李淵（566—635年）、李世民（598—649年）父子建立的唐朝。李淵起兵造反之初，還曾向突厥借兵，對突厥可汗畢恭畢敬。可是等李淵統一天下後，當然不能再對突厥俯首稱臣。於是突厥可汗不樂意了。從620年開始，突厥頻繁南下擾襲唐朝。唐朝呢，本來就是打出來的江山，你突厥既然要戰，那就戰個痛快好了。於是當時世界上最強大的游牧帝國和最強大的農耕帝國之間又是一番血戰。

李世民的文韜武略，比當初的隋文帝楊堅更強，手下又有李靖、尉遲恭、蘇定方、李世績、秦瓊、程咬金、侯君集等一流名將，突厥可汗光憑著匹夫之勇，哪裡是這群人的對手？西元630年，東突厥被唐軍滅亡，其領土成為唐朝的郡縣，部眾歸為唐朝子民，可汗、酋長、首領們都做了唐朝的官。至於西突厥呢，他們原本統治著西域到中亞的廣闊領土，尤其控制著絲綢之路，坐地收錢，日子過得很優渥。結果西突厥可汗賀魯進犯唐朝的邊州，唐高宗李治（628—683年）勃然大怒，派程咬金、蘇定方等討伐西突厥。657年，蘇定方生擒賀魯，西突厥滅亡。

唐朝舉手之間滅了東、西突厥，充分展現了世界一流的戰鬥力。此後，原本被西突厥控制的伊吾（哈密）、鄯善、高昌、焉耆、龜茲、疏勒、於闐等西域小國先後投降唐朝或被消滅，唐朝從此成為西域地區的統治者。當然，滅了突厥也不等於世界和平，唐朝還得跟西南的另一個強國——青藏高原的吐蕃對抗，兩家多年爭端，兵連禍結。而被滅亡的突厥殘部，除了一部分給唐朝當臣民之外，還有一部分往西遷徙。就和前面的匈奴、柔然一樣，這些向西方逃走的「殘兵敗將」，也將在西邊的世界繼續掀起驚濤駭浪。

後突厥

679年，部分突厥舊部再次起兵反唐，在蒙古高原建立了一度強大的國家——後突厥。後突厥曾與唐朝幾番交戰，後來也曾依附唐朝。745年，後突厥在唐朝與回紇等西域部族的夾擊下滅亡。

從3世紀到7世紀這幾百年裡，中國的鄰居朝鮮和日本各有精彩故事上演。朝鮮半島的三個國家裡面，數北邊的高句麗最強大。前面說過，高句麗最初的領土絕大部分都在鴨綠江北岸。到4世紀初，高句麗趁著晉朝陷入全面混亂之機，起兵把朝鮮半島北部的樂浪等幾個郡給打了下來。此後，高句麗在今天的遼寧一帶和鮮卑族的燕國打了幾仗，被打得滿地找牙，於是逐步把重心往朝鮮半島移動。427年，高句麗王高巨連（394—491年）遷都平壤，又在475年南侵百濟，把漢城打了下來。從那時候開始，高句麗才真正成了一個「朝鮮歷史的國家」，半島也正式進入三國混戰時期。

最初幾十年，面對高句麗的咄咄逼人，百濟和新羅聯合起來對抗。到了6世紀中葉，新羅逐漸強大起來，又對百濟捅刀子，「偷」了不少領土，還殺死了百濟國王。於是百濟憤而和高句麗聯合對付新羅。一國對兩國，怎麼擋得住？新羅找到了一個大靠山，那就是中國。有了這位大佬撐腰，新羅的膽子也壯了。

相反，三國中最強大的高句麗卻不會做人，先後得罪了隋、唐，遭來隋、唐的連番討伐。隋文帝楊堅曾討伐高句麗，隋煬帝楊廣三次進攻高句麗，出動百萬大軍，結果勞民傷財，加速了隋朝的滅亡。唐朝建立後，新羅女王善德請唐太宗李世民調停三國關係，唐太宗就出面協調半

BC
埃及第一王朝形成
古印度興起
BC2000
巴比倫第一王朝
愛琴文明
亞述擊敗巴比倫
BC1000
羅馬王政時代
第一屆奧林匹克
佛陀誕生
羅馬共和時代
蘇格拉底出生
柏拉圖出生
亞里士多德出生
0 耶穌基督出生
基督教為合法宗教
君士坦丁統一羅馬
回教建立
神聖羅馬帝國開始
1000
第一次十字軍東征
英法百年戰爭開始
哥倫布發現新大陸
美國南北戰爭開始
第一次世界大戰
2000

島三國的矛盾，叫大家不要再打了。結果，高句麗權臣泉蓋蘇文不給面子，還關押了唐朝使者。於是，唐太宗在644年調動十萬大軍，分水陸兩路攻打高句麗，攻佔了遼東（今遼陽）等重鎮，卻在安市城（今遼寧海城南營子城）被擋住了幾個月，只得班師回朝。這麼一來，高句麗算起來已經承受了隋、唐兩朝三個皇帝的五次征戰了。在一波接一波的攻擊下，高句麗早已殘破不堪。新羅則趁著高句麗被隋、唐痛毆的機會，奪取了高句麗的大片領土，國力繼續增長。

唐朝也和高句麗卯上勁了。唐軍改變戰略，不斷派偏師擾襲高句麗及其盟國百濟，消耗其國力。

西元660年，唐高宗李治派蘇定方率領十萬大軍渡海東征，新羅王金春秋派大將金庾信領兵接應，兩國東西夾擊，沒多久就把百濟給滅了。百濟的盟友日本派兵來增援，在白江口一戰被唐軍擊敗。隨後，唐軍又和新羅聯合夾擊高句麗，在668年攻陷平壤，滅亡了高句麗。這樣，朝鮮半島的三國之中，從中國跑過來的高句麗和百濟兩國都被唐軍消滅，只剩下本土的新羅王國獨存。朝鮮半島「前三國」時代結束，進入了新羅「統一」時期。

新羅統一後還沒消停，因為唐朝滅亡高句麗、百濟二國後，把他們的土地都收歸已有，安排高句麗和百濟投降的王族繼續管理著。這讓新羅很不高興。於是乎，新羅王金法敏在669年跟唐朝翻臉，出兵搶奪地盤。唐朝當然要教訓他一下，兩國又打了七、八年的仗。最終，兩國各退半步，新羅向唐朝賠禮認錯，唐朝則把原先百濟的土地，還有高句麗南部的土地讓給了新羅。這樣，新羅統一了朝鮮半島的南部，半島北部則屬於中國的領土。

日本也從彌生時代進入了古墳時代（300—600年，因權貴修建大量墳墓而得名）。在這個時代裡，原先那些小的國家逐漸合併。本州這個地方崛起了一個「大和國」，征服了周邊部族，5世紀統一日本。當時這個國家的君主叫「大王」，實權掌握在大貴族手中。592年，聖德太子攝政，他派使者出使隋朝，後來又學習唐朝，革新政治，鞏固王權。

645年，日本皇室發動政變，翦除了保守派貴族蘇我氏集團，並在大化二年（646年）元旦頒布詔書改革。他們參考唐朝制度，建立了中央集權式國家，史稱「大化改新」。接下來的一百多年，因為日本的政治中心在「飛鳥」（今奈良縣明日香村），所以被稱為「飛鳥時代」。日本君主名稱也從「大王」變成了「天皇」。

這可能是跟唐高宗李治學的。因為日本目前記載最早的「天皇」稱號是689年頒布的《飛鳥淨御原令》，而唐高宗李治和他老婆武則天則在674年分別稱「天皇」、「天后」。

西元3世紀—7世紀的東南亞

在這幾個世紀裡，馬來半島和印尼地區繼續發揮中國和印度之間貿易樞紐的作用。印尼地區出現了多個印度化的奴隸制王國，信奉婆羅門教和實行種姓制度。5世紀佛教傳入後，兩教展開了長達三個世紀的鬥爭，最終佛教打敗了婆羅門教，東南亞成為佛教大本營。7世紀中期，在蘇門答臘出現了室利佛逝王國，佔據蘇門答臘、婆羅門洲和馬來半島的部分地區，成為海上商業霸主。

稱霸東南亞數百年的柬埔寨扶南王國由盛轉衰，在西元7世紀被其屬國真臘國（又稱高棉帝國）攻滅，真臘取代了扶南的霸業，繼續與中國保持友好關係。越南北部的交趾依然從屬於中國，南北朝時曾發生叛亂，當地人士李賁於544年稱帝，越南歷史上稱李賁為「李南帝」，其政權為「前李朝」。

李賁在549年被陳朝皇帝陳霸先攻殺，其部下繼續抵抗數十年，在602年才投降隋朝，越南北部重為中國領土。越南南部的占婆國（林邑

BC
埃及第一王朝形成
古印度興起
BC2000
巴比倫第一王朝
愛琴文明
亞述擊敗巴比倫
BC1000
羅馬王政時代
第一屆奧林匹克
佛陀誕生
羅馬共和時代
蘇格拉底出生
柏拉圖出生
亞里士多德出生
0 耶穌基督出生
基督教為合法宗教
君士坦丁統一羅馬
回教建立
神聖羅馬帝國開始
1000
第一次十字軍東征
英法百年戰爭開始
哥倫布發現新大陸
美國南北戰爭開始
第一次世界大戰
2000

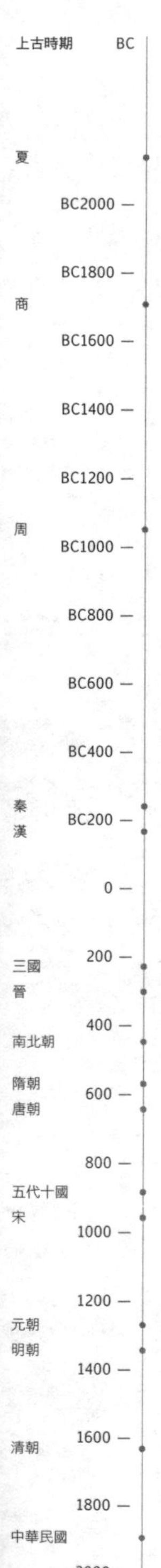

國），在中國數百年的亂世間頻頻入侵越南北部，東吳、兩晉、南朝都曾跟它打過仗。446年，宋武帝劉裕派兵攻佔占婆國首都，迫使其稱臣受封。西元605年，隋煬帝派兵攻滅占婆國，不過占婆國很快就趁著隋末戰亂復國成功。之後面對鼎盛時期的唐朝，占婆國便乖乖地稱臣納貢了。

孔雀王！放下屠刀

印度在西元前4世紀還是個群雄割據的局面，亞歷山大大帝征服了印度西北部，帶來了希臘文化，但他在西元前325年英年早逝。西元前317年，印度本地力量起來造反，領頭的是一個叫旃陀羅笈多的剎帝利貴族青年。旃陀羅笈多組織了一支軍隊，先趕走了馬其頓人的部隊，然後又掉頭打下了恆河流域的摩揭陀國，自稱國王，建立了「孔雀王朝」。西元前305年，他還打退了塞琉古帝國的進攻，保住了印度的獨立。

這位國王虔誠地信奉印度的耆那教，西元前300年，他跟釋迦牟尼一樣拋棄王位出家了。跟釋迦牟尼不一樣的是，他沒有頓悟到「修道不必傷身」的道理，絕食修行，最後活活餓死了。

又過了二十多年，旃陀羅笈多的孫子阿育王（西元前303—西元前232年）成為孔雀王朝的第三位君主。據傳說，阿育王是個凶狠殘忍的暴君，他殺死了大批兄弟才坐穩王位；繼位之後，他對內鎮壓民眾起義，選拔冷酷毒辣的官吏、密探，把國內變成了人間地獄。他專愛對外擴張，建成了70萬大軍，包括3萬騎兵、9000頭大象和10000輛戰車，大舉進攻鄰國。西元前261年，他征服羯陵伽國，此役有10萬人戰死，15萬人被擄為奴。在他的武攻下，孔雀王朝不但統一了印度北部，還佔領了阿富汗東部地區，成為當時屈指可數的大國。

後來，阿育王目睹了戰爭中死難的十萬軍士，忽然間動了憐憫之心。對於自己的野心造成的哀鴻遍野，他深感哀痛。於是，阿育王放下爭雄嗜殺之心，皈依佛教。他放棄了對外侵略，致力於政治穩定和發展

BC
埃及第一王朝形成
古印度興起
BC2000
巴比倫第一王朝
愛琴文明
亞述擊敗巴比倫
BC1000
羅馬王政時代
第一屆奧林匹克
佛陀誕生
羅馬共和時代
蘇格拉底出生
柏拉圖出生
亞里士多德出生
0 耶穌基督出生
基督教為合法宗教
君士坦丁統一羅馬
回教建立
神聖羅馬帝國開始
1000
第一次十字軍東征
英法百年戰爭開始
哥倫布發現新大陸
美國南北戰爭開始
第一次世界大戰
2000

經濟文化。過去那個心狠手辣、滿手血腥的阿育王沒有了，取而代之的是一個寬厚仁慈、心胸寬闊的明君。他不但自己信了佛教，還把佛教立為國教，向全國和鄰國派遣大批高僧，到處刻佛經，又召集佛教高僧，編纂整理佛教經典，在各地修建了8.4萬座佛塔。在阿育王的推動下，佛教迅速傳播，不但遍及印度次大陸，還傳到了東南亞、中國、西亞、埃及乃至世界各地。因此，佛教把阿育王尊為護法名王。阿育王也是印度歷史上最偉大的君主之一。他本人信仰佛教，但是允許宗教信仰自由，佛教、耆那教、婆羅門教等都會受到保護。這也成為印度的宗教傳統。

孔雀王朝作為中央集權制的國家，其制度已經比較成熟了，有分工明確的官僚機構，也有國王直屬的政府軍。軍隊包括常備軍、僱傭軍、民兵、外國盟軍、諸侯軍隊。兵種包括步兵、騎兵、車兵、象兵、工兵、輜重兵，還有各種刀槍劍戟、弓箭弩炮、雲梯攻城塔等，軍隊設立了各兵種司令部，還規定了各級官兵的軍餉。甚至孔雀王朝的奴隸都有自己的權利。尤其是出身雅利安人的奴隸，奴隸主不能隨便打罵，他們還有權保留私有財產。

孔雀王時期的種姓制度

阿育王時期印度人種族更多，強行分級的僵化的種姓制度完全維持不下去了。為此有人對種姓制度進行了一些「理論修訂」、「制度改革」，頒布了一部《摩奴法論》。他們堅持以四大種姓作為基礎，但增加了幾十種「雜種姓」，來對應更多的職業和民族。比如侵入印度的波斯人、希臘人、塞種人等被稱為「墮落的剎帝利」。《摩奴法論》依然規定了各種姓的職業，但允許高種姓的人從事低種姓的職業，而嚴禁低種姓的人從事高種姓的職業。對於跨種姓通婚，它允許高種姓男子娶低種姓女子，而禁止高種姓女子嫁低種姓男子。

孔雀王朝在阿育王手上達到巔峰。不過，阿育王純粹從人道主義出發，以佛教治國，雖然讓老百姓能夠休養生息，但在距今兩千多年前的亂世，指望一味靠教化創造太平盛世，這也太理想化了點。畢竟，要維持一個強國，不是光念念佛經就可以的。西元前232年阿育王死後，帝國頓時分裂了。

失去了統一強大的孔雀王朝，印度再度成為了中亞強國們的後院。接下來的幾百年裡，西北各路英雄你方唱罷我登場，先是巴克特里亞（大夏國），然後是帕提亞（安息），接下來是大月氏人的貴霜帝國，紛紛直奔印度而來，攻城掠地，開疆拓土，不亦樂乎。印度本土的邦國們，什麼巽迦王朝、甘婆王朝、薩塔瓦哈納王朝，根本擋不住這些鄰居的入侵。到西元2世紀，貴霜帝國的勢力一直擴張到恆河中游地區。

西元3世紀以後，貴霜帝國逐漸衰落，恆河上游的一個國王室利笈多趁機崛起，征服周圍小國，開創了笈多王朝。經過幾代擴張，到他的曾孫沙摩陀羅・笈多（約335—380年在位）時，北印度已經統一，更控制了南印度的馬德拉斯西南地區，他還跨海東征，把馬來半島、蘇門答臘和爪哇等地也納入囊中。沙摩陀羅的兒子旃陀羅・笈多二世（380—413年在位）進一步攻城掠地，又征服了印度西部的納伽人（貴霜人後裔）的勢力。到西元409年前後，除了喀什米爾以及印度南端的一些小王國外，笈多王朝幾乎統一了全印度，其版圖與孔雀王朝相當。

但是隨後笈多王朝也由盛轉衰，國內矛盾激化。5世紀晚期，嚈噠人大舉來襲，笈多帝國眾叛親離，難以抵擋。西元500年左右，嚈噠人佔領朱木拿河及恆河流域，笈多帝國實際上已經滅亡了。雖然嚈噠人也在幾十年後被突厥和波斯滅掉，但笈多王朝已經回天乏力，印度重新分裂成了許多小國。

在笈多帝國時期，中國高僧法顯（334—420年）在5世紀初到印度遊學，歷時十餘年，成為首位到達印度的中國高僧。笈多時期的印度人

BC
埃及第一王朝形成
古印度興起
BC2000
巴比倫第一王朝
愛琴文明
亞述擊敗巴比倫
BC1000
羅馬王政時代
第一屆奧林匹克
佛陀誕生
羅馬共和時代
蘇格拉底出生
柏拉圖出生
亞里士多德出生
0　耶穌基督出生
基督教為合法宗教
君士坦丁統一羅馬
回教建立
神聖羅馬帝國開始
1000
第一次十字軍東征
英法百年戰爭開始
哥倫布發現新大陸
美國南北戰爭開始
第一次世界大戰
2000

對全人類還有一個極為重要的貢獻：他們發明了數字「零」。

笈多帝國被打垮後的一百餘年，印度又出現一位文武雙全的雄主戒日王（589—647年）。他恩威並舉，兵撫兩用，經過數十年的奮戰，再次統一北印度各部。不過，這時候的戒日王朝還不是一個中央集權制國家，只是許多王國的聯盟。戒日王熱情地接待了唐朝來的高僧玄奘，還與唐朝建立了友好關係。西元647年戒日王死後，其宰相阿羅那順篡位，跟唐朝翻臉，還劫殺唐朝使團。唐朝使者王玄策當機立斷，找尼泊爾和吐蕃等國借了兵馬南下，打敗叛軍，把阿羅那順押回長安。但是，失去了戒日王，印度也只能再度回到四分五裂的狀態，這一狀態一直保持了差不多五百年時間。

第三章：旗幟捲地——阿拉伯帝國時代

（西元7世紀至13世紀）

西元7世紀，阿拉伯人異軍突起，建立起地跨亞、非、歐三洲的龐大帝國。龐大的領土上演家族和民族的戰爭，不久便讓這個巨無霸再度分裂，中亞、西亞、北非等地群雄並立。阿拉伯人衰退後，突厥人成為中亞、西亞真正的霸主，其中塞爾柱突厥人建立的帝國震撼了歐洲，引來西歐的東征軍。在同為亞伯拉罕系統的兩大宗教的激戰中，庫爾德人薩拉丁成為新的英雄。

在東亞，中國繼續唐—五代—宋的歷程，已然成為世界上最富強的國家。朝鮮半島則經歷了新羅—後三國—高麗的歷史。日本爆發了平氏和源氏兩大貴族的武士集團的鬥爭。

ASIA
歐 洲
俄羅斯
烏茲別克
哈薩克
蒙古
土耳其
敘利亞
土庫曼
吉爾吉斯
塔吉克
北韓
南韓
日本
中國
黎巴嫩
伊拉克
伊朗
阿富汗
尼泊爾
不丹
約旦
巴勒斯坦
以色列
巴基斯坦
科威特
印度
寮國
台灣
沙烏地阿拉伯
阿拉伯聯合大公國
緬甸
孟加拉
香港
阿曼
葉 門
泰國
越南
菲律賓
柬埔寨
非洲
汶萊
馬來西亞
斯里蘭卡
OCEANIA
新加坡
大洋洲
印度尼西亞
現今亞洲政區示意圖

威武！旗幟飄揚

西元7世紀初，歐洲的東羅馬帝國正和西亞的薩非帝國打得不可開交，中國正處在隋唐之交群雄並起之時，印度的戒日王剛剛開始他的統一大業。這時候，卻有一幫新面孔猛地跳出來，把大家都嚇了一跳，他們就是阿拉伯人。

阿拉伯人屬於閃米特族，也就是跟西亞歷史上的阿卡德人、巴比倫人、亞述人、腓尼基人，還有猶太人都是同宗。

阿拉伯人生性彪悍，但是長期處於分裂狀態，加上所處的阿拉伯半島三面是海，北面是沙漠，地形相對隔絕，所以過去幾千年裡沒有成什麼大氣候。甚至直到西元5世紀，阿拉伯半島上的部族還處於氏族公社時期，被薩非和東羅馬帝國看作「野蠻人」。

到西元6世紀，薩非和東羅馬帝國大打出手，原本從兩河流域穿越敘利亞、小亞細亞到歐洲的商路也被戰火阻斷。為了不斷財路，奔波於東西方的商人們決定稍微往南邊繞個彎，經過阿拉伯半島進行貿易。這樣一來，阿拉伯半島頓時成了風水寶地，過往的商人帶來了財富，也帶來了更先進的文化體制。氏族社會瓦解了，私有制出現了，麥加等地成為繁榮的城市。

這時，阿拉伯人中出了一位聖賢——穆罕默德（約570—632年）。他本是個家道中落的貴族子弟，自幼孤苦，見慣了人間冷暖。依靠自身的誠實謙虛、正直公道、樂善好施，他贏得了一份不錯的家業和社會地位，原可以過自己的幸福日子。但目睹全體阿拉伯人的貧富懸殊、四分

BC
— 0 耶穌基督出生
— 100
— 200
— 300 君士坦丁統一羅馬
羅馬帝國分成兩部
— 400
— 500 波斯帝國
— 600 回教建立
— 700
— 800 凡爾登條約
— 900
神聖羅馬帝國建立
— 1000
— 1100 十字軍東征
— 1200 蒙古第一次西征
— 1300 英法百年戰爭開始
— 1400
哥倫布發現新大陸
— 1500
英國大破無敵艦隊
— 1600
發明蒸汽機
— 1700
美國獨立
— 1800
美國南北戰爭開始
— 1900
第一次世界大戰
第二次世界大戰
— 2000

五裂、內訌不絕，穆罕默德無心自身的物質享受，他決心尋求一個真正的宗教，把阿拉伯人團結起來。經過多年琢磨，他在猶太教和基督教等成熟宗教的基礎上，創立了伊斯蘭教，以《古蘭經》為經典。

自此，阿拉伯人開始了以宗教為基礎的統一戰爭。在穆罕默德及幾任哈里發的努力下，阿拉伯人將東羅馬帝國的勢力逐出了敘利亞；將薩非帝國的勢力驅逐出了兩河流域。波斯國王一路東逃，於651年遇刺身亡，薩非滅亡。

同時，阿拉伯人還派兵南下，在642年佔領東羅馬領地埃及，然後轉戈向西征服北非。由於北非的柏柏爾人和東羅馬一起聯合起來抵抗，加上東羅馬海軍不斷擾襲後路，因此阿拉伯人在北非的擴張相對沒那麼順利。他們試圖從埃及南下征服東非時，又被信仰基督教的當地人擋住。儘管如此，阿拉伯人的勢力已經跨越了亞、非、歐三洲。

穆罕默德去世後數十年間，阿拉伯人的領袖哈里發都是由各部族推舉，先後有4人擔任哈里發，稱為「神權共和」時期。661年，第四任哈里發阿里（穆罕默德的堂弟）遇刺去世，倭馬亞家族的穆阿維葉（606—680年）繼位，把哈里發改為世襲制，建立了倭馬亞王朝。至此，阿拉伯帝國從「神權共和」變成神權封建帝國。

倭馬亞王朝穩定了統治後，繼續向幾個方向推進，還在地中海建立了一支強大的海軍，足以和東羅馬的海軍抗衡了。在小亞細亞、東歐一路，阿拉伯軍幾次進逼東羅馬首都君士坦丁堡。在非洲一路，阿拉伯帝國依靠海軍，逐漸向西推進，698年佔領北非首府迦太基，到8世紀初，佔領了整個北非。此後，阿拉伯更跨過直布羅陀海峽，在711年踏上伊比利半島（西班牙、葡萄牙），滅掉了立國三百年的西哥德王國。在亞洲，倭馬亞王朝繼續東征，先是打下了伊朗高原，又在664年佔領阿富汗，然後分兵東進，一直打到了帕米爾高原、印度河流域。

不過接下來，阿拉伯帝國在幾個方向都遭遇了強敵的阻擊。在東歐方向，阿拉伯海軍數次圍攻君士坦丁堡，可是東羅馬軍有一樣秘密武器，那就是用硫黃、石油、硝石等製作成的「希臘火」，它可以浮在海上燃燒。每回兩國海軍一打仗，東羅馬軍就祭出「希臘火」，於是談笑間，檣櫓灰飛煙滅。尤其在717年、718年的君士坦丁堡大戰中，阿拉伯海軍出動兩千多艘船隻，最後在「希臘火」、大風暴和寒冷氣候的夾擊下，能夠退回去的只有幾艘船。

非洲、西歐一路也沒好結果。阿拉伯人佔領西班牙後，越過庇里牛斯山向今天的法國挺進，卻遭遇了法蘭克的宰相查理・馬特（查理曼大帝的爺爺），在732年的普瓦提埃戰役中被西歐騎士們殺得大敗。從此以後，西歐這一路阿拉伯人也只能守住伊比利半島，不大敢貿然東進了。

至於亞洲一路，東征的阿拉伯軍隊在今天的哈薩克斯坦境內的怛羅斯，遭遇了東亞強國大唐，兩軍展開血戰。這也是當時世界上最強的兩大帝國之間的首次衝突（當時阿拉伯已經由阿拔斯王朝取代了倭馬亞王朝）。唐軍兵力約2萬，再加上藩屬國葛邏祿（突厥語部族的一支）等1萬餘人，指揮官為高仙芝，阿拉伯軍隊約7萬，指揮官為艾布。751年農曆4月，高仙芝率唐軍從新疆出發，跋涉三個月後到達怛羅斯城下，攻城數日沒有打下來。這時，阿拉伯大軍卻從後面包圍上來，東西兩支強軍慘烈廝殺，傷亡都很慘重。唐朝的藩屬國葛邏祿軍忽然倒戈，致使唐軍陣腳大亂，高仙芝只得逃走；唐軍副將李嗣業、段秀實等整頓殘部後退回。這一戰，唐軍損失1萬餘人，但阿拉伯人也傷亡3萬之眾。

此後，唐朝爆發安史之亂，無力再和阿拉伯勢力爭奪中亞。阿拉伯人也見識了唐軍的厲害，加之內部同樣動盪頻發，也不敢再往東挺。於是，當時兩大強國在這一次衝突之後便默認了各自已有的勢力範圍。讓人感慨的是，此戰之後不久，兩大帝國都在強烈的內亂中走向藩鎮割據、分崩離析的局面。這一戰的另一個巨大影響是，中國的造紙術傳到了阿拉伯，反倒大大提升了歐、亞地區的文化普及速度。

上古時期 BC
漢
— 0
100 —
200 —
三國
晉
300 —
400 —
南北朝
500 —
隋朝
600 —
唐朝
700 —
800 —
五代十國
900 —
宋
1000 —
1100 —
1200 —
元朝
1300 —
明朝
1400 —
1500 —
1600 —
清朝
1700 —
1800 —
1900 —
中華民國
2000 —

在西元8世紀中葉，阿拉伯勢力到達巔峰時，其領土面積達1300多萬平方公里，人口3500萬，超過這個地區過去的任何一個強國。不光是領土遼闊，阿拉伯人這一時期的文化亦相當先進，農業、手工業、商業、航海業都非常發達。阿拉伯的商船穿過印度洋，直達印度、中國、東南亞，再把這些地方的貨物轉運到歐洲和非洲，「海上絲綢之路」繁榮昌盛。唐朝和阿拉伯儘管打了一仗，阿拉伯商人來唐朝進行貿易的反而越來越多，廣州、泉州、揚州等地都有大批阿拉伯人。文化教育方面，阿拉伯人從小在清真寺學習《古蘭經》，文盲率是最低的。在科學方面，「學貫東西」的阿拉伯人走在當時世界前列，比如印度發明的數字就是經阿拉伯人傳播走向世界的，因為他們的貢獻，人們將這種數字稱之為「阿拉伯數字」。在天文、曆法、物理、化學、醫學等方面，阿拉伯人也非常出彩。

勇猛！塞爾柱人

阿拉伯帝國因內亂由盛轉衰之際，中亞、西亞這塊地頭的老大換了另一批狠人——被唐朝打敗的突厥人。前面說過，東西突厥在7世紀被唐朝打敗，一部分內遷中國，一部分突厥人西遷到中亞。阿拉伯人往東打過來時，他們沒怎麼抵抗，跟當地的其他部族一起乖乖地成為阿拉伯帝國的一支子民。

然而，突厥人天生是勇猛的戰士，因此阿拉伯人也好，依附於阿拉伯人的其他國家也好，都喜歡招募突厥人當兵。阿拉伯人抓了不少突厥奴隸到西亞去，編成著名的奴隸禁衛軍——馬木留克。不久，精銳的突厥軍團就成為阿拉伯軍隊的主力，突厥將軍們也依靠手中的「槍桿子」開始干涉朝廷大計。861—867年，突厥禁衛軍一度完全把持了朝政。此後，突厥將軍圖倫和圖格曾先後擔任埃及總督，建立割據一方的埃及王朝，前後統治埃及七十餘年，還一度把敘利亞、巴勒斯坦、沙特等地都攥在手裡。

其他地方的突厥人也有很出色的表現。10世紀時，中亞一帶由強大的波斯薩曼王朝統治（名義上是阿拉伯帝國的屬國），這個強國就有大批的突厥奴隸軍團。961年，突厥禁軍司令阿勒普特勤被任命為呼羅珊總督，他趁機舉兵造反，攻佔了阿富汗的伽色尼城，自立為「埃米爾」（國王），建立了伽色尼王朝。

到了阿勒普特勤的孫子馬哈茂德（971—1030年在世，997—1030年在位）時，東征西討。他先聯合喀喇汗王朝軍隊滅亡了波斯薩曼王朝，

BC
0 耶穌基督出生
100
200
300 君士坦丁統一羅馬
羅馬帝國分成兩部
400
500 波斯帝國
600 回教建立
700
800 凡爾登條約
900 神聖羅馬帝國建立
1000
1100 十字軍東征
1200 蒙古第一次西征
1300 英法百年戰爭開始
1400
哥倫布發現新大陸
1500
英國大破無敵艦隊
1600
1700 發明蒸汽機
美國獨立
1800
美國南北戰爭開始
1900
第一次世界大戰
第二次世界大戰
2000

平分土地，接著轉戈東南，征服印度北部，又打敗喀喇汗王朝的入侵，征服了花刺子模，並從布韋希王朝手中奪取賴伊和伊斯法罕。這樣，馬哈茂德先後征服了近200萬平方公里土地，形成一個東起北印度，西至波斯西北部，北達烏滸河與鹹海，南迄錫吉斯坦的強大帝國。

對於自己的稱號，馬哈茂德也動了番腦筋。要是稱「哈里發」吧，太高調了；要是稱「埃米爾」呢，又變成了哈里發的下屬，得聽阿拔斯王朝哈里發的話，馬哈茂德還是不樂意。最後，馬哈茂德決定稱「蘇丹」，表示他承認哈里發的在神權上的領導，但並不接受哈里發的直接統治。這個稱號得到了阿拔斯王朝的正式冊封，這也是歷史上的第一個「蘇丹」。不過，等馬哈茂德死後，伽色尼王朝就陷入內亂，一百多年後被古爾王朝滅了。

波斯、中亞各王朝

塔希爾王朝是由波斯人塔希爾在9世紀建立的。塔希爾因為在內戰中擁立哈里發瑪蒙立下大功，被任命為波斯和東方行省總督，賜以呼羅珊領地的世襲權。822年，塔希爾宣告獨立。該國在873年被薩法爾王朝滅亡。

薩法爾王朝是由薩法爾建立的，他在861年被任命為錫吉斯坦（今伊朗東南、阿富汗南部）的駐軍司令；867年，他據有錫吉斯坦全境，自立為埃米爾。此後，他攻滅了塔希爾王朝，又企圖推翻哈里發，卻在876年被哈里發軍隊擊敗。薩法爾死後，王國先被薩曼王朝擊敗，1002年便被伽色尼王朝滅亡。

薩曼王朝是由薩非帝國王室的後裔納斯爾建立的。874年他被阿拉伯帝國任命為烏茲別克地區的總督，趁機獨立，後來逐漸開疆拓土，佔有今哈薩克斯坦南部、土庫曼斯坦、塔吉克斯坦、阿富汗，以及伊朗大部分地區，面積200多萬平方公里。999年被伽色尼王朝和喀喇汗王朝夾擊滅亡。

喀喇汗王朝是在9世紀中後期，由中亞突厥語民族建立的王朝，其版圖極盛時包括今天的烏茲別克斯坦、吉爾吉斯斯坦、塔吉克斯坦、哈薩克斯坦南部以及新疆中西部。1041年該國分裂為東西兩部，先後成為塞爾柱和西遼的附庸，1212年被花剌子模王朝所滅。

伽色尼王朝已經算很厲害了，可是還有一群突厥兄弟比他更強悍，那就是塞爾柱人。塞爾柱人是突厥烏古斯人的一支，最初住在哈薩克斯坦一帶，10世紀時，他們在首領塞爾柱克的帶領下，來到伽色尼帝國的北方，被稱為「塞爾柱人」。他們成為駐守在伽色尼帝國北部的僱傭軍。到了1030年，伽色尼的雄主馬哈茂德蘇丹去世，帝國內部亂了起來。塞爾柱首領圖格魯克（？—1063年）趁機在花剌子模（今烏茲別克、土庫曼）地區起兵造反，二十年間，打得伽色尼王朝的官兵大敗，奪走了大片領土——呼羅珊、米迪亞、賴伊、哈馬丹、伊斯法罕等，將伽色尼王朝給擠到阿富汗東邊去了。

此後，塞爾柱人繼續開疆拓土，又在1054年征服了阿塞拜疆。這時候的兩河流域和伊朗西部歸波斯軍閥布韋希家族統治，哈里發卡伊姆（1031—1075年在位）被欺負得急了，病急亂投醫，向塞爾柱人求助。圖格魯克趁機進軍巴格達，消滅了布韋希王朝。哈里發剛從布韋希家族手中跳出來，又落入了塞爾柱人手中。圖格魯克被授予「蘇丹」稱號，封為「東方與西方之王」，成為阿拔斯王朝的攝政王。

圖格魯克成為阿拉伯帝國的實際執政者之後，繼續征戰四方，在西北方跟東羅馬帝國開戰，先占亞美尼亞，再搶小亞細亞。1071年，塞爾柱軍在小亞細亞的滿奇特科大敗東羅馬軍，生擒東羅馬皇帝羅梅納斯四世。此後，塞爾柱蘇丹把大批塞爾柱烏古斯人遷移到小亞細亞，建立起羅姆蘇丹國。從那時候起，小亞細亞便成為塞爾柱突厥人的家園，直到

BC
— 0 耶穌基督出生
— 100
— 200
— 300 君士坦丁統一羅馬
羅馬帝國分成兩部
— 400
— 500 波斯帝國
— 600 回教建立
— 700
— 800 凡爾登條約
— 900 神聖羅馬帝國建立
— 1000
— 1100 十字軍東征
— 1200 蒙古第一次西征
— 1300 英法百年戰爭開始
— 1400
哥倫布發現新大陸
— 1500
英國大破無敵艦隊
— 1600
發明蒸汽機
— 1700
美國獨立
— 1800
美國南北戰爭開始
— 1900
第一次世界大戰
第二次世界大戰
— 2000

如今也還是土耳其的主要領土（突厥、土耳其和土庫曼都是同一詞的變體）。東羅馬帝國喪失了小亞細亞這個重要的財政收入和兵源基地，從此一蹶不振。在西南方向，塞爾柱王朝大舉進攻法蒂瑪王朝，打下了敘利亞、巴勒斯坦、聖城耶路撒冷、聖地麥加和麥迪那等。

到11世紀末，塞爾柱人的版圖，東起中亞內陸地區，與新疆地區接壤，西至敘利亞及小亞細亞，南達阿拉伯海，北至基輔羅斯（烏克蘭）邊境，其威風一時無二。不過，他們的擴張到此也達到了巔峰。從1092年起，塞爾柱突厥帝國陷入了王子爭位、藩鎮割據的混亂局面。

上古時期 BC
漢
0
100
三國 200
晉
300
南北朝 400
500
隋朝 600
唐朝
700
800
五代十國 900
宋
1000
1100
1200
元朝 1300
明朝 1400
1500
1600
清朝
1700
1800
1900
中華民國
2000

繁榮！唐宋風貌

阿拉伯帝國在西方興起時，中國正處在大唐盛世。唐太宗李世民、高宗李治，包括一度篡位的女皇武則天都是很出色的君主，唐朝在中國歷史上也達到了一個新的高度。對內，朝廷採用均田制，給每個健康農民分配土地，確保有一個穩定的自耕農階層為國家交稅、當兵；又開創科舉制度，讓讀書人相對公平地競爭當官，為國家提供有才學的官僚隊伍。對外，唐朝滅亡了東西突厥，與青藏高原的吐蕃和親，又得到回紇（今新疆一帶）作為重要盟友。唐朝與天下各國都有往來，阿拉伯人頻繁來唐朝通商，基督教的聶斯托里教派也在唐朝時候傳入中國（中國稱之為景教）。甚至唐朝使者王玄策還曾藉吐蕃、尼泊爾的兵力鎮壓了印度叛亂，把叛亂的宰相抓回長安。

8世紀初唐玄宗李隆基（685—762年，712—756年在位）登基之後，前期勵精圖治，開創了「開元盛世」，後期貪圖享受，任用奸佞，導致朝政混亂。他還在西邊與吐蕃大打出手，在西南對南詔國長期用兵，勞民傷財。到755年，終於爆發了「安史之亂」。邊境大將安祿山、史思明起兵造反，攻克長安，唐明皇與朝廷百官都倉皇逃到四川。後來，雖然平定了叛亂，但唐朝的國力也遭到極大損耗。更可怕的是，從此各地的將領執掌軍政大權，形成藩鎮割據，對中央的話也愛聽不聽了。

此後，雖然唐朝君臣也曾試圖挽回國運，數度中興，甚至在866年把宿敵吐蕃打得亡國，但是終究國家日益衰朽，朝臣黨爭、宦官擅權、藩鎮造反。9世紀末的黃巢起義更是把整個唐朝的根基都砸得稀巴爛。904年，權臣朱溫殺害唐昭宗，907年逼迫唐哀帝李柷禪位，自稱大梁皇帝，唐朝終告覆滅。唐朝立國二百九十年，它無論從經濟上、政治上、文化上、軍事上而言，確實是中國最輝煌的時期。直到今天，中國人還喜歡回想當年「光耀萬邦」的盛唐風采，唐詩也是中國古典文化的瑰寶。

隨著朱溫稱帝，中國進入了「五代十國」時期。數十年中，後梁、後唐、後漢、後晉、後周五個朝代相繼稱尊，地方上則有吳、南唐、吳越、楚、前蜀、後蜀、南漢、南平（荊南）、閩、北漢十個國家前後割據，戰亂不絕。直到960年宋太祖趙匡胤陳橋兵變，建立宋朝，又用了十多年吞併南方的割據勢力，中國才基本統一。

這段時間，朝鮮半島南部的新羅國基本上跟老大唐朝同一命運。唐朝貞觀之治、開元盛世時，新羅也挺安穩，有點小動亂也被唐朝幫忙擺平了；唐朝安史之亂後，唐朝自顧不暇了，新羅也就進入亂世，今天王室爭位，明天武將造反。到9世紀末唐朝陷入黃巢之亂不能自拔時，新羅也「盜賊蜂起」、「豪強割據」。900年，新羅大將甄萱佔據半島西南地區稱王，建立「後百濟」政權。901年，新羅王室成員金弓裔佔據北部領土稱王，建立「後高句麗」政權，並自稱是繼承了高句麗的法統，要滅掉新羅給高句麗報仇。再加上苟延殘喘的新羅朝廷，朝鮮半島進入「後三國」時代，除三大政權外還有不少地方勢力各自據地稱雄。

後三國並立的日子並不長。918年，後高句麗大將王建殺死了昏暴不得人心的金弓裔，自己當了國王，改國號為「高麗」，自稱是高句麗國的繼承人。王建不但文武雙全，英勇善戰，而且寬待臣下，撫恤百姓，很多地方勢力望風而降。又經過10多年戰鬥，王建先後滅亡新羅和後百濟，在936年再次統一朝鮮半島南部，比中國的統一早了約四十年。此後高麗趁著中國內亂，再次進兵奪取朝鮮半島北部的土地。這些土地從唐朝滅高句麗以來一直是中國直屬，唐末動亂以後就沒人管了。過了幾十年，高麗基本上把國境線又從大同江推進到了鴨綠江。

至於日本呢，他們在唐朝時積極派出遣唐使，學習唐朝的先進制度和文化。中間雖然也曾爆發叔侄爭位的壬申之亂（672年），但新上臺的天武天皇殺害侄兒後，繼續發展封建集權制，掃除舊勢力，嚴選官吏。701年頒布的《大寶律令》，象徵著日本學習唐朝律法的項目圓滿完成。

710年，日本遷都奈良，從「飛鳥時代」進入「奈良時代」，社會一度繁榮，但貴族鬥爭又逐漸氾濫起來，天皇的權威也受到了威脅。794年，日本再把都城遷到平安京（現在的京都），日本進入平安時代。這時候，日本發現光靠學習大唐律法好像解決不了問題。你看，唐朝自身都這樣慘了。於是9世紀末，日本停止了派遣唐使，不再學習中國文化。從10世紀開始，日本的大權落入貴族藤原氏的手中，天皇被架空的時代開始了。

再說回中國，宋太祖趙匡胤雖然統一了大半個中國，但宋朝幾乎也是所有「大一統王朝」中實力相對最弱的一個。在北邊，契丹族人從10世紀初就建立了強大的遼國，比宋朝還要早半個世紀。遼國緊靠著北宋，是一個強大的威脅，把相當於今日的天津、北京、河北、陝西北部等地區，即古稱「燕雲十六州」的地盤給占了，使得宋朝很難獲得良馬，難以建立精銳騎兵，這種軍事資源的壓制也是相當難受的。

北宋初年曾經試圖北伐遼國，奪回燕雲十六州，卻碰上遼國的女中豪傑蕭綽（蕭太后），被打得狼狽退回，此後北宋對遼國在軍事上也就沒占過什麼便宜。1004年，宋、遼之間簽訂了檀淵之盟，約定了邊界，宋朝每年給遼國進貢一些財物，從此兩國進入長久和平時期。北方暫時安定，西北又出了狀況。1038年，党項族人李元昊又在甘肅一帶建立了西夏王國，雖然面積和人口比宋國和遼國都少，卻連續打敗宋、遼，形

BC
— 0 耶穌基督出生
— 100
— 200
— 300
君士坦丁統一羅馬
羅馬帝國分成兩部
— 400
— 500 波斯帝國
— 600 回教建立
— 700
— 800
凡爾登條約
— 900
神聖羅馬帝國建立
— 1000
— 1100 十字軍東征
— 1200
蒙古第一次西征
— 1300
英法百年戰爭開始
— 1400
哥倫布發現新大陸
— 1500
英國大破無敵艦隊
— 1600
— 1700 發明蒸汽機
美國獨立
— 1800
美國南北戰爭開始
— 1900
第一次世界大戰
第二次世界大戰
— 2000

成三足鼎立的局面。

宋、遼、夏之間對峙了一個世紀，在遼國的東北又興起了女真族人建立的金國。女真人甚是彪悍，幾次以少勝多打得遼國大敗。宋朝覺得有便宜撿了便去聯金攻遼。1125年，遼國被滅了。失去遼國這個龐然大物的屏蔽，肥胖的宋朝等於直接暴露在女真人的鐵蹄之下。再加上宋徽宗趙佶（1101—1125年在位）和宋欽宗趙桓（1126—1127年在位）父子倆實在太昏庸，到1127年，金國軍隊就長驅直入，攻破北宋首都開封，把父子兩個傻皇帝和一大批公卿貴族都抓到金國去了，北宋因而滅亡。

之後，宋徽宗的兒子、宋欽宗的弟弟趙構（1127—1162年在位）在臨安（杭州）繼位，建立南宋，靠著半壁江山和北方的金國對峙。此後宋、金兩國也曾相互攻守，幾次拉鋸，宋軍也曾幾次攻入中原，但整體來說疆域變化不大。此外，遼國的亡國皇室又跑到新疆一帶建立了西遼。西遼惹不起東邊的宋、金，就往西擴張到中亞，還參與了滅亡塞爾柱突厥帝國的戰爭。而當年曾經和宋、遼三足鼎立的西夏王朝，也不復當年威風，基本上只能跟金國做好朋友。中國大地上又進入了新的勢力平衡時期。

北宋、南宋時期對外挨打不少，國土一步一步被蠶食，對比之前的漢、唐是挺窩囊的。但同時宋朝卻是中國經濟得到高度發展的時期，農業、工商業、礦業、造船業，行行都是熱門。雙季稻得到栽種；指南針得到應用；宋朝商人開始自己大規模做生意，而不是坐等阿拉伯商人上門；宋朝出現了世界上最早的紙幣——交子、會子。宋朝的經濟水準達到中國古代的巔峰。宋朝的人口突破了1億，約占全世界人口的三分之一，百姓的生活水準同其他國家相比也算較高。宋朝的文化也頗發達，畢昇發明了活字印刷，促進了中國乃至世界的文明進步。宋朝的散文、小說、歌曲、戲劇、曲藝等五彩繽紛，宋詞更是千秋詩海中的珍珠。

宋朝時，朝鮮半島的高麗國稍微有點鬱悶。他們一向習慣把中國的

「正統」王朝奉為宗主國，但新老大宋朝太不堪打了，被遼國打得這麼慘，你讓高麗小弟怎麼站得穩啊？尤其遼國佔據東北，就在高麗眼皮子底下。高麗只好忍痛拋棄了真愛宋朝，改認拳頭大的遼國為宗主國。不過，叫老大歸叫老大，高麗人絕不能吃虧。後來，遼國想把高麗趁亂搶佔的半島北部土地收回來，這可戳到了高麗的要害。高麗一怒之下，為此不惜和遼國狠狠打了三仗。三次玩命下來，終於迫使遼國認可了高麗在半島北部的地盤。

到12世紀初女真崛起，打得遼國手忙腳亂，高麗趁機斷絕了和遼國的關係，興高采烈地公開尊奉宋朝。然而，好日子沒幾年，北宋也被金國滅了。看著鴨綠江對岸雄赳赳的女真騎兵，高麗只好再認了金國當老大。高麗國內也開始動亂，貴族政變、王室爭位、權臣廢立、民眾造反……

同期的日本正處在平安時期，也是沸反盈天。天皇和權臣藤原氏固然矛盾重重，天皇和其父親上皇，藤原氏內部成員之間，也是各懷鬼胎，爭鬥不休。這種鬥爭多數都是要動刀子的，要動刀子就需要武士出馬，因此當時的源氏和平氏兩大武士集團（平氏和源氏都是前朝天皇的後裔，被從皇族降級為臣）的地位也越來越重要。在1159年的「平治之亂」中，平氏的平清盛擊敗了源氏的源義朝掌握了大權。1180年，源氏聯合各派反平氏的力量，四面圍攻平氏，終於在1185年全殲平氏軍隊，源氏的領袖源賴朝控制了日本朝政，在鎌倉建立幕府，日本也從平安時代進入了鎌倉時代。

12世紀末的亞洲，無論是突厥，還是在小亞細亞臥薪嚐膽圖謀復國的東羅馬帝國餘部；或是南宋、金國、西夏、西遼、日本、高麗，都只顧著自己眼前的一堆爛事。誰都沒留意到，在蒙古大草原上一群彪悍的漢子們正在廝殺著。要不了多久，這些人就將震驚整個亞洲乃至整個世界。

BC
0 耶穌基督出生
100
200
300 君士坦丁統一羅馬
羅馬帝國分成兩部 400
500 波斯帝國
600 回教建立
700
800
凡爾登條約
900
神聖羅馬帝國建立
1000
1100 十字軍東征
1200 蒙古第一次西征
1300 英法百年戰爭開始
1400
哥倫布發現新大陸 1500
英國大破無敵艦隊 1600
1700 發明蒸汽機
美國獨立
1800
美國南北戰爭開始
1900 第一次世界大戰
第二次世界大戰
2000

西元7世紀—12世紀的東南亞

西元10世紀開始，佔據蘇門答臘、馬來半島的室利佛逝王國（三佛齊王國）遭遇了內外挑戰。內部勢力割據各方的同時，東南亞其他臣屬國家如但米爾（斯里蘭卡）、末羅瑜（占碑）、暹羅（泰國）也紛紛與之交戰。室利佛逝王國為了維持自己的地位，多次向中國皇帝朝貢，希望得到支持，但仍在13世紀轉入衰敗期，後在1470年徹底滅亡。同時，菲律賓也出現了奴隸制的國家政權，982年就有菲律賓的麻逸國的船隻來到廣州跟宋朝通商。

越南北部一直從屬於中國，938年，北越的吳權趁中國「五代十國」的動盪局面，擊敗中國的地方割據政權南漢軍隊，建立了安南國，史稱「吳朝」，從此越北地區正式脫離中國而獨立。這樣，越南、柬埔寨地區出現了安南、真臘、占婆三國鼎立的局面。三國之中，越北的安南實力最強，逐步南侵。南越的占婆國只能向宋朝稱臣求救。另一方面，占婆還不斷跟西邊的真臘打仗，損兵折將，地盤日益縮小。安南國雖強，內部也少不了動盪，從10世紀到13世紀的三百年間，換了吳朝、前黎朝、李朝、陳朝四個朝代。

柬埔寨真臘國在8世紀初一度分裂，到802年重新統一，定都吳哥，史稱吳哥王朝，國勢強盛，文化繁榮。其王城建築雄偉，有世界聞名的吳哥窟，疆域一度包括今緬甸部分地區和馬來半島北部。1044年，緬甸建立了第一個統一王國——蒲甘王朝，並逐漸擴充領土。

1238年，泰國（暹羅）建立了最早的泰人王朝——素可泰王朝，在13世紀末一度統治了大半個馬來半島。由於周邊這些國家的崛起，東埔寨吳哥王朝逐漸走向衰敗。

第四章：鐵騎如風——蒙古人的興衰

（西元13世紀至16世紀）

在歐、亞各國混戰之際，蒙古旋風猛然刮出，迅速席捲大陸。東亞的西夏、金、南宋、高麗，中亞的花剌子模、波斯，西亞的阿拉伯，歐洲的羅斯諸國、波蘭、匈牙利、奧地利，紛紛感受到蒙古人的厲害。成吉思汗和他的後人建立起達三千多萬平方公里的蒙古大帝國，又因內部分裂和民族衝突而迅速瓦解。帖木兒曾欲重振成吉思汗的雄風，終究壯志未酬，他的後人征服了印度，建立了蒙兀兒王朝。明朝推翻了元朝，朝鮮則是李氏王朝取代高麗，日本經歷了南北朝和戰國的內戰，小亞細亞崛起了威震歐、亞的奧斯曼土耳其帝國，中亞、西亞是薩非帝國在統治。此時，西邊的歐洲已然發生了歷史性的變化，未來幾百年將不再屬於亞洲。

ASIA

現今亞洲政區示意圖

俄羅斯

蒙古

中國

日本

北韓
南韓

台灣

香港

越南
寮國
柬埔寨
汶萊

泰國

馬來西亞

印度尼西亞

新加坡

菲律賓

緬甸

孟加拉
不丹
尼泊爾

斯里蘭卡

印度

吉爾吉斯
塔吉克

哈薩克

烏茲別克

土庫曼

阿富汗

巴基斯坦

科威特

阿拉伯聯合大公國

阿曼

沙烏地阿拉伯

葉門

伊朗

伊拉克

約旦
巴勒斯坦
以色列

敘利亞

土耳其

黎巴嫩

歐 洲

非洲

OCEANIA
大洋洲

狂飆！蒙古大帝國

12世紀末，亞洲廣闊的四千萬平方公里土地上，各國都在自掃門前雪。卻不料，蒙古高原的部族兄弟們，則在內戰中完成了聚合。1206年，孛兒只斤・鐵木真（1162—1227年）統一了蒙古各部，自稱「成吉思汗」，國號「大蒙古國」。隨後，鐵木真和他彪悍的兒孫們，開始了空前絕後、橫掃歐、亞的大征服。

成吉思汗首先兩路出擊，一路指向西邊，攻打新疆一帶的高昌、回鶻和西遼等國。這些國家哪裡是蒙古人的對手，到1218年，西域頭號大國西遼就被蒙古所滅。成吉思汗後來把這塊地盤封給了自己的三子窩闊台，後來，四大汗國中的窩闊台汗國就在此地建立了。

蒙古軍另一路指向南邊，對付過去的宗主國——中國北方的金朝。大金國當初滅遼、壓宋、逼西夏、欺高麗，何等威風，如今早已不復當年之勇，在蒙古鐵騎的衝擊下接連丟盔棄甲，沒幾年就丟失了大片領土。打不過就只得認輸，金國反過來向蒙古求和，獻上大筆金銀財寶和嬌滴滴的公主。蒙古人把金銀美女全部笑納後卻繼續進攻。1215年，蒙古佔領了河北地區，金朝內部叛將獨立、軍閥割據、義民蜂起，整個王朝已經搖搖欲墜。

不料，背後有人捅了成吉思汗一刀。原來，當時的中亞國家花剌子模，之前是塞爾柱帝國的屬地，12世紀中葉在西遼的援助下獨立，後來逐步擴張領土，到13世紀初已經打敗了舊主塞爾柱帝國和恩人西遼，滅掉了中亞的古爾王朝和喀喇汗王朝，佔領了烏茲別克與土庫曼、大半個阿富汗和幾乎整個波斯，面積超過300萬平方公里。成吉思汗本想專心打老主子金國，誰知派人去和花剌子模做生意，花剌子模人卻殺死了蒙古使者和商團所有人。這下成吉思汗也火了：給臉不要臉，我就先滅了你！他暫停打金國，在1219年開始了第一次西征。

花剌子模和蒙古都是亞洲新興的強國，兩個正面一碰，這才知道高低。蒙古軍隊長驅千里，所向披靡，花剌子模號稱有百萬大軍，結果就跟小米被雞啄一樣，被一掃而空。蒙古軍非常殘忍，所到之處動輒屠城，恐怖的名頭傳遍了中亞。花剌子模國國王摩訶末（1200—1220年在位）眼見蒙古軍如此厲害，自家地盤丟光，軍隊被滅光，連老媽和老婆都被蒙古軍抓去，急得一命嗚呼。他的太子紮蘭丁倒是比較厲害，整頓餘部和蒙古軍打了不少惡仗，連成吉思汗都誇讚「生兒當如紮蘭丁」，可最終他還是抵擋不住，被蒙古軍一路追到印度河邊，帶著少數殘部渡河逃到了印度。

短短幾年，鐵木真就打敗了威震中亞的花剌子模，佔領整個中亞。這塊地盤東部的阿富汗等地，後來被分封給成吉思汗的次子察合台，他建立了四大汗國中的察合台汗國。

除此之外，蒙古大將哲別、速不台還順道去高加索山兜了一圈，征服了高加索地區，又越過高加索進入歐洲，在俄羅斯地區大破基輔大公率領的羅斯聯軍，把蒙古的勢力推進到伏爾加河流域，為下一次西征打開了門戶。這一路佔領的欽察草原地區，被分封給成吉思汗的長子朮赤，他建立了四大汗國中的欽察汗國。

鐵木真收拾完花剌子模後心滿意足，又回到中國來繼續打金國。金國雖然趁著蒙古軍西征的功夫，略微喘息了幾口氣，但終究病入膏肓，如今「煞神」捲土重來，當然只能繼續喪失領地。

成吉思汗在1227年病死，其子窩闊台（1186—1241年）繼位，蒙古軍攻勢不減，一口一口地啃咬著周邊勢力，1227年攻滅西夏，1231年滅掉重振旗鼓的花剌子模新王紮蘭丁。這時候，南宋的君臣們又開始了本色演出，就和百年前北宋聯金滅遼一樣，如今他們居然聯合如狼似虎的蒙古，去夾擊已經奄奄一息的金國。1234年，金國在南北夾擊下毫無懸念地滅亡。南宋朝廷歡天喜地，派出大隊人馬，彩旗飄揚、鑼鼓喧天地北上，準備收復中原故土，結果他們卻被蒙古軍隊秒殺了。南宋消滅了自己的屏障，開始直接面對「巨無霸」蒙古。

蒙古軍隊還進攻朝鮮半島上的高麗國。高麗朝廷還是相當頑強的，他們一邊對蒙古帝國稱臣求饒，一邊堅決抵抗入侵。蒙古鐵騎在陸地上所向無敵，高麗君臣就逃到江華島上，以海島為根據地和蒙古人打游擊戰。游擊戰一打就是二十餘年，高麗朝廷採取了「焦土抗戰」，半島成了一片荒丘。

這時，蒙古大汗窩闊台鑒於南宋實力尚強，決定先到西邊去建功績。於是在1235年命令成吉思汗的長孫拔都為帥，率領15萬大軍發動第二次西征。這一次西征，蒙古軍依舊所向披靡，當年冬天就打到了伏爾加河流域。次年冬天，蒙古大軍渡過伏爾加河，繼續向西。羅斯各邦一盤散沙，裝備、戰術又落後，遇上往來如風的蒙古騎兵，一點辦法都沒有。1238年，蒙古軍隊攻滅了弗拉基米爾公國（莫斯科東北一帶）。1239年，蒙古軍渡過頓河，攻滅基輔公國和加里奇公國（均在烏克蘭一帶）。就這樣，羅斯諸國都被蒙古人佔領。

蒙古軍繼續向歐洲縱深進發，殺奔匈牙利、波蘭而去。1241年夏天，蒙古軍在勒格尼茲（今德國東南）全殲波蘭、日爾曼、條頓騎士團的聯軍3萬，生擒西里西亞國王亨利，將其斬首示眾。然後，蒙古軍又用計策殲滅了天主教聯軍8萬，攻克匈牙利首都布達佩斯城。此後，蒙古軍隊更渡過多瑙河，一度打到奧地利首都維也納附近。

但是，在這幾次大戰中，蒙古軍隊也見識到了西歐騎士的強悍戰鬥力。西歐援軍不斷趕來，此時遠征萬里的蒙古軍則成了強弩之末。

1242年，蒙古大汗窩闊台去世的消息傳來，蒙古軍遂拔寨東歸。這次西征，使得蒙古帝國下屬的欽察汗國擴展到了歐洲東部，羅斯諸國都成為它的附庸國。窩闊台死後，他的兒子貴由（1206—1248年）繼位沒兩年也去世了。蒙古內部的王公們爭權奪位，很是折騰了一陣子，最後，拖雷的兒子蒙哥（1209—1259年）在1251年成為新的大汗。蒙哥也是個野心勃勃的人，登基之後，立刻下令全面擴張。西邊一路，他命令弟弟旭烈兀率十萬大軍，進擊西亞。南邊一路，蒙哥親率大軍，征討南宋。東邊一路，他則加強了對朝鮮半島的進攻。很快，東西兩路都取得了大勝。在西路，旭烈兀橫掃西亞，神擋殺神，佛擋殺佛，先佔領伊朗，攻滅了「山中老人」哈桑建立的阿薩辛派木剌夷王朝；接著進軍伊拉克，在1258年攻破巴格達，俘虜了阿拔斯王朝的末代哈里發穆斯台綏姆（1242—1258年在位），把他裹在毯子裡放馬活活踩死。就這樣，延續五百餘年的阿拔斯王朝就此滅亡，一度威震三大洲的阿拉伯帝國也徹底被終結。1260年，蒙古軍又打敗了埃及的阿尤布王朝，攻佔了整個敘利亞，隨後進軍小亞細亞，征服了塞爾柱突厥帝國最後的勢力——羅姆蘇丹國，接下來更攻佔了地中海的賽普勒斯島。就這樣，整個西亞成為蒙古帝國的勢力範圍，後來它被分封給旭烈兀，成為四大汗國中的伊爾汗國。

在東路，朝鮮高麗王朝終於架不住蒙古軍隊的反覆攻擊，在1258年正式停止抵抗，向蒙古稱臣，還派太子王倎到中國朝見蒙古大汗。此後，高麗國就乖乖地給蒙古當跟班。朝鮮半島北部也被蒙古人占去了。

而在南路，蒙古卻遭到南宋王朝的猛烈抵抗，幾番血戰下來都未能得手。蒙哥大怒，出動數十萬大軍，兵分四路攻宋，一路進攻長江下游的揚州，一路進攻長江中游的襄陽，一路進攻長江上游的四川，一路則繞道雲南，先滅大理國，再從南面夾擊南宋。本以為這一次是「甕中捉鱉」，結果蒙哥自己卻在1259年攻打合川釣魚城時，被宋軍的石頭擊傷，不治身亡。

蒙哥一死，蒙古的王子、將軍們頓時再度內訌，正在地中海逍遙快活的旭烈兀也趕緊奔回中國，來幫哥哥忽必烈爭位。他一走，原本險遭滅頂的中東和北非地區的政權鬆了一口氣。1260年9月，留守敘利亞的蒙古大將怯的不花，在艾因・賈魯平原之戰中輸給了埃及的馬木留克軍隊，怯的不花自己也掉了腦袋。這時候，蒙古人的西征風暴才最終平息。

1260年，蒙哥的弟弟、成吉思汗的孫子忽必烈（1215—1294年）繼承汗位，他開始自稱為「朕」，把「大汗」改為「皇帝」，此後更把國號改為「大元」（1264年），並把今天的北京城定為首都（大都）。就這樣，元朝建立了。忽必烈繼位之後，繼續進攻南宋。1276年，元軍攻入南宋首都臨安，宋恭帝投降。1279年，南宋的最後一支力量在崖山海戰後被消滅。至此，持續了三百餘年的宋朝成為歷史煙雲。

伴隨宋朝滅亡，蒙古帝國達到自己的巔峰，佔領了大半個亞洲和東歐，領土面積達3300萬平方公里，僅次於幾百年後擁有眾多殖民地的大英帝國。人類古代文明的一些核心地區，如中國、波斯、兩河流域盡在其中。

那麼，為何蒙古沒有繼續擴張呢？這是因天時、地利、人和各有不利。在西邊，他們遭到了埃及馬木留克騎兵的痛擊，而且再要千里迢迢去和西歐騎士們比較個高低，也未必能占到便宜。在東邊，忽必烈曾經在1274年和1281年兩次出擊日本，卻遭到鐮倉幕府（源氏家族當權）領導下的日本武士強力反擊，加上適逢海上風暴（日本稱為神風），蒙古船隊大半傾覆，東征失敗。在南邊，蒙古軍也曾試圖入侵印度、越南、爪哇（印尼）等地，但是當地潮濕炎熱的氣候，別說生長於北方大漠的蒙古漢子，就算是徵召來的中原漢兵也受不了，一路上病死的比戰死的人還多，所以最後紛紛撤軍了。

上古時期 BC
漢
— 0
100 —
三國 200 —
晉
300 —
南北朝 400 —
500 —
隋朝 600 —
唐朝
700 —
800 —
五代十國 900 —
宋
1000 —
1100 —
1200 —
元朝 1300 —
明朝 1400 —
1500 —
清朝 1600 —
1700 —
1800 —
1900 —
中華民國
2000 —

而且，大元政權建立後不久，蒙古帝國就已經開始分裂。忽必烈雖然是最高統治者，他實際能統治的只有中國的元朝這一大塊。至於四大汗國，例如新疆的窩闊台汗國很早就跟拖雷一系鬧翻。另三大汗國，包括與忽必烈同屬拖雷一系的伊爾汗國，對元朝皇帝也並不怎麼認同。蒙古人畢竟人數太少，能夠征服那麼大的地盤，卻沒力量控制那麼大的地盤。在幾大汗國和元朝，被征服的當地人會不時地起來反抗，內部權貴變亂頻繁，蒙古各國相互之間也是戰亂不絕。很快，這個龐大的帝國就開始走向了衰敗。

復興！帖木兒帝國

蒙古帝國中最先垮臺的是位於新疆東部、蒙古高原西部的窩闊台汗國。自從拖雷的兒子蒙哥成為帝國大汗，窩闊台的子孫就和蒙古中央朝廷勢不兩立。14世紀初，窩闊台汗國進犯元朝被打敗，隨後就在1310年被察合台汗國給滅了。

四大汗國中含金量最高的是在第三次西征後建立的伊爾汗國，開國大汗是成吉思汗的孫子，忽必烈的弟弟旭烈兀。其領土位於中亞、西亞，西到小亞細亞，東到印度河、阿姆河，北到高加索，南到波斯灣，疆域接近千年前的薩非。這個汗國也是蒙古四大汗國中與元朝關係最好的一個（畢竟都是拖雷系）。不過，旭烈兀在位時就跟東邊的察合台汗國為了爭地盤而大打出手。等旭烈兀死後，他的子孫們彼此爭權奪位，蒙古統治者和當地人也是衝突不斷。

1335年大汗阿布・賽義德去世，權臣、將軍各自擁立傀儡可汗，一度強大的伊爾汗國就此分裂成卡爾提德王朝（東波斯和阿富汗）、穆翁法爾王朝（西波斯）、翁剌亦兒王朝（伊拉克）和楚邦王朝（小亞細亞）四塊，互相攻殺。

1355年，欽察汗國攻入伊爾汗國首都，伊爾汗國就此滅亡，算起來立國不到一百年。後來，在它的舊地上又建立起一堆小國家。

原本佔據中亞東部和新疆西部的察合台汗國，雖然在內鬥中滅了窩闊台汗國，可他們自己的下場也好不到哪裡去。從13世紀中葉開始，察合台汗國捲入了蒙古皇室的鬥爭，內亂就沒停過，十幾年內換了四個大

BC
0 耶穌基督出生
100
200
300 君士坦丁統一羅馬
羅馬帝國分成兩部 400
500 波斯帝國
600 回教建立
700
800
凡爾登條約
900
神聖羅馬帝國建立
1000
1100 十字軍東征
1200 蒙古第一次西征
1300 英法百年戰爭開始
1400
哥倫布發現新大陸
1500
英國大破無敵艦隊
1600
1700 發明蒸汽機
美國獨立
1800
美國南北戰爭開始
1900 第一次世界大戰
第二次世界大戰
2000

汗。

1348年，察合台汗國正式分裂為東西兩部，兩部之間征戰不休。這時，西察合台的大權逐漸落到了駙馬帖木兒（1336—1405年）的手中。這位帖木兒在和東察合台的軍隊作戰時被打瘸了一條腿，人稱「瘸子帖木兒」，以區別於歷史不計其數的其他帖木兒。1369年，帖木兒殺死西察合台可汗，建立了帖木兒汗國。

瘸子帖木兒自稱是蒙古貴族，不過從宗教、文化上來看，卻是突厥化、波斯化的蒙古貴族。他發誓要恢復成吉思汗的偉業，要把之前分裂的幾大汗國重新統一起來。他先向東攻打東察合台汗國，盡占阿富汗之地，鐵蹄踏入新疆，直打得察合台汗國四分五裂（餘部最後在17世紀被蒙古準噶爾部併吞）；然後他向西攻打伊爾汗國的舊地，併吞了波斯、兩河流域；接著，他又北上收拾欽察汗國，奪得了亞美尼亞、南高加索等地。

1398年，帖木兒又向南進攻印度的德里蘇丹國，一路打到了首都德里，占領了印度北部。1400年，帖木兒又大敗埃及馬木留克軍團，佔領了整個敘利亞地區。

至此，帖木兒的帝國佔領了幾乎整個中亞、西亞，面積有近千萬平方公里。帖木兒打仗跟成吉思汗一樣，迅猛如風，雷霆萬鈞。他也和成吉思汗一樣，殺人如麻，毫不留情。在印度德里，他一次就屠殺了約10萬戰俘。攻佔大馬士革後，他把大馬士革付之一炬。

這時候，在帖木兒帝國的西邊也崛起了一個強大的突厥國家，那就是奧斯曼土耳其。他們本是中亞的一個突厥部族，12世紀時歸花剌子模王朝統治，後來蒙古西征，把他們一路轟到了小亞細亞，依附於早他們兩百年來此地的塞爾柱土克曼人，成為羅姆蘇丹國的臣屬。1299年，酋長奧斯曼（1258—1326年）趁著羅姆蘇丹國內戰之際，宣布獨立。此後，奧斯曼土耳其開始擴張，他們向東併吞羅姆蘇丹國的大部分舊地，向西對東羅馬帝國大打出手，1331年攻佔了重鎮尼西亞城，1354年更渡過達達尼爾海峽，佔領了加利波利半島。隨後奧斯曼帝國以此為根據地大舉進攻歐洲，接連征服西色雷斯、馬其頓、索菲亞、薩洛尼卡和整個希臘北部，迫使保加利亞和塞爾維亞對其稱臣納貢。1389年，他們在科索沃戰役中大敗塞爾維亞、保加利亞和匈牙利聯軍。

眼看奧斯曼這麼強悍，西歐的封建主們害怕了。羅馬教皇一聲號召，西歐各國停止內戰，天主教騎士們源源不斷地聚集到東歐，再加上匈牙利國王的大隊騎兵，準備和奧斯曼人好好幹一仗。1396年，兩軍在尼科堡展開決戰。奧斯曼蘇丹巴耶塞特一世（1389—1402年在位）先用弓箭射得莽撞無腦的西歐騎士四處逃竄，然後用埋伏的重騎兵殺得匈牙利騎兵血流成河，歐洲聯軍遂全線崩潰。大部分人戰死或掉入多瑙河被淹死，近萬人被俘虜後遭到斬殺。

現在，奧斯曼帝國和帖木兒帝國碰面了。一邊是遷移到歐、亞邊界的突厥人，一邊是突厥化的蒙古人，到底誰厲害？只能戰場上見！1402年，兩軍在安卡拉交鋒。帖木兒麾下有10萬精騎，包括中亞、西亞的突厥、波斯、阿拉伯戰士，還有從印度弄來的幾十頭大象。奧斯曼蘇丹巴耶塞特一世也糾集了7萬之眾，包括歐洲、巴爾幹的僱傭兵（騎士和輕騎兵）、小亞細亞的突厥士兵和奧斯曼帝國的正規軍。兩位首領都是一時的霸主，調兵遣將，反覆衝殺，幾十萬隻馬蹄子將戰場踐踏得塵土飛揚，中間透出十幾萬柄刀槍拼殺的白光和血光。鏖戰結果，還是帖木兒更勝一籌，終於殺得奧斯曼軍大敗，生擒了巴耶塞特一世。

此戰慘敗之後，奧斯曼土耳其帝國陷入內亂。如果帖木兒趁勢西進，多半奧斯曼土耳其將就此滅亡，以後也就沒有那個雄霸歐、亞數百年的大帝國了。可是帖木兒卻止步於此。為什麼呢？因為他的目標並不是征服歐洲，而是恢復蒙古帝國。換句話說，他想攻滅明朝，在中國復辟元朝。

帖木兒在1404年向東進軍，準備攻打明朝。這次他傾盡全力，搜羅了百萬大軍，要一舉定鼎華夏。如果真打起來，明朝壓力會很大的，因為當時明成祖朱棣剛剛打敗自己的侄兒奪取江山，不但國力在內戰中損耗嚴重，而且政權不穩。幸好帖木兒走到半途，就在1405年去世了，這一次空前絕後的東征也就化為泡影。帖木兒的龐大帝國本來就是靠他一個人的武略才得以維持，才能在短時間內膨脹至此。如今帖木兒死去，後輩自然無法再維繫下去。他的兒孫們自相攻擊，並在百餘年後逐一被滅亡。

死敵！奧斯曼對波斯

1405年帖木兒死後，最大的受益者是他的兩個鄰居：東邊的大明朝免除了一場大規模戰亂，而西邊的奧斯曼土耳其則免除了眼皮子下面的威脅。1413年，奧斯曼蘇丹穆罕默德一世（1389—1421年）結束了國內的分裂局面，並收復了被帖木兒奪走的小亞細亞領土。其子穆拉德二世（1403—1451年）再接再厲，於1444年在瓦爾納戰役中打敗了波蘭、匈牙利、瓦拉幾亞聯軍，又在1448年的科索沃戰役中大敗匈牙利軍，隨後侵入希臘。在這父子倆的指揮下，奧斯曼土耳其一掃被帖木兒打得灰頭土臉的狼狽樣，恢復成了滿血衝殺狀態。

1453年，穆拉德二世之子穆罕默德二世（1432—1481年）親率大軍，攻佔君士坦丁堡，滅亡了傳承千年的東羅馬帝國。穆罕默德二世遷都到君士坦丁堡，改名為伊斯坦布爾。此後，穆罕默德二世在西邊併吞了塞爾維亞、波士尼亞、阿爾巴尼亞等地，在北面征服了克里木汗國。

到穆罕默德二世的兒子賽裡木一世（1467—1520年）和孫子蘇萊曼一世（1494—1566年）在位期間，奧斯曼土耳其更在非洲打敗了彪悍的馬木留克軍團，併吞了埃及等北非地區。當時的哈里發本是阿拔斯王朝的支系，待在埃及給馬木留克王朝當傀儡。奧斯曼帝國廢黜了這個傀儡，由蘇丹自己兼任哈里發，於是奧斯曼蘇丹成為政教合一的最高領袖。奧斯曼帝國又在歐洲攻佔了貝爾格勒，征服了匈牙利，甚至數次包圍奧地利首都維也納。在南邊，奧斯曼佔領了整個阿拉伯半島。到16世紀中葉，奧斯曼不但成為又一個地跨歐、亞、非三洲的龐大帝國，更扮演了歐洲的勁敵這個角色，對歐洲霸主——哈布斯堡皇朝構成嚴重威脅，其威勢甚至比兩百多年前的蒙古帝國還要兇猛。至於帖木兒統治下的兩河流域、波斯、中亞等地，隨著帖木兒之死，很快分崩離析，烽煙四起。先前被帖木兒征服的土庫曼人黑羊王朝和白羊王朝趁機起兵復國，分別佔領了中亞、伊拉克和亞細亞地區。帖木兒的兒孫們佔據波斯、阿富汗等地，繼續鬧內訌。他們形成三足鼎立之勢，打了幾十年，黑羊王朝在1468年被白羊王朝併吞，帖木兒帝國也一分為二，二分為四，越分越細。

欽察汗國的衰亡

欽察汗國（又稱金帳汗國）建立後，又分出白帳汗國（拔都的哥哥所建）、青帳汗國（拔都的弟弟所建）等。因為蒙古人居於少數，欽察汗國到14世紀前期已經突厥化，萬戶即形同獨立王國，彼此內戰。14世紀末，花剌子模、克里木、保加爾逐漸從金帳汗國中分裂出去。15世紀時，欽察汗國先後分出了西伯利亞汗國、喀山汗國、克里木汗國、阿斯特拉罕汗國等獨立王國（王室都是蒙古貴族），欽察汗國的中央政權只剩下不多的領土。這時，曾經被蒙古人統治了二百餘年的莫斯科公國強大起來。1480年，莫斯科公國擺脫欽察汗國控制。1502年，欽察汗國被克里米亞汗國攻滅。此外，東察合台汗國在1514年被其同族的葉兒羌汗國攻滅。至此蒙古帝國原本的四大汗國全部滅亡，其子孫支流各有傳承，比如葉兒羌是察合台汗國之後，烏茲別克布哈拉汗國是朮赤之後。

又折騰了幾十年，到16世紀初，成吉思汗長子朮赤的後裔昔班尼汗率領烏茲別克人異軍突起，在1500年建立了烏茲別克布哈拉汗國。短短幾年裡，他們消滅了波斯、中亞地區的帖木兒王公們，在1507年徹底摧毀了帖木兒帝國。

白羊王朝則在1501年遭遇了宗教起義。起義軍在一個叫「蘇菲」的教團領導下越戰越勇，攻城掠地，1508年就把白羊王朝給滅了。在白羊王朝的「屍體」上建起了「薩非帝國」，又稱為「波斯第三帝國」。它也是自從八百多年前波斯第二帝國（薩珊帝國）滅亡後，整個波斯地區首次重新統一起來形成的帝國。開國的沙赫是蘇菲教團的首領易司馬義一世（1487—1524年）。為了收攏人心，易司馬義一面自稱是穆聖的女兒法蒂瑪和堂弟阿里之後，另一面又自稱是薩非王朝之後，把祖上描繪得顯赫無比。波斯第三帝國在1510年打敗了布哈拉汗國，殺死了昔班尼汗，把烏茲別克人轟到了阿姆河以北，成為中亞、西亞的霸主。

這麼一來，奧斯曼土耳其又必須和薩非分個高低了。

1514年，奧斯曼土耳其的蘇丹塞利姆一世和薩非的沙赫易司馬義一世在查爾迪蘭大戰一場。這一戰，雙方的差距就出來了：奧斯曼長期和歐洲國家打仗，已經裝備了火槍和火炮，而波斯軍隊還在用刀劍和弓箭；再加上奧斯曼軍隊有12萬之眾，波斯軍隊只有6萬，於是波斯軍隊大敗，首都大不里士（在伊朗西北）也被佔領，王后、王子、公主都被土耳其人給抓去了。但易司馬義一世畢竟非同等閒之輩，他在撤退時採用焦土政策，使得奧斯曼的大軍缺乏補給，也沒法再打過伊朗高原去，最後只得撤兵。

從此，亞洲西部和中部的兩大巨頭間開始了長期對峙，奧斯曼土耳其佔據優勢，卻也無法進一步壓迫對方。伊朗和土耳其之間的仇恨，也是從那個時候結下，一直結到今天。

大明！乞丐的霸業

自從忽必烈在1279年滅亡南宋後，中國進入元朝統治時期。蒙古在中國的統治和在其他地區一樣，缺乏文化根基，純靠武力征服。因此在雄才大略的忽必烈去世後，短短幾十年國家就陷入混亂。

元朝統治者把能進入統治階層的人分為四等，一等是蒙古人，二等是色目人（西域各民族等），三等是漢人（北方的漢族、女真等居住在中國北方的各民族），四等是南人（居住在中國南方的各民族）。這種劃分擺明了就是要製造不和，惹得民怨沸騰。而為了治理黃河，元朝又加重徭役，弄得民不聊生。

1351年，全國人民終於忍無可忍，轟轟烈烈的起義爆發了。起義者頭裹紅巾，殺官劫庫，殺得元軍節節敗退。此後，起義的各路英雄又相互混戰。其中有一位出身窮苦、要過飯的和尚朱元璋（1328—1398年），他雄才偉略，任用賢能，以弱勝強，以強吞弱，先後掃平了陳友諒、張士誠、方國珍等群雄。1368年，朱元璋在南京稱帝，建立了明朝，同年攻克元朝首都北京。元朝餘部退往蒙古地區，1402年因為部下篡位，北元徹底滅亡。

趁元朝崩潰的機會，朝鮮半島的高麗國也雄起了。他們在恭湣王王祺（1330—1374年）的領導下，開始了轟轟烈烈的獨立運動。王祺首先打擊國內的親元貴族，然後停止使用元朝年號，剝奪征東行省（元朝在高麗的派出機構）的權力，並派軍隊收復了被蒙古佔領的半島北部土地。不過，高麗並沒有完全和元朝撕破臉，甚至還派兵幫忙鎮壓紅巾軍起義，以至於遭到紅巾軍報復，一度連首都開城都被紅巾軍攻佔。等到明朝建立後，高麗看清了形勢，向朱元璋臣服。可惜恭湣王在1374年死於政變，他死去之後，新繼位的君王一個比一個懦弱無能，政權逐漸落到了權臣手中。1392年，高麗大將李成桂（1335—1408年）廢黜了末代國王王瑤，並派人於1394年將其殺害，自己登基。從此，立國四百七十多年的高麗滅亡，代之以李氏朝鮮。

改朝換代的中國和朝鮮，初期都經歷了動盪。明太祖朱元璋在1398年死後，其長孫建文帝朱允炆繼位。1399年，朱元璋的兒子，朱允炆的叔叔燕王朱棣（1360—1424年）發動「靖難之變」。1402年，朱棣攻克南京城，侄兒皇帝下落不明，於是他自己當了皇帝，把首都從南京搬遷到北京。同樣，朝鮮太祖李成桂的兒子們也在1398年至1400年間發生了幾次內訌，最後老五李芳遠（1367—1422年）殺害了兄弟，逼著老父退位，自己當上國王，史稱「朝鮮太宗」。按理說這種行為對於作為宗主國的明朝應嚴厲追究責任的，可是朱棣自己的手上也沾滿了鮮血，就不好再說什麼。

朝鮮世宗大王

李芳遠的兒子世宗李祹（1397—1450年）在位時改革政治，制定禮儀文化，編撰農學書籍和曆法，在中醫的基礎上研發了「東醫」，還發明了朝鮮文字，用於給平民學習（官府正式文件依然用漢字）。世宗還利用明朝的寬厚，逐步向北擴張，完全佔領了朝鮮半島北部，形成了以鴨綠江、圖們江為界的中、朝邊境格局，並一直沿用到今天。因此，世宗被譽為朝鮮歷史上最偉大的君主。

此後，朝鮮太宗的孫子李瑈（1417—1468年）也玩了一次「靖難之變」，在1453年殺害大批重臣，1455年更廢黜侄兒端宗，不久將其

BC
0 耶穌基督出生
100
200
300 君士坦丁統一羅馬
羅馬帝國分成兩部 400
500 波斯帝國
600 回教建立
700
800 凡爾登條約
900 神聖羅馬帝國建立
1000
1100 十字軍東征
1200 蒙古第一次西征
1300 英法百年戰爭開始
1400
哥倫布發現新大陸 1500
英國大破無敵艦隊 1600
發明蒸汽機 1700
美國獨立 1800
美國南北戰爭開始 1900
第一次世界大戰
第二次世界大戰
2000

殺害，自己登上王位。而明朝隨後也發生了奪門之變，明英宗朱祁鎮（1427—1464年）在1449年出征蒙古瓦剌部時，兵敗被俘。為了斷絕敵人用皇帝作人質的妄想，大臣們擁立朱祁鎮的弟弟朱祁鈺（1428—1457年）登基，瓦剌無奈，只好釋放了不值錢的英宗，倒楣的英宗隨即被弟弟軟禁。到1457年，部分大臣擁戴明英宗政變復位，為了這又把當初擁立朱祁鈺的大臣于謙等人殺害了，明代宗朱祁鈺也於同年去世。

明朝時的航海業已非常發達，從1405年起，明成祖派三寶太監鄭和（1371—1433年）七次遠航，最遠曾到達東非沿岸。每一次船隊都有數百艘船隻，兩、三萬名水手、官兵，其船隊規模是哥倫布航隊規模的百倍以上。然而，明朝派出的龐大船隊，僅僅滿足於向各地的土著邦國宣揚「天朝之威」，並沒有給朝廷帶來實際利益，因此施行了幾次，朝中大臣都覺得勞民傷財，也就停止了。

由於當時日本的海盜（倭寇）擾襲沿海，明朝在14世紀開始實行海禁，斷絕了與日本的貿易。可是沿海的民眾早已習慣了靠海做生意過活，朝廷下禁令，逼得他們只能鋌而走險——走私。很多私商不惜勾結倭寇，甚至僱傭倭寇當自己的高級保鏢。這樣一來，倭寇的禍患反而越來越大，直到1560年，在名將戚繼光、俞大猷等的奮力作戰下，才平息了東南沿海的倭患。

明朝中期，工商業已經發展得很繁榮，問題在於「重農輕商」的傳統，造成朝廷士大夫恥於言商，同時他們又利用自己的政治特權逃避稅收。兩者一結合，官商勾結賺得皆大歡喜，但朝廷卻無法從中收到多少稅收，財政不夠花，只有壓榨可憐的農民。在這種畸形的經濟結構之下，明朝政府的開支逐漸窘迫，危機一觸即發。這段時間，明朝的小弟朝鮮也是日漸混亂，先有暴君光海君的胡作非為，此後則是勳貴、士大夫的內鬥，層出不窮的黨爭，把整個半島三千里江山攪成一團亂。

同期的日本在這三百年裡也是內爭不絕。源賴朝在鎌倉建立幕府，開創了武士政權，但1199年源賴朝死後，幕府實權就落到他老婆所在的北條家族手中。北條氏當權期間，兩次擊退了威震歐、亞的蒙古軍隊入侵，本來也算是功勳卓著。誰知道，因為打了勝仗拿不出錢來犒賞將士，武士們對幕府相當不滿。不甘心作傀儡的後醍醐天皇（1288—1339年）趁機聯絡豪強，準備掀翻幕府，自己掌權。一開始，後醍醐天皇打不過北條氏，被抓了起來。所幸日本人對天皇敬若神明，不敢隨便打殺，北條氏只好廢黜了他的皇位，把他流放到偏遠山村，另立光嚴為天皇（1313—1364年）。誰知道後醍醐天皇居然在1333年逃出了流放地，再次舉兵攻打幕府。這一回，由於大將足利尊氏倒戈，後醍醐天皇打了勝仗，滅掉了北條氏和鎌倉幕府。

後醍醐天皇廢黜光嚴天皇之後，自己重新登基，而且獨攬大權。可是他不久後又跟自己的恩人足利尊氏鬧翻了。他們又打了幾年，足利尊氏攻克京都，在1339年另立光明天皇登基，並在室町開設幕府。後醍醐天皇則帶著象徵天皇的三大神器（八咫鏡、天叢雲劍和八尺瓊勾玉）逃到南邊大和國的吉野（今奈良縣吉野郡吉野町），自立朝廷。從此，日本進入了南北朝時代，兩個天皇並立。

日本南北朝對峙了五十多年，終於還是輸給北朝戶大人多，尤其是足利家族第三代將軍足利義滿在位時對南朝節節進逼，南朝再也抵擋不住，1392年南朝天皇把三大神器獻給北朝，日本的南北朝時期結束，進入足利家族掌權的室町時代。但是隨著時間推移，足利幕府本身也漸漸衰弱，權力大多落到了各地的諸侯（大名）手中。

15世紀晚期，日本再度群雄割據，進入「戰國時代」。這個時期，不但天皇是傀儡，就連幕府將軍也變成強勢軍閥的玩偶。大名們各霸一方，彼此混戰，弱則力圖自保，強則相互併吞，或者力圖進入京都，控制朝政。這種戰爭遊戲，日本各軍閥們玩了差不多一百年，到16世紀末日本才重新統一。

BC
— 0 耶穌基督出生
— 100
— 200
— 300 君士坦丁統一羅馬
羅馬帝國分成兩部
— 400
— 500 波斯帝國
— 600 回教建立
— 700
— 800 凡爾登條約
— 900 神聖羅馬帝國建立
— 1000
— 1100 十字軍東征
— 1200 蒙古第一次西征
— 1300 英法百年戰爭開始
— 1400
哥倫布發現新大陸
— 1500
英國大破無敵艦隊
— 1600
發明蒸汽機
— 1700
美國獨立
— 1800
美國南北戰爭開始
— 1900 第一次世界大戰
第二次世界大戰
— 2000

13世紀—15世紀的東南亞

爪哇王國在13世紀末崛起，攻滅了室利佛逝王國餘部，佔領印度尼西亞大部和馬來半島南部，成為東南亞海上霸主。但在13世紀末，各地王公逐漸脫離王國。1478年，王國滅亡。此後，印度尼西亞群島島國割據。在馬來半島，室利佛逝王國一位王子於1400年左右建立了麻六甲王國（滿剌加）。在明朝的支持下，麻六甲王國抵禦了暹羅（泰國）的威脅，並依靠商貿收益，成為馬來半島最強盛的王國。緬甸蒲甘王朝在1287年被忽必烈滅亡，從此成為元朝的行省。此後緬甸分裂，內戰不絕。1531年，東吁王朝重新統一緬甸。泰國素可泰王朝在1350年滅亡，阿瑜陀耶王朝取而代之，被中國明朝封為暹羅國王。老撾在1353年首次建立了統一的瀾滄王國。柬埔寨的吳哥王朝由於連年打仗，又修了大批佛寺，民脂民膏枯竭後於是內部起義不斷，1431年被暹羅攻佔首都吳哥城。吳哥王朝遷都金邊，從此改稱為「柬埔寨」。

越南依然是北方的安南和南方的占婆兩國對峙。在13世紀下半葉，蒙古軍隊曾數次入侵越南，都無功而返。1400年，安南陳朝大臣胡季犛篡位，建立胡朝。明政府護送陳朝後裔回國，遭胡朝截殺，明軍遂於1407年攻滅胡朝，併吞越南領土。陳朝後裔建立了後陳朝對抗明軍，旋於1413年被滅。1418年越南土豪黎利再度起事，終於迫使明軍撤退。1428年黎利稱帝，建立後黎，並在1471年攻滅了南方的占婆國，使之成為自己的附庸國（1720年徹底滅亡），越南至此基本統一。

帆影！歐洲人逆襲

歐洲和亞洲是世界文明發展的最前哨，自從古希臘城邦與波斯第一帝國的戰爭打響以來，兩邊已經對峙了兩千餘年。在西元前4世紀的亞歷山大遠征之後，近兩千年時間裡，兩邊的衝突幾乎總是東邊的亞洲占上風。與歐洲對峙的西亞強國，最終往往是敗亡於更東邊的亞洲兄弟之手。

比方說，希臘人在亞洲的勢力塞琉古帝國被帕提亞帝國滅亡，大夏國被大月氏人給征服。此後，羅馬帝國被帕提亞所狙擊，東羅馬則接連挨了薩非和阿拉伯帝國的悶棍。被漢朝打敗的匈奴跑到西邊，最終推翻了西羅馬帝國。而被唐朝打跑的突厥，更是席捲整個中亞、西亞、小亞細亞，驚得歐洲東征軍大敗。更別說之後的蒙古帝國和帖木兒帝國的狂飆旋風了。各種先進文明，譬如火炮、指南針、造紙術、數學、醫學，都是由東邊往西邊傳播的。

到15、16世紀時，歐、亞格局似乎沒有太大變化。在東邊曾被帖木兒打得跪地求饒的奧斯曼土耳其帝國，照樣在西邊的歐洲耀武揚威，滅亡了東羅馬帝國，並且兵圍維也納，較神聖羅馬帝國也一日三驚。

然而一切如故的表象下面，湧動著全然不同的新流。13世紀末，歐洲的文藝復興從義大利開始了。巨匠大師們激揚人生，打破了天主教教廷對頭腦的禁錮，以人為本，張揚個性。16世紀初，馬丁・路德的宗教改革也開始了。從此，歐洲人的腦袋有了天翻地覆的變化，人們解放思想，打破窠臼，積極進取。資本主義也出現了，大家公認能撈錢的就是

BC
- 0 耶穌基督出生
- 100
- 200
- 300 君士坦丁統一羅馬
- 羅馬帝國分成兩部
- 400
- 500 波斯帝國
- 600 回教建立
- 700
- 800 凡爾登條約
- 900 神聖羅馬帝國建立
- 1000
- 1100 十字軍東征
- 1200 蒙古第一次西征
- 1300 英法百年戰爭開始
- 1400
- 哥倫布發現新大陸
- 1500
- 英國大破無敵艦隊
- 1600
- 1700 發明蒸汽機
- 美國獨立
- 1800
- 美國南北戰爭開始
- 1900 第一次世界大戰
- 第二次世界大戰
- 2000

英雄，紛紛不擇手段地占地、搶資源、撈錢。

火藥和火炮儘管是蒙古人帶到歐洲的，但英國、德國在16世紀初發明了鑄炮術，他們能夠打造出威力更大、重量卻更輕的火炮，從此在熱兵器上超過了東方。地跨歐、亞的奧斯曼土耳其帝國擁有當時世界上最強大的炮兵部隊，但他們最好的火炮和炮手都是從歐洲引進的。指南針儘管是中國人發明的，但真正依靠指南針走遍世界的是歐洲航海家們。中國人的造紙術和活字印刷術輾轉到了歐洲，而歐洲人用它們普及教育，科學研究不斷出籠。歐洲的天主教廷確實落後保守、禁錮人心，甚至以嚴刑拷打和死亡來威脅科學家、思想家們。但即使在這種情況下，依然有布魯諾、塞爾維特等人為了捍衛科學真理，而毅然走上火刑柱。布魯諾、塞爾維特們的死，本身並不能帶來經濟或軍事價值，但蘊含在其中的精神信仰，足以喚起民眾心中的強大力量。

曾經入侵歐洲的亞洲勢力，首先感受到歐洲這種新興力量的厲害。阿拉伯人和柏柏爾人曾經在8世紀初佔領了大半個伊比利半島。半島上的人從那時候就開始了數百年的「收復失地運動」，到13世紀初，基督教國家已經取得絕對優勢，亞洲人建立的奈斯爾王朝在伊比利半島只剩下最南部的一小塊土地。又過了兩百多年，新的統一的西班牙王國在1492年滅掉奈斯爾王朝。

成吉思汗之子朮赤後裔建立的欽察汗國，曾經雄霸北亞、東歐，面積近千萬平方公里，這樣的國土面積在全球屈指可數。然而14世紀時汗國內部諸侯紛爭，國力削弱，東歐的保加利亞等國趁機獨立。到15世紀，蒙古貴族建立的克里木汗國、西伯利亞汗國、喀山汗國、阿斯特拉罕汗國等也紛紛舉旗，偌大個欽察汗國從此四分五裂。這時，原先被蒙古人征服的羅斯人卻漸漸強大起來。1472年，欽察大汗阿合馬的大軍被莫斯科公國擊敗。阿合馬在1480年被刺殺，莫斯科公國趁機獲得了獨立。接下來，莫斯科公國統一羅斯諸部，開始對欽察汗國進行反攻。曾

上古時期 BC
漢
0
100
三國 200
晉
300
400
南北朝
500
隋朝 600
唐朝
700
800
五代十國
900
宋
1000
1100
1200
元朝
1300
明朝
1400
1500
1600
清朝
1700
1800
1900
中華民國
2000

經橫掃歐、亞的欽察汗國，如今被羅斯人打得節節敗退，同時還繼續遭到同族的幾個汗國的欺負，1502年被克里米亞汗國攻滅。這些蒙古貴族建立的汗國也只有內鬥厲害，遇上莫斯科公國照樣丟盔棄甲。尤其是莫斯科大公伊凡四世（改國號為沙皇俄國，自己是首任沙皇，母親為成吉思汗後裔）親政後，他先後攻滅喀山汗國（1552年）、阿斯特拉罕汗國（1556年），又打敗了克里木汗國。至此，蒙古人的勢力幾乎從歐洲被轟了出來。伊凡四世還不滿足，接下來幾十年，他更越過烏拉爾山脈，長驅東進，併吞遼闊的西伯利亞汗國，開始了俄羅斯地跨歐、亞的霸業。

歐洲人不但在陸地上節節進逼，在海洋上更是揚帆萬里。由於奧斯曼帝國壟斷了絲綢之路，西歐國家為了做生意賺錢，決定走海路取得和東亞、南亞的聯繫，對利益的追求驅動了大航海，地理大發現改變了世界。大航海的先驅是伊比利半島的西班牙和葡萄牙兩國。1415年，葡萄牙佔領北非的休達港，揭開了大航海的序幕。而這時，正值明朝鄭和下西洋之際，東西兩大艦隊隔著一個非洲大陸各玩各的。1488年，葡萄牙航海家迪亞士到達非洲最南端的好望角。1492年，哥倫布奉西班牙女王之命，企圖向西環遊地球到亞洲，結果到達了新大陸——美洲，此後幾十年，西班牙在美洲開闢了面積達1000多萬平方公里的殖民地。1498年，達・伽馬到達印度，開闢了從歐洲繞過非洲到達印度的航路。1519年，麥哲倫的船隊開始環球航行，並在1522年成功返回歐洲……歐洲人的船隊，即使在一百年之後，也比不上鄭和下西洋的船隊規模，其船的數量、武器裝備不及鄭和船隊的百分之一。然而，鄭和的大船隊除了與沿途各國進行禮儀上的往來，並無太多實利，大明朝也沒引進多少人力、物力。而歐洲人用這樣的寒酸船隻，每到一地先是調查風土人情、物產氣候，然後就是掠奪資源、開拓市場、占港口蓋要塞，乃至販賣人口、殺人放火，從中掠奪了豐厚的利潤，然後拿這些錢建造更大、

BC
0 耶穌基督出生
100
200
300 君士坦丁統一羅馬
羅馬帝國分成兩部
400
500 波斯帝國
600 回教建立
700
800
凡爾登條約
900
神聖羅馬帝國建立
1000
1100 十字軍東征
1200 蒙古第一次西征
1300 英法百年戰爭開始
1400
哥倫布發現新大陸
1500
英國大破無敵艦隊
1600
發明蒸汽機
1700
美國獨立
1800
美國南北戰爭開始
1900
第一次世界大戰
第二次世界大戰
2000

更多的船，走更遠的路，搶更多的錢……這樣循環下去，歐洲的小破船一寸一寸沿著海岸線拱，也就把歐洲人的勢力一寸一寸地擴展到了新的地方。經過外洋風浪海潮的洗禮、各地特產的滋潤，零落的小破船漸漸成為高檣利炮的巨艦。藉由往來的航路，歐洲人逐漸把整個地球摸索清楚，無數條航線連接交織，組成一張以歐洲為中心的大網，其力量也得以十倍、百倍地增長。從奪取物質的衝動上而論，可以說歐洲更先進，但從人性上來講，歐洲地理大發現卻是帶有野蠻文明的基因。

在歐洲人鯊魚般的海船面前，亞洲國家本土很難保持清淨。最先騷擾亞洲的是西南歐的彈丸小國葡萄牙。葡萄牙在穿越印度洋的過程中，看到非洲東岸的阿拉伯人港口，就槍炮齊鳴地一番屠殺，然後把港口據為己有。遇上阿拉伯商船，一律搶光貨物，再連人帶船一起燒掉。

1502年，達伽馬率領20艘船隻開到印度西岸最重要的港口——卡利卡特，直接亮出大炮耀武揚威。當時的印度正處在德里蘇丹國末期的四分五裂狀態中，當地土王沙梅林根本無力抵擋這些強盜。達伽馬告訴沙梅林：從今以後，你只能跟我們葡萄牙人做生意，不許再跟阿拉伯人往來！沙梅林稍一猶豫，達伽馬就殺人放火，封鎖港口。沙梅林無奈，只得含淚屈從。達伽馬遂滿載搶來的香料，在1503年凱旋葡萄牙，受到葡王重重封賞。自此，歐洲人入侵亞洲的歷史就這樣開始了。葡萄牙在印度設立總督，勾結與沙梅林敵對的克欽人，在印度西海岸攻城掠地，在印度洋上大行官辦海盜項目。他們還在1507年攻佔了波斯灣海口的城市霍爾木茲城，掐斷了從印度到西亞的海上商路。

阿拉伯人和印度人做生意已有幾百年了，如今跳出來這麼一夥海盜，如何能忍？等達伽馬的大艦隊一走，沙梅林立刻奮起反抗，聯合附近邦國的數萬大軍，把葡萄牙侵略者包圍起來。奧斯曼土耳其帝國所屬的埃及也派出海軍，要教訓一下葡萄牙人。埃及背後還有奧斯曼帝國和葡萄牙的對手威尼斯撐腰。1509年2月，兩軍在印度第烏展開大戰。埃及、印度聯軍擁有100餘艘戰船，2萬兵馬，葡萄牙人只有18艘船和2000人馬。

然而，葡萄牙的戰船裝備了大量先進火炮，船體高大，行動迅速；而聯軍的船隻絕大部分只裝滿手持弓箭和手持刀槍的部族戰士，僅有的12艘炮船火力也很弱，送到葡萄牙人的艦炮面前就是靶子。戰爭變成了一面倒的屠殺，聯軍迅速潰敗，葡萄牙人的損失則幾乎為零。此戰後，葡萄牙人在1510年攻佔了印度果阿，然後以此為根據地，在印度西海岸修築起一個個要塞，從而完全控制了印度洋。任何船隻要通過若是沒有葡萄牙人的許可，都會遭到追殺。

葡萄牙人佔領印度西海岸後，繼續東侵，1511年又攻佔了麻六甲（滿剌加），控制了這一連接兩大洋的咽喉要地。此後數十年間，葡萄牙人進入太平洋，憑藉船堅炮利，把東印度群島及菲律賓逐一征服。

葡萄牙人還來招惹中國。佔領麻六甲之後不久，葡萄牙人跑到了廣東沿海。他們先是化裝成與中國一直有往來的阿拉伯商人，企圖蒙混過關；被中國軍方識破後，他們乾脆亮出槍炮，搶佔中國島嶼，就地與中國私商做生意。當時，明朝正實施海禁，豈能容葡萄牙人這般囂張？正德皇帝朱厚照（1491—1521年）倒是個比較貪玩的君主，對這事非但不以為然，還接見了葡萄牙使者。1521年正德駕崩，繼位的嘉靖皇帝朱厚熜（1507—1567年）為人嚴厲，覺得這些外國人待在天朝附近有害無益，就要求非法佔據屯門島（在今深圳附近）的葡萄牙人趕緊離開。遭到拒絕後，明朝派出水師向葡萄牙人開戰。葡萄牙人裝備精良，炮火厲害，但明軍畢竟本土作戰，人多勢眾，採取火攻船和水鬼鑿艙底的不對稱戰術，把葡萄牙船隻擊毀大半，收復了屯門等島嶼。

這樣一來，明朝與葡萄牙轉入了敵對狀態，朝廷宣布在海岸附近見到葡萄牙船隻就打。1522年，明軍又在西草灣打跑了一隊葡萄牙船隻。此後，葡萄牙船隻不敢再在廣東附近溜達，遂轉到浙江、福建東面，勾

BC
0 耶穌基督出生
100
200
300 君士坦丁統一羅馬
羅馬帝國分成兩部
400
500 波斯帝國
600
回教建立
700
800
凡爾登條約
900
神聖羅馬帝國建立
1000
1100 十字軍東征
1200
蒙古第一次西征
1300
英法百年戰爭開始
1400
哥倫布發現新大陸
1500
英國大破無敵艦隊
1600
發明蒸汽機
1700
美國獨立
1800
美國南北戰爭開始
1900
第一次世界大戰
第二次世界大戰
2000

上古時期 BC
漢
— 0
100 —
三國 200 —
晉
300 —
南北朝 400 —
500 —
隋朝 600 —
唐朝
700 —
800 —
五代十國 900 —
宋
1000 —
1100 —
1200 —
元朝 1300 —
明朝 1400 —
1500 —
1600 —
清朝
1700 —
1800 —
1900 —
中華民國
2000 —

結倭寇和私商興風作浪。1548年，明軍出動數百艘船隻、上萬大軍，圍剿了盤踞在浙東雙嶼島（今舟山六橫島）上的葡萄牙人、倭寇和私商團夥。雙嶼島在當時已經發展成為東亞的貿易中心，倭寇、葡萄牙武裝商人和中國私商在島上有數千之眾，但在明軍的雷霆一擊下，被殺得檣傾楫摧，血染大海。葡萄牙人損折數百，逃竄到福建附近，又在1549年被明軍追殺擊敗。葡萄牙人終於明白，大明朝不比印度，沒那麼好惹，他們就改用軟的，又是行賄，又是討好，又是假託遭受風浪、貨物打濕裝可憐，終於在1553年得到允許，可以停靠在廣東香山縣的澳門碼頭做生意。葡萄牙人大批湧入澳門，並且修要塞，駐軍隊，蓋教堂，十年後在澳門的葡萄牙人已經近千。由於他們繳稅積極，又經常送禮給當地官員，還曾經幫助政府鎮壓叛亂，總算是被明朝接受下來。不過，這塊地方理論上還是歸中國管理。

同期，葡萄牙人也到了日本。不過他們倒沒有跟日本開打，而是做生意做得不亦樂乎。日本的諸侯（大名）當時正在打內戰，對葡萄牙人的船堅炮利非常感興趣。於是，先進的歐式火繩槍傳入了日本，天主教也開始在日本廣為傳播。

16世紀中葉，歐洲人對亞洲的入侵尚且在初級階段，「客人」不過葡萄牙一家，「主人」方面，明朝、日本對葡萄牙人的應對也尚算從容。至於印度，西海岸的土邦擋不住葡萄牙人，那是因為蒙兀兒王朝尚未一統的緣故。然而，高山雖萬仞，已然有了鬆動，世界已經開始進入「歐洲的時代」，亞洲勢難獨善其身。有朝一日，更為洶湧的浪潮將滾滾西來，淹沒這片古老的土地。

第五章：亞洲的衰落——西方大入侵

（西元16世紀中葉至19世紀初）

從16世紀開始，掌握了更先進的思想、文化、科技的歐洲人節節進逼。奧斯曼土耳其雖然一度雄霸，終歸後繼乏力，加之故步自封，內亂不絕，從18世紀開始衰退。中國的明、清帝國雖先後擊退過葡萄牙、西班牙、荷蘭、俄羅斯等歐洲國家的入侵，然而這些勝利只是讓東方巨人繼續沉浸在天朝上國的美夢中裹足不前，鄰近的日本和朝鮮也紛紛閉關鎖國。南亞大國印度更是在18世紀遭到英國的入侵，短短數十年間，就淪為大英帝國腳下匍匐的肉牛。

ASIA

現今亞洲政區示意圖

大洋洲
OCEANIA

歐洲

非洲

俄羅斯

蒙古

中國

日本

北韓

南韓

台灣

香港

菲律賓

越南

寮國

柬埔寨

汶萊

泰國

緬甸

馬來西亞

印度尼西亞

新加坡

不丹

尼泊爾

孟加拉

印度

斯里蘭卡

吉爾吉斯

塔吉克

哈薩克

阿富汗

巴基斯坦

烏茲別克

土庫曼

伊朗

科威特

阿拉伯聯合大公國

阿曼

土耳其

敘利亞

伊拉克

約旦

巴勒斯坦

以色列

沙烏地阿拉伯

葉門

黎巴嫩

餘暉！短命的中興

16世紀中葉，亞洲從西到東有四大帝國，它們分別是地跨三洲的奧斯曼土耳其帝國、薩非帝國、印度蒙兀兒帝國和中國明朝。除此之外還有一些中小國家，比如北亞的西伯利亞汗國（欽察汗國分支）、中亞的烏茲別克布哈拉汗國（朮赤後人）、葉兒羌汗國（東察合台汗國分支）、蒙古諸部，以及東亞的李氏朝鮮、日本，東南亞的暹羅（泰國）、緬甸、瀾滄（老撾）、金邊（柬埔寨）等。單說這四大帝國，個個都是面積幾百萬平方公里、人口幾千萬甚至上億的巨無霸，與歐洲強國相較也是毫不遜色。

西邊的奧斯曼帝國繼續扮演著歐洲人的噩夢的角色。大帝蘇萊曼一世（1520—1566年在位）在歐洲佔領了巴爾幹地區的大片土地，數次圍攻維也納，還勾結法國東西夾擊，迫使歐洲霸主哈布斯堡皇室放棄了匈牙利的王位，每年還要乖乖地給奧斯曼帝國繳納一筆好處費。在非洲，奧斯曼帝國打敗了西班牙人，佔領除摩洛哥外的整個北非，以及索馬里等地。蘇萊曼對亞洲兄弟也毫不客氣，他從蘇菲波斯帝國手中奪走了巴格達與兩河流域下游、入海口還有波斯灣的部分地區，征服了阿拉伯半島上的葉門、阿曼、巴林等地。在蘇萊曼的治理下，奧斯曼帝國蒸蒸日上。

蘇萊曼大帝死後，奧斯曼蘇丹換上了他的兒子，「酒鬼」塞利姆二世（1524—1574年）。依仗老爹留下的遺產，這個「酒鬼」啥事不管也可以坐享其成。1568年，哈布斯堡王朝的神聖羅馬皇帝馬克西米連二世同意每年向奧斯曼帝國「贈送」3萬金幣，還承認了奧斯曼對摩爾達維亞和瓦拉幾亞的主權。1571年，奧斯曼帝國佔領賽普勒斯，同年奧斯曼的附庸克里木汗國攻克了俄國首都莫斯科，把這個城池一把火燒了。乍看之下，奧斯曼這頭老虎依舊會繼續威猛下去，震懾歐、亞、非。

然而這只是錯覺。在16世紀，歐洲已經開始了一日千里的進步，而奧斯曼帝國卻躺在前人的功績上睡覺。雙方力量的此消彼長，這會兒已經逐漸顯示出來。就在1571年10月，土耳其海軍與威尼斯、西班牙、熱那亞、馬其他等聯合艦隊在勒班陀海域展開了一場大戰。這是排槳時代的最後一次大規模海戰，聯軍出動200多艘艦船，4萬兵力；土耳其則出動了300艘艦船，5萬大軍。雙方在海上捉對廝殺，聯軍使用新式火繩槍近距離射擊，殺死了土軍艦隊司令和許多軍官，土軍中的奴隸槳手也紛紛倒戈。土耳其軍因此大敗，損失了半數艦船和3萬多士兵，而盟軍僅損失16艘戰艦和幾千人馬。這一戰暫時摧毀了土耳其在地中海上的霸權。儘管這遠遠算不上致命打擊，財大氣粗的奧斯曼半年後就重建了強大的艦隊，繼續追著威尼斯人打，對歐洲依然保持攻勢。但是，奧斯曼一百年前的那種氣吞山河、所向披靡的霸氣已經不在了，歐洲國家也越來越敢和奧斯曼較勁了。次年，奧斯曼的附庸國克里木汗國被俄國沙皇彼得四世打得大敗，從此俄羅斯人的崛起難以阻擋。

從塞利姆二世開始，奧斯曼帝國進入混亂的時代。在臺上的君主要嘛生性懦弱，要嘛沉溺酒色，要嘛乾脆就是白癡。朝政大權往往掌握在母后外戚、當朝宰相（維琦爾）以及軍隊（新軍）手中。尤其是軍隊，動不動就鬧政變，殺害大臣、廢黜皇帝都跟鬧著玩一樣，甚至直接弒君。各地的總督也割據一方，對朝廷陽奉陰違。

當然，也有個別皇帝想要勵精圖治、改革弊政，可他們的下場都非常淒慘。比如奧斯曼二世（1618—1622年在位）就是位天才青年，通曉阿拉伯語、波斯語、希臘語、拉丁語及義大利語，還會寫詩。他登基後

上古時期 BC
漢
0
100
三國 200
晉
300
南北朝 400
500
隋朝 600
唐朝
700
800
五代十國 900
宋
1000
1100
1200
元朝 1300
明朝 1400
1500
清朝 1600
1700
1800
1900
中華民國
2000

打算整頓新軍，建立一支效忠蘇丹的新部隊。這就惹惱了新軍，他們發起政變，把年僅18歲的奧斯曼二世活活用弓弦勒死了。

奧斯曼皇室還採取了一種很可怕的制度，就是把有可能繼承皇位的皇子們自幼就關在宮殿裡面，免得他們培養出自己的勢力，直到前任皇帝死了，才選一個放出來登基。這種法子號稱能減少爭奪皇位的動亂，其實卻把很多皇室貴胄都變成了四體不勤、五穀不分的傻瓜，權臣將軍們就更好擅政了。

國內一團亂麻，對外自然也好不了。奧斯曼帝國從14世紀開始就朝歐洲擴張，到16世紀中葉達到極盛。此後，奧斯曼再要往西打一寸地方比登天還難，因為歐洲的軍事科技更進步了。過去奧斯曼習慣用大量火炮集中射擊，轟人人倒，轟城城塌。可現在歐洲發明了棱堡。棱堡要塞的邊緣呈凹多邊形，可以消除防守方火力的盲區，同時又讓進攻方的炮彈很容易跳彈。有了這種堡壘，奧斯曼帝國費盡精力，也只能被磕掉一地的門牙。而棱堡背後還有日趨強大的歐洲軍隊，過去所向無敵的攻勢難以為繼了。

奧斯曼帝國的衰落，給他們東邊的強敵——薩非帝國帶來了一點機會。正如奧斯曼帝國和西歐的法國聯合，東西夾擊中歐的神聖羅馬帝國（德意志）一樣，神聖羅馬帝國也跟中亞的薩非帝國聯絡，東西夾擊奧斯曼帝國。

不過一開始，波斯帝國並未能給奧斯曼帶來多少威脅。從軍力上來說，波斯軍隊裝備落後，根本不是奧斯曼的對手。從地理環境看，波斯西有奧斯曼，東邊還有烏茲別克的布哈拉汗國動不動就大舉入侵，殺得不可開交，而東南的印度蒙兀兒王朝也是心懷叵測。就如同奧斯曼帝國的新軍擅權一樣，波斯人的皇室與土庫曼人把持的軍隊也是矛盾重重，起兵叛亂、廢黜君主也是家常便飯，這樣子當然只能挨打。所以繼16世紀前期從波斯手中搶佔了伊拉克等地後，奧斯曼在1578年至1579年更聯合北邊的小弟克里木汗國，搶佔了格魯吉亞、亞美尼亞、阿塞拜疆，又進一步侵吞了波斯西部地區。波斯在奧斯曼和烏茲別克兩面夾擊下，簡直要亡國了。

幸運的是，1587年時波斯上臺了一位雄主——阿拔斯一世（1571—1629年）。他首先對國內的土庫曼軍閥們拉一派打一派，他翻手為雲覆手為雨，對軍閥們實施各個擊破，收編了他們的隊伍和地盤。此後他削弱了土庫曼紅頭軍，安排王子和親信擔任各地總督，建立了中央集權的大帝國。他吸收大批高加索人建立了新的皇家軍隊，又請來英國顧問，引入先進槍炮，建立了一支近代化的精銳部隊。阿拔斯還和俄國結盟，共同對付奧斯曼。

萬事齊備之後，阿拔斯揮戈出馬，發動反擊。他在東邊打敗烏茲別克布哈拉汗國，佔領了阿姆河以南地區。在西邊，阿拔斯趁著奧斯曼動蕩，從1602年開始反攻，經過十年激戰，在1613年迫使土耳其人簽訂《伊斯坦布林條約》，收回了故都大不裡士和庫爾德斯坦、阿塞拜疆等地。

1623年，阿拔斯一世再次西征，用五年時間收復了整個兩河流域，把奧斯曼土耳其推到了敘利亞。薩非帝國達到了極盛，領土包括今天的伊朗、伊拉克、亞美尼亞、阿塞拜疆、格魯吉亞以及土庫曼斯坦、烏茲別克斯坦、阿富汗和巴基斯坦的部分地區。

英雄不寂寞。波斯出了阿拔斯一世，奧斯曼帝國也迎來了一位明君——穆拉德四世（1623—1640年在位），他是奧斯曼二世的弟弟。穆拉德四世身材高大，勇武無雙，善用六十公斤的釘頭錘和五十公斤的巨劍，他最喜歡親自衝鋒陣前，比之前的那些蘇丹強出不少。他能打仗，也能鐵腕治國，嚴懲貪官污吏，整頓新軍。那幫飛揚跋扈的軍閥、總督、權臣，對他都怕得如同老鼠見貓。對外，穆拉德四世向東邊的波斯進行反撲。兩國為爭奪兩河流域，又是數年激戰。最終，這兩個「中興」的帝國誰也不能奈何誰，遂於1639年簽約和談，伊拉克地區交還土耳其，其餘邊界保持不變。此後，奧斯曼土耳其和薩非相安無事百餘年。

奧斯曼與波斯的「中興」都只是曇花一現。波斯帝國在阿拔斯大帝去世後，只有他的曾孫阿拔斯二世（1642—1666年在位）算是個明主，對內勵精圖治，對外打敗了東邊的蒙兀兒王朝，奪取了阿富汗的坎大哈等地。其餘諸位沙赫（皇帝）都是昏庸無道、沉溺酒色甚至吸毒（鴉片）的人物。為了個人享受，他們橫徵暴斂，酷政虐民，帝國實力每況愈下，官僚腐敗成風，民眾不斷地反抗，到17世紀末更是烽煙四起、外族頻入，波斯第三帝國處在風雨飄搖中。

奧斯曼帝國也好不了多少。大概是操勞過度，穆拉德四世在奪回兩河流域的一年後就因為肝硬化去世了，此後帝國又恢復到蘇丹虛懸，軍隊、大臣、後宮擅權的局面。穆拉德四世的侄兒穆罕默德四世（1648—1687年在位）執政時，奧斯曼跟歐洲國家打了不少惡仗，一度打敗威尼斯，征服克里特島，又從波蘭和俄國手中奪得烏克蘭。1683年，奧斯曼14萬大軍再次進攻奧地利首都維也納。這是奧斯曼最後一次向中歐進行突擊。結果，大軍在堅城之下寸步難前，而德意志各邦和波蘭的7萬聯軍則席捲而至。兩軍一場廝殺，奧斯曼軍潰敗，損傷數萬，丟失大炮300餘門，作為主帥的宰相也羞憤自殺。自此以後，奧斯曼土耳其再也不能對西歐造成威脅了。相反，以奧地利為首的神聖羅馬帝國開始向東歐反攻，逐漸收復失地。奧斯曼帝國接下來的戰爭，不再是為了奪取更多領土，而只是想保住現有的領土。

但即便是這樣也很難。在歐洲軍的反攻下，土耳其軍連吃敗仗，步步後退。1697年的森塔會戰，德意志名將歐根親王率領5萬精兵突襲奧斯曼正在渡河的8萬大軍。這時候，歐洲軍隊在多年的戰爭中已經鍛煉出一整套近代化的戰術，排槍齊射，騎兵衝鋒，大炮轟擊玩得十分熟練。而土耳其兵馬雖眾，大部分還是一兩百年前的水準，在歐洲兵面前不堪一擊。最終，土耳其人戰死3萬，而德軍僅死400餘人。土耳其人終於明白時代不同了。他們被迫在1699年簽訂了《卡爾洛夫奇條約》，割讓匈牙利和特蘭西瓦尼亞（在羅馬尼亞）給奧地利、割讓摩里亞（在希臘）給威尼斯、割讓波多利亞（在烏克蘭）給波蘭。這是奧斯曼帝國踏入歐洲300年來，第一次向歐洲國家割讓領土。同年，俄國沙皇彼得大帝也從土耳其手中奪走了黑海要塞。

吃了這記重錘，奧斯曼蘇丹穆斯塔法二世(1695—1703在位）痛定思痛，想要改革弊政，建立新的部隊。但他的改革觸怒了既得利益集團，本人也很快在1703年被推翻下臺。從此以後，奧斯曼土耳其一步一步地走上了「歐、亞病夫」之路。

首戰！東方與西方

相對於奧斯曼土耳其，同在亞洲的中國局面要好得多。究其原因，中國早在先秦時期就逐漸確立了較為完整的繼承人制度，有嫡立嫡，無嫡立長，並透過儒家、法家構建了一整套正統的倫理體系，誰當新皇帝都是有規矩的，整個文官系統都會維護這個規矩。這就不像奧斯曼土耳其那樣，是個皇子都想當新君，以致皇族自相殘殺，權臣和軍閥逐漸坐大。

所以，在奧斯曼開始全面衰退之際，中國明朝相對而言並沒那麼糟糕。但是明朝也有自己的麻煩。雖然「資本主義萌芽」已經出現，卻沒人願意真正地去好好發展它。士大夫、官僚、權貴、地主階層相互勾結融合，形成了一個龐大的既得利益群體，他們霸佔著土地，也霸佔著商業資源。他們一面奴役、控制農民；一面倚仗特權，大量偷稅、逃稅，而他們偷稅造成的缺額，又只能轉嫁到那些自耕農身上，大批自耕農不堪壓迫，賣身為奴，投靠豪門，這反過來又導致賦稅人口進一步減少，由此形成了惡性循環。

1572年，萬曆皇帝朱翊鈞（1563—1620年）繼位後，萬曆的老師、內閣首輔大臣張居正（1525—1582年）進行了全面改革，他試圖清丈土地，優化稅制，提高了政府工作效率，抑制了權貴豪門勢力。這些改革成功了一部分，讓大明政府的不足顯得沒那麼明顯了。對外，張居正恩威並舉，透過外交策略拉攏了蒙古西部的首領俺答汗，同時任用良將戚繼光、李成梁等打敗蒙古東部的圖們汗。但張居正也因為攬權過多，遭到萬曆皇帝的猜忌。1582年張居正去世，死後不久遭到清算，被褫奪一切尊號，家產也被抄了，他的改革自然也大多落入人亡政息的命運。

此後，萬曆皇帝也嘗試了一些改革，但同樣遭到重重阻力。比如說，萬曆皇帝派太監去礦山收稅。這本來是一件十分合理的事，卻觸犯了從礦山撈錢的財主們利益，於是這項改革被天下讀書人扣上了「與民爭利」的帽子。發展資本主義，要的是資本家賺錢，國家賺稅，再透過收稅富國強兵做基礎建設，回饋社會，如此才能良性循環。現在大明朝的權貴們打著「重義輕利」這種冠冕堂皇的旗號，只許自己暗中撈錢，不許皇帝公開收稅，這麼下去，資本主義搞得起來才怪。

不過，明朝雖然問題重重，本身戰鬥力還是不錯的。萬曆皇帝時期，東邊的日本也結束了戰國時期。日本太閣豐臣秀吉（1537—1598年）意圖稱霸東亞，遂於1592年越過對馬海峽，向李氏朝鮮進攻。李氏朝鮮當時早已腐敗不堪，在日軍的「洋槍洋炮」面前被打得一敗塗地，短短兩個月，朝鮮全國八個道已經被日軍佔領了七個。朝鮮王室嚇得一路逃到中、朝邊境，向宗主國大明朝求援。

日本戰國後期

日本戰國後期的諸侯，以甲斐的武田信玄（1521—1573年）和越後的上杉謙信（1530—1578年）在軍事上最為強悍，但真正有統一之姿的霸主則是尾張的織田信長（1534—1582年）。1573年，織田信長廢黜了足利幕府的末代將軍足利義昭，結束了室町時代，開創了安土桃山時代。此後織田信長大舉擴張，於1582年攻滅武田氏，卻在本能寺被部將明智光秀殺死。此後，織田信長的心腹豐臣秀吉消滅明智光秀，繼承了織田信長的霸業，在1590年統一日本。

萬曆皇帝見日本人如此囂張，立刻發兵援救朝鮮。朝鮮軍民也奮起反擊日寇，加上朝鮮名將李舜臣的精銳海軍，前後夾擊下，打得日軍節節敗退，豐臣秀吉被迫在1593年求和。朝鮮剛剛穩定，他們內部又開始大搞鬥爭，甚至把李舜臣給關進了監獄。豐臣秀吉則在1597年重整旗鼓，捲土重來。無可奈何之下，朝鮮只得再度向明朝求援。明軍再度援朝，李舜臣也出獄帶兵，多次擊敗日本海軍。1598年，豐臣秀吉病故，日軍狼狽撤退，「萬曆援朝戰爭」取得了勝利。

此戰之後，東亞三國各自繼續發展。日本妄圖進取朝鮮失敗，豐臣秀吉一系的力量遭到嚴重削弱。另一個大軍閥德川家康（1543—1616年）趁機崛起。1600年，德川家康在關原合戰中打敗了豐臣系的殘餘力量，1603年於江戶自封大將軍，把持大權，歷時二百多年的「德川幕府」自此開始，日本進入「江戶時代」。

原本在日本戰國時期，西方國家去日本已經十分頻繁。他們不但運走日本的土特產，也為日本帶來了天主教、歐洲槍炮和近代科技。那時候正是群雄混戰之際，日本軍閥們也需要這些洋玩意來提升自己的實力。可是等到德川家統治全國後，幕府覺得憑日本這一點人，要往外擴張力量不足。既然如此，那乾脆也別讓外人進來，大家關起門來過太平日子好了！於是從17世紀初開始，德川幕府的將軍們就發佈禁令，取締天主教，禁止日本船出海貿易，禁止日本人與海外往來，只有荷蘭、中國、朝鮮船隻准許來日本做生意，而且僅限於幕府直屬的長崎一地，整個過程還被嚴密監視。從此，日本正式進入兩百餘年的「閉關鎖國」時期。

至於中國明朝，雖然打退了日本，保全了藩屬國朝鮮，但自己的軍力和財力也損耗嚴重，國家財政危機進一步加深。此後數十年間，明朝皇帝怠政、太監擅權、朝官黨爭，想辦點實事兒的人能被活活給磨死。東北地區的滿族趁機崛起，在首領努爾哈赤（1559—1626年）率領下頻繁入侵，多次擊敗明軍。

BC
— 0 耶穌基督出生
— 100
— 200
— 300 君士坦丁統一羅馬
羅馬帝國分成兩部 — 400
— 500 波斯帝國
— 600 回教建立
— 700
— 800 凡爾登條約
— 900 神聖羅馬帝國建立
— 1000
— 1100 十字軍東征
— 1200 蒙古第一次西征
— 1300 英法百年戰爭開始
— 1400
哥倫布發現新大陸 — 1500
英國大破無敵艦隊 — 1600
— 1700 發明蒸汽機
美國獨立 — 1800
美國南北戰爭開始 — 1900
第一次世界大戰
第二次世界大戰
— 2000

等到1628年崇禎皇帝朱由檢（1611—1644年）上臺後，局勢進一步惡化。皇太極（1592—1643年）幫助父親努爾哈赤建立了後金政權，往關內打得更狠。崇禎皇帝自己又是個疑心重、耐心不足的君主，他手下那些將軍們，動不動被他逼得自殺、砍頭甚至凌遲處死。殺了幾個有能耐的將帥後，這仗就更難打了。而且打仗就得花錢，崇禎皇帝錢不夠花，商稅又收不上來，只能從農民那裡搜刮。可是搜刮狠了，農民活不下去，他們也只好鋌而走險，起來造反。良民被逼成了「反賊」，那麼稅收就更少了，打仗需要花的錢就更多了，被戰火燃燒的地區也更多了。

這麼惡性循環下去，明朝日子一天比一天難過。終於在1644年，明朝被李自成（1606—1645年）率領的農民軍攻破北京城，崇禎皇帝自縊而死。後金趁勢大舉入關，打敗李自成，佔領北京，建立了中國歷史上的最後一個封建王朝——清朝。此後，明朝餘部、農民軍又和清朝繼續混戰了數十年，明朝降將吳三桂等也在1673年起兵造反，發動「三藩之亂」。直到17世紀晚期，清朝第二任皇帝康熙帝玄燁（1654—1722年）才掃平了各地的反抗勢力，中國才大致停止內戰，恢復和平。

這一百年的時間，李氏朝鮮也相當痛苦。因為得到大明朝幫助，沒有被日本吞掉，他們對大明朝感恩戴德。隨著滿族人逐漸強大，朝鮮被迫含淚向後金稱臣。雖然如此，他們心中一直沒忘記明朝，甚至有好幾位國王試圖藉著中國內戰的時機「反清復明」，只因反清勢力很快被擊敗，這才甘休。朝鮮君臣每年私下祭祀明朝皇帝朱元璋、萬曆皇帝和崇禎皇帝，還在內部文書裡繼續採用崇禎年號，一直用了二百多年。但這種知恩必報的骨氣，也給朝鮮帶來了麻煩。因為清朝畢竟是繼明朝之後中國的正統朝廷。

即使是動盪時期的中國，其實力依然不容小覷。在17世紀時，歐洲人已經大舉入侵亞洲，葡萄牙佔領了印度西海岸和馬來地區，西班牙佔領了菲律賓，而大洋霸主則是「海上馬車夫」荷蘭。荷蘭不但佔領了東印度群島，而且因為明朝政府不同意通商，曾多次進犯中國。早在天啟年間，荷蘭人便曾入侵澎湖，後來在1624年被明軍驅逐。1633年，荷蘭東印度公司調集10艘新式風帆戰船，在數十艘中國海盜船的配合下大舉入侵福建。明朝海軍和已經接受招安的海盜鄭芝龍，則出動了50艘戰艦和100餘艘火攻船迎頭痛擊。兩軍在金門島南部的料羅灣口展開大戰，明軍當場擊毀荷蘭戰艦2艘，俘虜一艘，荷蘭船掉頭逃亡，漢奸海盜船則被全殲。此戰是中國第一次與西方船隊展開海上大戰，已被後金入侵和農民起義搞得焦頭爛額的明軍，依然顯示出了不凡的實力。

此戰後，中國海上商路成為鄭芝龍的天下。荷蘭人惹不起鄭芝龍，轉而向東，逐走臺灣島上的西班牙人，霸佔了臺灣，對當地人進行殘酷奴役。這時的大陸正上演明、清交替的歷史，到處兵荒馬亂，也沒人來收拾荷蘭人。不過，荷蘭殖民者的好日子也過不了多久。到了1661年，南明延平王鄭成功（鄭芝龍之子）帶著數百艘戰船和2.5萬大軍殺奔臺灣，先後擊潰了荷蘭殖民者的海軍、陸軍和援軍，又經過七個多月圍困，迫使荷蘭人在1662年2月投降，乖乖撤出了臺灣。此後，鄭成功便以臺灣為根據地，繼續「反清復明」的大業。直到1683年，康熙派大軍進攻臺灣，鄭成功之孫鄭克塽投降。

16世紀—17世紀的東南亞

16世紀開始，東印度群島已經遭到歐洲列強入侵。葡萄牙人在1511年最先入侵印尼，荷蘭人後來居上，在1602年成立東印度公司，1619年佔領雅加達，從此開始了對印尼的三百多年的殖民掠奪。麻六甲被葡萄牙佔領後，馬來地區分裂。17世紀初亞奇蘇丹國企圖統一馬來半島，卻被葡萄牙艦隊擊潰。此後荷蘭人插了進來，在1641年攻佔麻六甲，轟走了葡萄牙人，並藉著柔佛蘇丹國（麻六甲王室後裔）在當地維持了霸權。西班牙人在16世紀佔領了菲律賓，將其作為殖民地。

中南半島的緬甸、泰國、老撾、柬埔寨等國依然是亂戰一團。越南則重新分裂成南北兩部分。1527年，後黎朝的大臣莫登庸篡位，建立莫朝，明政府支持後黎朝皇室復辟。於是莫氏在北、黎氏在南，兩者又展開六十多年內戰。到1592年，後黎軍隊攻破莫朝首都河內，北方莫朝終結。後黎朝雖然「統一」，其國政卻操持在權貴大臣手中。朝中的實力派阮氏和鄭氏，在1627年至1672年期間進行了七次交戰，最後鄭氏挾持後黎朝皇帝在北方，阮氏在南方，繼續分裂。鄭氏向清朝稱藩，清朝冊封被鄭氏挾持的傀儡黎氏君主為「安南國王」。南方阮氏也想請清朝冊封，清朝沒有同意，阮氏只得在南方自行擴張，一面把已經奄奄一息的占婆國全部併吞，一面進攻柬埔寨，奪取了大片領土。

荷蘭人在中國南方被打得頭破血流，新崛起的俄國也在中國北方碰了個釘子。

俄國沙皇伊凡四世從16世紀中葉開始大舉擴張，先後併吞了歐洲的喀山汗國、阿斯特拉罕汗國。1581年，伊凡四世派重刑犯葉爾馬克率領840名哥薩克人越過烏拉爾山，沿著水路長驅東進，入侵西伯利亞汗國。西伯利亞汗國雖然面積龐大，但人口不過20萬，居住極為分散，哪裡擋得住哥薩克。1581年俄軍就攻佔了西伯利亞汗國首府卡什雷克，1598年滅了西伯利亞汗國，沙俄成為地跨歐、亞的龐大帝國。

此後俄軍繼續東進，1632年擴張到中國北邊的勒拿河流域，建立了雅庫茨克城。1643年俄軍入侵中國黑龍江流域。1650年，俄軍趁中國明、清交替的內戰時機，在黑龍江北岸的雅克薩修築城堡，霸佔了中國的黑龍江流域。此後，俄軍和清軍數次在黑龍江一帶進行了小規模交戰，在這個過程中，從朝鮮來中國支援中國抗俄的火槍手們還立下了不少功勞。

清朝康熙皇帝在位時，礙於國內南明勢力和三藩之亂，騰不出手對付背後這頭北極熊，只能一邊屯兵阻攔，一邊不斷抗議、警告。等到康熙把吳三桂勢力和南明勢力全部消滅後，便在1685年派兵北上，直抵雅克薩城下，擺開大炮朝著城中猛轟。轟了三天，城中的俄軍招架不住，只得求和，清軍便放走俄軍，燒毀雅克薩城堡，然後撤回。可是清軍一走，俄軍馬上捲土重來，重修了更堅固的雅克薩城。康熙皇帝龍顏大怒，在1686年再次派兵數千包圍了雅克薩。這一回，清軍的大炮卻攻不破雅克薩城牆，只得長期圍困。圍了半年多，城中800多名俄軍戰死、病死的只剩下60多人，俄軍這才再次求和。兩大強國在1689年締結了《中俄尼布楚條約》，規定以外興安嶺至海格爾必齊河和額爾古納河為中、俄兩國東段邊界，黑龍江以北，外興安嶺以南和烏蘇里江以東地區均為清朝領土。

明末清初，在朝代更替之際的中國依然能擊退西方的侵略軍。但我們必須看到，在這兩次戰爭中，西方的武器裝備和其他軍事技術的領先效果已經顯現出來，中國的勝利在很大程度上是因本土作戰以及數量優勢。更糟糕的是，這兩次交鋒並沒有成為中國開始學習西方先進科技的契機。於是，在未來的兩個世紀中，西方繼續前進，中國則裹足不前，雙方的差距越拉越大，最終帶來了中國的悲劇性未來。

BC
— 0 耶穌基督出生
— 100
— 200
— 300 君士坦丁統一羅馬
羅馬帝國分成兩部
— 400
— 500 波斯帝國
— 600 回教建立
— 700
— 800
凡爾登條約
— 900
神聖羅馬帝國建立
— 1000
— 1100 十字軍東征
— 1200 蒙古第一次西征
— 1300 英法百年戰爭開始
— 1400
哥倫布發現新大陸
— 1500
英國大破無敵艦隊
— 1600
發明蒸汽機
— 1700
美國獨立
— 1800
美國南北戰爭開始
— 1900
第一次世界大戰
第二次世界大戰
— 2000

分裂！波斯帝國

亞洲的四大帝國中，最先垮掉的是中西亞的波斯薩非帝國。波斯第三帝國到17世紀時就已經不行了，皇帝一個比一個沒出息，朝政掌握在太監、後宮手中，國力日漸衰落。雖然西邊跟奧斯曼帝國保持著和平，但邊界還是遭到俾路支人、阿富汗人、阿拉伯人的洗劫。蘇丹侯賽因（1694—1722年在位）時，阿富汗的吉爾紮伊人和杜蘭尼人先後造反。1722年，吉爾紮伊軍隊攻佔了波斯首都伊斯法汗，建立了吉爾紮伊王朝。蘇丹侯賽因成為阿富汗人的俘虜，幾年後被殺。

蘇丹侯賽因的兒子塔赫馬斯普逃到西邊召集舊部，一度光復了大半國土，卻又成為紅頭軍大將納迪爾（1688—1747年）的傀儡。1730年，納迪爾攻滅吉爾紮伊人的王國。1736年，納迪爾廢黜塔赫馬斯普之子阿拔斯三世，自稱為沙赫，波斯薩非王朝就此徹底滅亡。此後，納迪爾在波斯建立了阿夫爾沙王朝，杜蘭尼人則在阿富汗建立了杜蘭尼王朝。

此後，中西亞的權勢明星是取代了薩非王朝的阿夫爾沙王朝。納迪爾聰明勇敢，果決冷酷，又是一位軍事天才。他引進了歐洲的先進武器和制度，建立了一支精銳部隊，大殺四方。早在篡位前，他便多次擊敗東邊的阿富汗人、西邊的奧斯曼人。登基之後，他更率領大軍殺向印度去了。

早年的納迪爾

納迪爾自幼孤苦貧困，曾被烏茲別克人擄為奴隸。25歲時他為貴族貝伊送信，因為嫌棄同路的夥伴速度太慢，竟然殺害了同伴。回去之後，他又殺死主人貝伊，帶著貝伊的女兒落草為寇。此後，他聚集了一支軍隊，在波斯薩非帝國滅亡前夕的混亂中屢立戰功。為了爭權奪位，他在1727年殺害了自己的叔叔。他利用歐式武器和訓練，建立起一支精兵，屢屢擊敗阿富汗人，成為波斯薩非朝廷的頭號重將。1730年，他率軍反擊入侵的奧斯曼軍隊，收復了被侵吞的西波斯地區。1732年，他廢黜塔赫馬斯普，立其六個月大的兒子阿拔斯為波斯國王。此後，他與奧斯曼大軍在伊拉克、高加索等地血戰數場，更與沙皇俄國結盟，收回了高加索失地。這樣，納迪爾的聲望空前，遂於1736年篡位稱帝。

1739年，納迪爾的5.5萬波斯軍與蒙兀兒王朝的30萬印度軍在卡爾納爾（今印度哈里亞納邦境內）決戰。印度軍裡數千頭戰象鋪天蓋地地衝上來，納迪爾命令用駱駝馱著燃燒的木架子衝過去，嚇得印度大象掉頭逃跑，甚至反過來踐踏印軍。納迪爾大獲全勝，隨後進入德里，燒殺搶掠，被殺死的人有20餘萬。他在撤離印度時掠走了大量財富，以至於回國後可以免稅三年。

此後，納迪爾征服了中亞的布哈拉汗國和希瓦汗國，又佔領了阿拉伯的巴林、阿曼。1745年，他以8萬波斯軍大敗14萬奧斯曼軍。一時間，改朝換代的波斯帝國似乎又有了幾分中興模樣。但是，晚年的納迪爾越發偏激殘暴，動輒殺人。1747年，因為聽說波斯將軍們要造反，他竟然想把波斯將軍們全部殺死。不甘心坐以待斃的波斯將領們奮起反抗，刺殺了納迪爾。

失去了納迪爾這個霸氣十足的君主，阿夫爾沙王朝乃至整個中亞地區，也就失去了主心骨。此後幾十年，波斯這塊土地上群雄逐鹿，部族

BC
0 耶穌基督出生
100
200
300 君士坦丁統一羅馬
羅馬帝國分成兩部
400
500 波斯帝國
600 回教建立
700
800
凡爾登條約
900
神聖羅馬帝國建立
1000
1100 十字軍東征
1200 蒙古第一次西征
1300 英法百年戰爭開始
1400
哥倫布發現新大陸
1500
英國大破無敵艦隊
1600
發明蒸汽機
1700
美國獨立
1800
美國南北戰爭開始
1900 第一次世界大戰
第二次世界大戰
2000

將軍你爭我奪。除了大大衰敗的阿夫爾沙王朝，還有波斯薩非的餘黨、庫爾德人的贊德王朝、愷加人的愷加王朝等，亂紛紛的你方唱罷我登場。1760年，贊德王朝消滅了波斯薩非餘部；1794年，愷加王朝滅了贊德王朝，1796年又滅了阿夫沙爾王朝，統一了波斯。但是，愷加王朝要實現昔日波斯帝國的輝煌卻是不可能了，相反，它面臨著英國、俄國不斷進逼的壓力，愷加王朝將渡過波斯歷史上一段喪權辱國的時期。

納迪爾遇刺時，波斯東邊的阿富汗也出了一位英雄人物艾哈邁德沙・杜蘭尼（1724—1773年）。他東征西討，統一了阿富汗地區，建立杜蘭尼王國，還在1751年攻入印度的旁遮普，1757年佔領德里，劫掠了1.2億盧比鉅款。1761年，他又戰勝了印度中部的馬拉塔帝國。艾哈邁德沙功勳卓著，被稱為阿富汗國父。但他死後，杜蘭尼王國也就逐漸衰敗，並在18世紀末陷入內戰。波斯地區四分五裂之際，老對頭奧斯曼土耳其換上了一位頗有作為的蘇丹艾哈邁德三世（1703—1730年在位）。這位蘇丹是個明白人，知道現在的奧斯曼已經落後了，要想不被時代淘汰，只能變法圖強。他親近英國、法國，學習西方的技術、文化，向歐洲國家派遣了大使，組建了國內第一支消防隊，還廢除了不准印書的禁令。奧斯曼頗有一番新氣象，在1711年第三次俄土戰爭中竟擊敗了俄國沙皇彼得一世，奪回了十餘年前丟失的亞速海。

然而，好時光轉瞬即逝，很快奧斯曼軍隊就被奧地利打敗，巴爾幹領土陸續丟失。艾哈邁德三世的改革也觸怒了守舊的近衛軍，1730年，他們再度上演了曾經重複了許多遍的鬧劇——發動政變，把蘇丹轟下臺。這期間唯一保留下來的成就是在東線戰場，趁著薩非波斯滅亡之際，奧斯曼大口地吞噬其西部領土，在沙俄嘴邊搶下了阿塞拜疆、庫爾德斯坦等地。

這也是土耳其歷史上的最後一輪擴張了。

此後的幾任奧斯曼皇帝，多數也都竭盡全力想要改革弊政，然而奧斯曼帝國守舊的宗教團體和軍隊、權貴力量實在太大了，皇帝們長期被圈養在深宮中，根本鬥不過他們。一心改革的皇帝塞利姆三世（1789－1807年在位）不但被教團廢黜，此後還被宦官刺殺。

在外部，奧地利、俄羅斯不斷向奧斯曼土耳其進攻，尤其是俄羅斯，它在黑海方向步步進逼，先後又發動三次俄土戰爭，每一次都打得土耳其丟盔棄甲，被迫簽下喪權辱國的條約。1739年，俄國再奪亞速；1774年，俄國獲得第聶伯河和南布格河之間的地區和刻赤海峽，打通了黑海出海口，奧斯曼的附庸國克里木汗國也宣告「獨立」；1792年，俄國兼併了克里木和格魯吉亞。奧斯曼從昔日威震歐、亞的強大帝國，淪為了任人宰割的「肥羊」。

BC
— 0 耶穌基督出生
— 100
— 200
— 300 君士坦丁統一羅馬
羅馬帝國分成兩部
— 400
— 500 波斯帝國
— 600 回教建立
— 700
— 800
凡爾登條約
— 900
神聖羅馬帝國建立
— 1000
— 1100 十字軍東征
— 1200 蒙古第一次西征
— 1300 英法百年戰爭開始
— 1400
哥倫布發現新大陸
— 1500
英國大破無敵艦隊
— 1600
發明蒸汽機
— 1700
美國獨立
— 1800
美國南北戰爭開始
— 1900
第一次世界大戰
第二次世界大戰
— 2000

沉淪！印度殖民化

17世紀時，歐洲人在亞洲的殖民擴張已成燎原之勢。中國塊頭大，還能頂住，但東南亞的小國們則紛紛淪陷。歐洲人之間為擴張得利也是你爭我奪。最早來到亞洲的是葡萄牙人，可是葡萄牙人不到百年到了17世紀其國力就不行了，繼之而起的荷蘭人從葡萄牙手中奪占了安汶、印尼、馬六甲、錫蘭等地，在亞洲耀武揚威。荷蘭之後，地盤更大、人口更多的英國和法國也先後加入到這場殖民盛宴之中。在這個過程裡，南亞大國印度不幸中招，轟然倒下，成為盛宴上的一道大菜。

葡萄牙人早在16世紀初就在印度登陸，還控制了印度西海岸。此後，荷蘭、英國、法國接踵而來，紛紛在當地建商棧、做貿易。不過，那時候印度的蒙兀兒王朝還比較強盛，英國、法國、荷蘭各國對皇帝也還都畢恭畢敬。於是乎，印度皇帝便以為可高枕無憂了，放任外國商人在當地租借領土，修築要塞，招募士兵，更收買當地權貴，扶持「印奸」。這樣一步一步地滲透，印度的不少沿海地區，逐漸成為歐洲國家對外殖民的亞洲根據地。蒙兀兒王朝的強盛持續了約一個世紀。到1658年，皇子奧朗則布（1618—1707年）發動政變，殺害兄弟，囚禁父皇，當上了皇帝。他足智多謀、善於帶兵，同時卻也奸詐殘忍。在他的指揮下，蒙兀兒大軍所向披靡，幾乎統一了整個印度、阿富汗地區。此後，奧朗則布得意忘形，他拋棄了曾祖父阿克巴大帝的宗教寬容政策，對國內的印度教教徒和錫克教教徒橫徵暴斂，而且不許他們擔任官職。這樣一來，國內的宗教問題頓時尖銳起來。奧朗則布雖然善於用兵，但面對內部星火燎原般的起義，卻是應接不暇，血腥的酷刑和屠殺壓不倒前仆後繼的叛亂，尤其是北部信奉印度教的馬拉特人，他們建立了「馬拉特國」。奧朗則布被弄得焦頭爛額，一直折騰到死。

奧朗則布死後，各地總督擁兵混戰，農民群起造反，北邊的馬拉特人步步進逼，而新興的阿富汗杜蘭尼王朝也大舉入侵。曾經強大的帝國頓時四分五裂，病入膏肓的蒙兀兒朝廷只剩下印度西北的一部分領土。這時候，在印度的西方殖民者們也經過幾番廝殺，分出了高低。英國東印度公司成為在印度最主要的西方殖民勢力。面對著一盤散沙的印度，新一輪的饕餮大餐就要開始了。

若從人力、物力上看，18世紀中葉的印度遠遠超過英國，然而這個龐大的印度卻處在土王割據的混亂之中。英國人打不過全印度，但他們可以收買一個個的土王，反對另一些土王；或者利用宗教問題，分而治之。英國能派到印度來的人手並不多，但是英國人可以僱傭當地的印度人，發給槍炮，組成「土兵」，從而達到「牽制」的目的。於是，龐大的印度一塊接一塊地淪陷在約翰牛（英國的綽號）的鐵蹄之下。

1757年，英國首先向印度東邊的孟加拉邦發動攻擊。當時，英軍克萊武上尉手下只有3100人（其中2200人是印度土兵），而孟加拉土王擁有7萬大軍。但是，英國人提前收買了幾個印度將領，在兩軍鏖戰正酣時，這幾個將領忽然倒戈，孟加拉軍隊因此潰敗。於是，孟加拉地區成為第一個完全被英國佔領的印度殖民地，其中一個倒戈的將軍賈法爾成為新的土王。此後，英國軟硬兼施，又從蒙兀兒皇帝那裡拿到了徵稅的權力。

這以後，英國對孟加拉展開了駭人聽聞的掠奪。他們洗劫了孟加拉的國庫，對孟加拉農民橫徵暴斂。孟加拉地區在1756年的田賦是818萬盧比，1757年英國人到來後就增加到1470萬盧比，到1793年更增加到2680萬盧比。英國人對印度的原材料和手工產品強行低價收購，同時，東印

BC
— 0 耶穌基督出生
— 100
— 200
— 300 君士坦丁統一羅馬
羅馬帝國分成兩部
— 400
— 500 波斯帝國
— 600 回教建立
— 700
— 800
凡爾登條約
— 900
神聖羅馬帝國建立
— 1000
— 1100 十字軍東征
— 1200
蒙古第一次西征
— 1300
英法百年戰爭開始
— 1400
哥倫布發現新大陸
— 1500
英國大破無敵艦隊
— 1600
— 1700 發明蒸汽機
美國獨立
— 1800
美國南北戰爭開始
— 1900
第一次世界大戰
第二次世界大戰
— 2000

度公司進行貿易壟斷，很快就擠壓得印度商人破產了。英國人還強迫印度人種植罌粟，製作鴉片。即使是乖乖地給英國當傀儡的土王，也沒辦法不被壓榨。英國人只要缺錢了，就罷免一個土王，另外扶持一個傀儡上臺，然後要求上臺的這個新傀儡繳納大筆「禮金」。就這樣，孟加拉八年間換了4次土王，英國為此得了217萬英鎊的「禮金」。英國彷彿一臺貪婪的絞肉機，把印度人的「血肉」大口大口地吞嚥了。在佔領孟加拉後的半個世紀裡，英國榨取了超過10億英鎊的財富，孟加拉則趨於破產。在1770年的災荒中，不到3000萬人口的孟加拉餓死了1000萬人。

英國佔領孟加拉後，以孟加拉為跳板，繼續入侵印度的其他地方。

1763年，孟加拉王公米爾・凱西姆起兵反抗，被英軍鎮壓了。凱西姆轉而要求鄰邦奧德的土王和蒙兀兒皇帝出兵支援，無奈聯軍也在1764年的布克薩爾戰役中被英軍打敗。此後，英國趁機從奧德手中奪走了貝拿勒斯地區，又迫使奧德也成為英國的附庸。自此，恆河下游的遼闊富庶的土地全部進入了英國的囊中。

1767年，英軍侵入南印度的邁索爾。當地王公海德爾・阿里和迪普父子倆頑強抵抗，他們與英軍有過四次攻防戰，拉鋸三十餘年，還聯合鄰近的馬德拉斯和海德拉巴兩個強邦，甚至與法國人聯合抵抗英國入侵者。最終，英軍人用離間計破壞了三邦的聯盟，把馬德拉斯和海德拉巴都拉攏到了自己一邊，又收買了內奸，在1799年殺死了迪普蘇丹，徹底征服了邁索爾。邁索爾中部交給了英國的傀儡王公統治，其餘地區則被英國、馬拉特、海德拉巴瓜分殆盡。馬拉特，雖然幫助了英國人，得以從英國人手中收回了先前被佔領的領土，但唇亡齒寒，邁索爾滅亡之後，他們已經不可能單獨抵擋英國了。19世紀初，馬特拉邦被英國擊敗，大部分領土被其併吞。

回光！康乾盛世

18世紀，波斯帝國已是分崩離析，印度帝國則淪為英國口中的肥肉，而奧斯曼帝國內亂不休領土日漸縮小時，只有大清帝國還在東方傲立，保衛著亞洲的尊嚴。18世紀的清朝正逢康熙、雍正（1638—1735年）、乾隆（1711—1799年）祖孫三代皇帝在位。清軍兵強馬壯，耀武揚威，不但在南方平定了三藩之亂，在東北打退了沙俄入侵，保全了黑龍江流域；更在北面平定了蒙古準噶爾部；在西北鎮壓了大小和卓的叛亂，設伊犁將軍管理新疆；在西邊挫敗了和碩特汗國的叛亂，設立了駐藏大臣管理西藏事務，尼泊爾、不丹、錫金也成為其藩屬國；在西南則實行改土歸流，廢除了土司政權，用地方官管理少數民族，並平息了大小金川的叛亂。到乾隆中期，清朝領土達到1300萬平方公里，在中國歷史上僅次於元朝，在世界史上也是屈指可數的遼闊國家。

不但領土寬廣，清朝的手工業和農業也非常發達。大片荒地被開墾，18世紀末全國耕地面積超過10億畝。由於美洲的番薯、玉米、馬鈴薯等高產作物在明末被引入，清朝中期的糧食產量飆升，國內人口也急劇增長。18世紀末中國人口達到3億，占全球總人口的30%以上。清朝經濟也相當發達，國庫的銀子常年保持在六、七千萬兩左右。中國素來在東亞有很大的影響力，如今富強至此，周邊國家自然紛紛前來朝貢稱藩。什麼朝鮮、琉球、安南、南掌（老撾）、暹羅（泰國）、緬甸、廓爾喀（尼泊爾）、哲孟雄（錫金）、不丹、浩罕（烏茲別克東）、哈薩克、布魯特（吉爾吉斯）、布哈爾（烏茲別克西）、愛烏罕（阿富汗）、蘇祿等等，都成了清朝的藩屬國。因此，康熙、雍正、乾隆統治的這一百多年，被稱為「康乾盛世」。然而在這光輝無比的盛世之下，暗流正在湧動。因為本身是少數民族入主中原，清王朝生怕漢人起來造反，怕到了神經過敏的地步，玩了命地鉗制思想，大興文字獄，逼得讀書人只能埋在紙堆裡皓首窮經。清朝的八旗精兵，當初曾經以數萬人橫掃九州，在成為主人後迅速腐化墮落。清政府只能靠綠營軍打仗，但綠營軍數十年後重蹈覆轍，士氣低落，鬥志衰頹，論戰鬥力遠不如緊臨歐洲的奧斯曼土耳其。在清朝疆土達到鼎盛之際，他們用來開拓和保衛疆土的軍隊，卻徹底退化成為流氓般的樣子。

儘管中國物產豐富，清朝國庫充足，然而清朝百姓卻相當貧困，官民矛盾、民族矛盾也不時地被激化。所謂的康乾盛世，最顯著的成果是增加了大量人口，而這麼多的人口又造成自然生態被嚴重破壞的現象。

問題很嚴重，更嚴重的是清朝的統治者們還意識不到自己的問題。西邊的印度、波斯、土耳其等幾個帝國，先後挨了歐洲國家的攻擊，至少知道了歐洲的槍炮很厲害，有那麼點變法圖強的心思。而清朝自從打敗沙俄後，就繼續沉溺在天朝上邦的迷夢之中，坐等四方「蠻夷」前來朝貢，絲毫沒有考慮被人超越的危險。

在康熙時代，康熙對國外事務還比較關心，簽訂《尼布楚條約》之後，開始接受俄國的傳教士和留學生來華，並和俄國通商。康熙還派人出訪蒙古、中亞去收集情報，甚至對第二次北方戰爭和瑞典國王查理十二世都有所瞭解，更曾委派傳教士閔明我回歐洲招募人才，任用歐洲人湯若望、南懷仁等在朝供職，向這些傳教士學習西洋天文、數學、醫學等知識。

到雍正時代，清朝就逐漸開始閉關鎖國，規定外國商船只能到廣東的虎門和福建的廈門兩處與中國貿易，不准中國商人出海貿易。乾隆登基後，因為承平日久，他醉心於大清的一統江山，更是夜郎自大，不把外國人放在眼裡。他規定，西洋商船只准在廣東虎門一處停泊貿易，外國人來廣州做買賣必須經由「公行」，規定來去的期限，而且不准隨便和公行職員之外的中國人接觸。

1792年，英國政府派馬戛爾尼為正使，斯當東為副使，出使中國慶祝乾隆皇帝80大壽。這是西歐國家首次向清朝派出正式的使節。英國使者1793年到中國後，受到清政府熱烈歡迎，雞鴨魚肉、水果蔬菜被源源不斷地送來，更有大批珍貴禮物，讓英國人看得目瞪口呆。可是熱情款待之餘，清政府要求英國使者跪下磕頭，這讓英國人覺得是很大的侮辱。爭論了老半天，才折中為單膝下跪行禮。

9月14日，乾隆皇帝正式接見使者。馬戛爾尼代表英國政府提出要求，希望在中國開闢幾處通商口岸，兩國好做生意，還希望比照俄國的例子，在北京建一個倉庫，設立一個使館。可是乾隆皇帝覺得，我天朝上國物產豐富，根本沒必要和你英國蠻夷做生意。他慈祥地拒絕了馬戛爾尼的要求，又送了大批珍貴禮物，把他們打發走了。英國使團贈送給中國的一批禮物，都是當時西方先進科技的代表，比如前膛槍、望遠鏡、地球儀、鐘錶和一艘英國最先進的戰艦模型，中國朝廷卻認為這些都是奇技淫巧之物，也沒啥了不起的。除此之外，英國使團還發現，中國的官吏肆無忌憚地欺壓、虐待百姓，許多民眾飢寒交迫，軍隊的紀律渙散、戰鬥力低下。如日中天的大英帝國看穿了清朝在華麗外表下的虛弱，於是把貪婪嗜血的目光投向了中國。

被華麗外表蒙蔽的，不光是清朝自身，曾經心懷「反清復明」夢想的李氏朝鮮，也開始驚歎康乾盛世的輝煌，拋下對清朝的成見，大力學習清朝的先進經驗。連清朝自己都落後於時代了，朝鮮還能學成什麼樣呢？無非學習了清朝的一些農業技術，同時也學到了清朝排斥西方的偏激做法。大臣的黨爭和皇親國戚的擅政，成為朝廷上不曾消失的頑疾。至於更東邊的日本，在德川幕府統治下不僅對西方閉關鎖國，恨不得對中國和朝鮮也閉關鎖國，躲進小屋裡自成一統。東亞三國就這麼胡裡糊塗地活著，直到西方國家的炮艦開到了大門口。

至於西元18世紀到19世紀初的東南亞，在這一百多年中西班牙統治下的菲律賓、荷蘭統治下的印尼，都不斷有民眾反抗殖民統治。馬來亞地區在18世紀得到大發展，阿拉伯人、印度人和華人移民大批進入該地區；同時，全球新霸主英國開始滲透到此地。1786年，英國租借了檳城；1819年，英國租借了新加坡；1824年，英國從荷蘭人手中換取麻六甲。此後，英國成為馬來亞的主人，把馬來亞各邦國的蘇丹逐漸變成自己的傀儡。

在中南半島，泰國、緬甸、老撾、柬埔寨等國繼續混戰，尤其是泰國和緬甸兩國打得最為激烈。在這個過程中，泰國的阿瑜陀耶王國滅亡，代之以查庫里王朝；緬甸東吁王朝也覆滅了，代之以貢榜王朝。而越南則在1771年爆發了西山阮文岳三兄弟的起義，起義軍一口氣掃滅了分別統治北越、南越的鄭主和阮主的後黎朝，並於1771年稱帝，建立了「西山朝」，還被乾隆皇帝封為「安南國王」。但南越阮主家族的阮福映為了換取法國人支持其復國，不惜出賣了國家利益。1802年，阮福映攻滅西山朝，建立了阮朝，被清朝嘉慶帝封為「越南國王」，從此這個地方就以「越南」為國名。同時，阮福映以武力征服了柬埔寨，和泰國爭霸於中南半島，一時間威風凜凜。他拒絕向法國人割地的行為，得罪了法國，引發了日後的禍端。

第六章：土崩瓦解——殖民與瓜分

（西元19世紀至20世紀初）

19世紀，印度完全被英國征服。奧斯曼土耳其雖然踐行了諸多改革，但是仍不斷丟失領土。阿富汗雖然磕掉了英軍的幾顆門牙，還是喪失了外交自主權。中亞被俄國征服。清朝在英、法入侵下美夢被驚醒，洋務運動和戊戌變法的強國理想也終成泡影。唯一抓住時機的是島國日本，他們透過明治維新，實現了富國強兵的目標，在甲午戰爭中打敗了清朝，又在日俄戰爭中擊敗沙俄，併吞了朝鮮半島，從而躋身世界強國之列。

ASIA

現今亞洲政區示意圖

抗爭！激烈與溫存

18世紀末到19世紀末，歐洲各國先後進入了大發展時期。法國爆發了大革命，一代偉人拿破崙橫空出世，雄霸歐洲，大傢伙風風火火地玩起了拿破崙戰爭。大英帝國則繼續打造著日不落帝國的霸權範圍。這其中，肥得流油的印度當然要好好經營。

在18世紀晚期，英國已經併吞了印度的孟加拉、奧德、邁索爾等地，隨後開始向強大的馬拉特聯盟發動進攻。馬拉特聯盟先前被英國人忽悠，幫著英國人打邁索爾，結果唇亡齒寒，如今輪到自己承受苦果了。1817年，英軍擊敗馬拉特聯盟，併吞其大部分領土，僅為一些王公保留了零碎的土地。

在武力征服的同時，英國東印度公司還威逼利誘，強迫一些印度王公和他們簽訂同盟條約，主要條件是（1）公司在「盟國」駐軍保護該國，該國為其提供軍費；（2）該國的外交受公司監護。換言之，「盟國」等於自己掏錢給自己找了個保護者。可是你若不答應呢，英國人就直接出兵廢了你，反正有大把的「印奸」願意當「兒皇帝」！到了1930—1940年代，全印度已經有六百多個王公國成了東印度公司的「盟國」。

這時候，全印度只剩下信德和旁遮普維持獨立了。英國先朝信德下手，對當地的三個公國煽風點火、挑撥離間，最後在1843年輕易併吞了信德。旁遮普公國偏又發生內亂，英國趁機出兵。旁遮普公國兵力強大，但是內部好些將軍、貴族都被英國收買，或是臨陣脫逃，或是按兵

BC
— 0 耶穌基督出生
— 100
— 200
— 300 君士坦丁統一羅馬
羅馬帝國分成兩部
— 400
— 500 波斯帝國
— 600 回教建立
— 700
— 800
凡爾登條約
— 900
神聖羅馬帝國建立
— 1000
— 1100 十字軍東征
— 1200 蒙古第一次西征
— 1300 英法百年戰爭開始
— 1400
哥倫布發現新大陸
— 1500
英國大破無敵艦隊
— 1600
發明蒸汽機
— 1700
美國獨立
— 1800
美國南北戰爭開始
— 1900 第一次世界大戰
第二次世界大戰
— 2000

不動，甚至過河拆橋，出賣友軍。1845年2月，英軍攻佔旁遮普首府拉合爾，將旁遮普變成了藩屬國。錫克族軍民在1848年發動起義，也被英軍鎮壓下去。1849年，英國正式宣布併吞旁遮普。至此，經過近一個世紀的軟硬兼施，英國終於把整個印度都納入掌中，東印度公司安排的印度總督成為印度的「太上皇」。

英國併吞印度之後，得意忘形了，不但瘋狂壓榨印度人民，還以印度為根據地，繼續東下緬甸，西征阿富汗，激起了印度各階層的憤恨。英國人在印度招募了20多萬土兵，這些土兵飽受英國殖民政府的歧視，被逼著遠征緬甸還要自帶乾糧。對英國人的怒火積壓得越來越大，終於在1857年爆發了轟轟烈烈的印度民族大起義。5月，起義軍攻入德里，擁戴早已變成傀儡的蒙兀兒帝國皇帝巴哈杜爾・沙二世為印度皇帝。隨後，起義的烈火蔓延到全國三分之二的地區，各地的印度王公紛紛起兵響應，其中最著名的一位是年輕的詹西女王巴伊（1835—1858年）。

但是，這些封建貴族們彼此各有盤算，大敵當前還在爭權奪利，傾軋排擠。起義者成分複雜，宗派、教派問題嚴重。這麼一來，幾十萬起義軍就成了一盤散沙，各自為戰。1857年9月，英軍攻陷德里，皇帝巴哈杜爾・沙二世投降。1858年3月，新的起義中心奧德首府勒克瑙被攻佔。6月，詹西女王巴伊犧牲。到了1859年，全國性的起義被鎮壓下去。第一次印度獨立運動到此完全失敗。

不過，英國人也被這次大起義給震懾了，開始反省過去那種讓東印度公司在印度瞎折騰的做法或許太過分了？他們趕緊調整政策，取消了東印度公司，改由印度事務大臣負責相關職權。印度總督從東印度公司高層變成了英國王室的直屬官員，並由其組建印度政府。至於膽敢跟「反賊」勾結的蒙兀兒皇帝，自然被罷黜，流放到了緬甸。蒙兀兒王朝也正式退出歷史舞臺。此後近一個世紀裡，印度約40%的土地被分成700個土邦，由印度王公統治，作為英國的附庸。其餘60%的土地則由英國直屬，被分為13個省。

印度對英國極為重要。大英帝國的殖民地遍及全球，然而美國已在1776年獨立，加拿大是苦寒之地，澳大利亞人煙稀少，美洲諸島方寸之地，非洲多數地方較為落後。唯有印度土地肥沃、人口眾多、資源富足，離中國和東南亞又近，被稱為「王冠上的寶石」。英國君主被稱為「英國國王」，但同時還有一項皇帝的尊號，那就是「印度皇帝」。

英國對印度也傾力建設，引入了現代教育、修築鐵路、發展工業、輸入資本。印度士兵身穿英式軍裝，扛著米字旗侵略全球。雖然是被殖民統治，印度人也遭到歧視，但印度也因此得到了快速發展，並且培養出一群本地資本家和知識份子精英。其中的有識之士，開始尋求讓古老的印度文明重新煥發新光彩的方法。於是，「印度啟蒙運動」開始了。

羅姆・摩罕・羅易

羅姆・摩罕・羅易（1772—1833年）本是信奉印度教的富家子弟，屬於最高貴的婆羅門種姓，他曾任職於英國東印度公司，掌握英語、梵文、阿拉伯語和波斯語，接受過西歐近代思想的洗禮。

1828年他創立了梵教會，批判印度社會普遍存在的寡婦自焚、一夫多妻、童婚等陋習。羅姆算是「印度啟蒙運動」的引領者。

知識份子們開始改良印度的社會、文化、宗教，此後又要求政治改革，要求英國政府給印度人更多的權利。1885年12月，印度國民大會黨（簡稱印度國大黨或國大黨）成立。這個黨完全是在英國政府培植下而成立的，目的是透過這個改良主義的政黨，讓印度的民族運動變得溫和，溫和，再溫和。所以，在大會開幕式上，該黨的主席的第一句話就是：「英國對印度造福無窮，全國都因為此對英國表示感激。英國給了我們秩序，給予我們鐵路，而最重要的是給了我們歐洲教育這一無價之

BC
0 耶穌基督出生
100
200
300 君士坦丁統一羅馬
羅馬帝國分成兩部
400
500 波斯帝國
600 回教建立
700
800 凡爾登條約
900 神聖羅馬帝國建立
1000
1100 十字軍東征
1200 蒙古第一次西征
1300 英法百年戰爭開始
1400
哥倫布發現新大陸
1500
英國大破無敵艦隊
1600
發明蒸汽機
1700
美國獨立
1800
美國南北戰爭開始
1900 第一次世界大戰
第二次世界大戰
2000

寶」。國大黨的核心要求是，爭取民族平等和民族自治，就是說希望印度人獲得跟英國人一樣的權利，以及在參議院中增加民選的本地議員。英國人對「改良」派倒也客氣，反正我們慢慢商量嘛，不著急的。

一來二去，漸漸這種虛偽被印度人識破了。一些印度人便在提拉克（1856—1920年）的領導下成立了「極端派」，主張民族獨立，「印度是印度人的印度」，並提出自治、自產、抵制英國貨和民族教育等綱領。他們的手段不是像溫和派一樣搞些請願、祈禱，而是發動工人罷工、農民抗稅。提拉克也不反對武裝起義，他認為：「只要有50%勝利的把握，那麼不妨拿起刀槍去幹」。由此，1905—1908年間印度的民族解放抗爭再次掀起高潮。英國殖民政府大怒，把激進派的成員都抓了起來，提拉克也被關進監獄，吃了六年牢飯。而國大黨中的溫和派也把極端派轟出了組織。這樣，印度國大黨的兩派分裂了。

1909年，英國通過《莫萊—明托改革法案》，規定中央立法會總共有議員69人。其中行政部門6人、英國各級官員31人、總督任命5人、民選議員27人。而民選的27人中，14人由大地主、歐洲商會成員等組成，另外13人則由各省議員的推舉形成。英國殖民政府也利用宗教間的矛盾，繼續破壞印度獨立運動。

上古時期 BC
漢
0
100
三國 200
晉
300
南北朝 400
500
隋朝
600
唐朝
700
800
五代十國
900
宋
1000
1100
1200
元朝
1300
明朝
1400
1500
1600
清朝
1700
1800
1900
中華民國
2000

回天！土耳其改革

地跨歐、亞、非的奧斯曼土耳其早已淪落為列強口中肉，北邊的俄羅斯一口接一口地在黑海邊上猛啃，西邊拿破崙也一度佔領了埃及。奧斯曼看拿破侖這麼猛，就和他結盟，想找個靠山拯救帝國。可是結盟之後，照樣被英國、俄國揍得滿地找牙，拿破崙也沒伸出援手。

等到拿破崙在1815年被打垮，奧斯曼的日子更不好過了。西邊，塞爾維亞在1817年取得了民族自治權；希臘在1821年起義，最終1830年獲得獨立。北邊，俄國在1828—1829年打了第八次俄土戰爭，又從土耳其手中搶得多瑙河河口及其附近島嶼還有黑海東岸，土耳其又被迫承認格魯吉亞、伊梅列季亞、明格列利亞併入俄國。

非洲那邊也亂了。大將穆罕默德·阿里（阿爾巴尼亞人）在埃及鬧起了實質性獨立，雖然名義上還尊奉土耳其為宗主，其實是割據一方。不僅如此，阿里還在1831年出兵進攻亞洲，打得奧斯曼頭破血流，佔領了巴勒斯坦、黎巴嫩、敘利亞。法國也在1830年出兵，入侵土耳其名義上的屬地阿爾及利亞。歐洲的英國、法國、沙俄、奧地利、普魯士等五大強國個個把奧斯曼當成肥肉，大家都想來咬一口，你爭我奪，拳打腳踢，這就是所謂的「東方問題」，誰還會顧忌被啃的人的心情？

眼看著四面楚歌，領土日益縮小，土耳其的皇室和權貴階層都明白，再不改革弊政，這個帝國要不了多久就得滅亡了。可是，之前的歷任蘇丹也想改革，全都被守舊的禁軍集團和教團給滅了，尤其是塞里姆三世，連命都丟了。

真要改革，必須除掉這兩個絆腳石！塞里姆三世的堂弟馬哈茂德二世(1775—1839年，1808—1839年在位）在1826年搶先動手，滅掉了外戰外行、內戰內行的禁軍，還順便把跟禁軍關係密切的貝克塔什教團也給收拾了。他進行了一些改革，諸如限制官員的權力，禁止他們隨意剝奪人民的生命和財產；允許犯人上訴等。軍事上，他開始建立了一支近代化部隊，取代被滅掉的禁軍。

馬哈茂德二世大展拳腳改了幾年，覺得力量該差不多了，就在1839年出兵，企圖從不聽話的藩屬國埃及那裡搶回敘利亞等地。誰知人上有人，土耳其被埃及第二次打得大敗，連伊斯坦布爾都差點被阿里攻下來。到頭來，居然是歐洲列強出面干涉才算沒被滅國。原來，列強們覺得埃及的阿里攻勢太猛，要是讓他把奧斯曼這一大塊資源整合起來，日後怕不好欺負，還是留著軟弱的奧斯曼比較有利。於是他們一起出兵，打敗埃及軍隊，迫使阿里把佔領的亞洲領土全吐出來還給了土耳其。奧斯曼土耳其雖然收復了失地，卻又結結實實地丟了個大臉。馬哈茂德又悲又氣，於是一命歸西。

他的兒子阿卜杜勒・邁吉德一世（1823—1861年，1839—1861年在位）登基之後，繼承父志，任用雷西德為宰相，開始強力改革。1839年11月，阿卜杜勒頒布《玫瑰園敕令》，正式開始改革。敕令總共有五點：

（1）保證生命、財產安全，保障人的榮譽和尊嚴；（2）改革稅制，取消過去殘暴的包稅人制度；（3）實行合理的徵兵制度和服役期限；（4）穆斯林和非穆斯林地位平等；（5）即使對罪犯也不要沒收其合法財產，而是交給其繼承人繼承。

這條敕令一出，震驚歐、亞，大家都等著看這個腐朽陳舊的帝國舊貌換新顏。尤其是國內的商人、知識份子，奔相走告，翹首以待，都指望著從此富國強兵，脫胎換骨。之後的幾十年時間，被稱為「坦齊馬特」（即土耳其語的「改革」）時期。

改革確實取得了一些成效，比如發展了教育，開辦了不少世俗學校；調整了土地制度。奧斯曼帝國政府也從一個只知道收稅、徵兵的武力集團，變成一個初步具備近代國家管理職能的機構。他們還引入先進的工農業技術，去推廣、開辦了一些近代化企業。這些都讓奧斯曼帝國顯露出一絲活力。

不過，由於既得利益集團的阻撓，很多改革條文流於紙面，未能貫徹。例如包稅人制度廢除兩年後又很快恢復了，宗教平等也成了一句空話，政府照樣貪腐成風、濫用職權。1852年，改革派大臣雷西德被保守派趕下臺，改革告一段落。

西方各國也趁奧斯曼改革開放的機會，拼命擴大勢力，在土耳其境內獲得種種特權。伊斯坦布爾的商業、刑事法庭中，外國人和土耳其公民各占一半。由於土耳其人不太熟悉法律，這些法庭其實掌握在外國人手中。任何事物都有兩面性，改革使得土耳其帝國與歐洲社會更加接近，這個成效很快展現出來。1853年，沙皇俄國挑起第九次俄土戰爭（克里米亞戰爭），數十萬大軍來勢洶洶，若是以前的土耳其大敗是必然的，可是這回，英國、法國都站到了土耳其一邊，不久俄國原本的盟友奧地利和普魯士也轉而支持英、法，局勢變成了沙皇俄國受到歐洲列強圍攻。俄軍節節敗退，前後損失50萬大軍，被迫在1856年簽署《巴黎和約》，保證土耳其的「獨立與完整」，把多瑙河河口和比薩拉比亞南部割讓給土耳其的附庸摩爾達維亞，把高加索的卡爾斯還給土耳其，塞爾維亞、瓦拉幾亞和摩爾達維亞的宗主權仍回歸土耳其；黑海中立化，禁止俄國在黑海沿岸建兵工廠。氣勢洶洶的俄國灰頭土臉地回去了，這可是一百多年來的第一次啊！

在這個勝利的激勵下，奧斯曼帝國高層歡欣鼓舞，繼續深化第二階段改革（1856—1876年）。他們頒布了各種法典，建立了新的行政區劃，開辦近代化企業。請注意，這次改革是在歐洲列強操控下進行的，他們趁著這個機會，進一步大舉的以經濟、司法入侵的形式進入土耳其。奧斯曼帝國的銀行是英國和法國的銀行，它們擁有發行貨幣的權力、可代表奧斯曼對外舉債，換言之帝國金融其實完全由英、法控制。1861年歐洲國家獲准在土耳其開設郵政機構，享有治外法權。土耳其的鐵路、礦山也逐漸落到外國人手中，外資企業如雨後春筍般冒出來，很快把土耳其本國企業擠得紛紛破產。

這麼一來，土耳其看上去確實繁榮了、發達了，但同時它的命脈卻全部握在歐洲大國手中。飛速運轉的機器下，鼓起來的是歐洲老闆的錢包。國內掌握大權的宰相、外交大臣，也都是靠著外國勢力才能在臺上待著。到1869年，奧斯曼欠歐洲的外債已經高達24億法郎。至於在1876年設立的議會，也是形同虛設，所謂「君主立憲」完全是一句空話。

在弱肉強食的國際叢林裡，指望依靠別國力量保全自己的尊嚴，這實在是高難度的任務。土耳其過去完全仗著武力征服了許多民族，如今又未能及時跟上時代，現在想改弦易轍，已經有些晚了。英、法、奧之所以在克里米亞戰爭中群毆俄國，不是為了跟土耳其交朋友，只是不想讓俄國獨霸肥肉。奧斯曼帝國漸漸發現，我們不是已經加入歐洲社會了嗎，但領土怎麼還在不斷丟失啊？

1877年，沙皇俄國捲土重來，又發動了第十次俄土戰爭。土耳其軍隊雖然經過改革，戰鬥力有所提高，畢竟抵不過沙俄。經過頑強抵抗，最終還是落敗。歐洲列強一瞅，趕緊都如狼似虎地撲過來，一面阻止俄國咬得太狠，一面自己也想來割一刀。最後，在1878年的《聖斯特法諾條約》中規定：門的內哥羅（黑山）、塞爾維亞和羅馬尼亞三國完全獨立；保加利亞成為俄國的附庸；比薩拉比亞西南部、卡爾斯、巴統和巴亞齊特都併入俄國。此外，奧斯曼帝國還將賽普勒斯割給英國。

正所謂「割肉餵狼，肉不光狼不走；抱薪救火，薪不盡火不滅。」

1881年，法國佔領了土耳其名義上的屬地突尼斯；1882年，英國佔領了埃及、蘇丹……

眼看國家危亡，終於有一批知識份子和進步貴族站了出來，成立了青年土耳其黨，準備推翻封建君主專制，建立議會民主制。經過二十年的準備，他們在1908年發動起義，罷黜了蘇丹阿卜杜勒·哈米德二世，另立他的弟弟穆罕默德五世為新蘇丹。奧斯曼帝國終於成為一個君主立憲國家，青年土耳其黨人上臺執政。

然而這並沒有什麼用，換個人上臺，該挨的揍照樣挨。就在同年，奧匈帝國趁土耳其內戰時併吞了波黑地區。1911—1912年，義大利佔領了利比亞，土耳其帝國在非洲的領土全部喪失。1912年，三十四年前從土耳其統治下獨立的塞爾維亞、黑山、希臘、保加利亞四國聯合起來，對土耳其大打出手（第一次巴爾幹戰爭），揍得昔日的歐、亞霸主屁滾尿流，乖乖求饒簽約，交出了幾乎全部歐陸的殖民地和克里特島，阿爾巴尼亞獲得獨立。至此，土耳其在歐洲也只剩下君士坦丁堡和色雷斯的一小片土地。儘管在隨後爆發的第二次巴爾幹戰爭中，土耳其站到塞爾維亞、希臘、羅馬尼亞、黑山一邊，共同打敗了保加利亞，從而收回了一小塊巴爾幹的土地。但畢竟江河日下，難以扭轉頹勢了。

BC
— 0 耶穌基督出生
— 100
— 200
— 300
君士坦丁統一羅馬
羅馬帝國分成兩部
— 400
— 500 波斯帝國
— 600
回教建立
— 700
— 800
凡爾登條約
— 900
神聖羅馬帝國建立
— 1000
— 1100 十字軍東征
— 1200
蒙古第一次西征
— 1300
英法百年戰爭開始
— 1400
哥倫布發現新大陸
— 1500
英國大破無敵艦隊
— 1600
— 1700 發明蒸汽機
美國獨立
— 1800
美國南北戰爭開始
— 1900
第一次世界大戰
第二次世界大戰
— 2000

阿富汗！約翰牛折角

夾在印度和土耳其中間的中亞、西亞同樣難逃被歐洲列強欺凌的厄運。比如統治波斯的愷加王朝，雖然勉強延續了一百多年，但比之過去波斯三大帝國時期的威風，他們完全成為砧板上的魚肉。整個百餘年歷史，就是一部挨宰史。俄國從北邊，英國從東南邊，一口一口地蠶食。先是俄國在1801年兼併了格魯吉亞，英國在1820年佔領了葉門。1837—1857年，英國和波斯打了三次仗，波斯割地賠款，並同意不再干涉東邊的阿富汗的內政。此後，波斯逐漸淪為半殖民地社會，法國、奧地利、美國等相繼強迫波斯訂立不平等條約。俄國在1860年代大舉深入中亞和高加索地區，佔領了今天的烏茲別克、土庫曼、阿塞拜疆等地。英國、俄國還攫取了在波斯採礦、築路、設立銀行、訓練軍隊等特權。到1907年，英國、俄國直接劃分了勢力範圍：波斯北部屬俄國，南部屬英國，中部為緩衝區。

在這次分贓中，英、俄兩大帝國既有勾結，更有對抗爭奪。沙皇俄國原本已經佔據了北亞，跟著南下中亞，狼吞虎嚥，大口大口地把中亞諸汗國一一吞噬。這就讓英國有些緊張：俄羅斯這麼啃下去，豈不是都要打到印度了？不行，得搶先築一道籬笆擋住它。這道籬笆，英國選在了印度西北的阿富汗。於是乎，大英帝國的使團和軍隊浩浩蕩蕩地向阿富汗開去。誰知道，就在這裡英國人跌了一大跤，見識了阿富汗人的厲害。

俄國征服中亞

1822年，沙俄併吞了哈薩克地區，立國三百年的哈薩克汗國滅亡，從而打開了染指中亞的大門。此後，俄軍逐漸侵蝕希瓦汗國（烏茲別克一土庫曼一帶）、浩罕汗國（烏茲別克東與塔吉克、吉爾吉斯一帶）和中國西部地區。1863年俄國征服了高加索地區，鎮壓了波蘭起義後，於1864年分兵大舉進攻浩罕汗國。同年10月，俄國和清政府簽訂了《中俄勘分西北界約記》，掠奪了44萬平方公里領土後，又扶持浩罕大將阿古柏入侵中國新疆，建立「哲德沙爾汗國」，更利用浩罕汗國和布哈拉汗國之間的世仇，居中挑撥，驅虎吞狼。

1865年6月，俄軍與布哈拉汗國聯合，攻克浩罕帝國重鎮塔什干；1866年5月又反過來打敗布哈拉汗國主力。1868年，筋疲力盡的浩罕、布哈拉先後成為俄國的附庸國；1873年，希瓦汗國也被迫臣服，至此三個汗國都被征服。1876年，沙俄完全併吞了浩罕，又佔領了吉爾吉斯的領地阿賴谷。1885年，俄軍佔領了整個土庫曼地區。同時，俄國加緊侵略中國新疆，迫使清政府簽署了《伊犁條約》《伊犁界約》《喀什噶爾界約》《科塔界約》《塔爾巴哈台西南界約》《續勘喀什噶爾界約》等，割占了大片中國領土。1895年，俄國和英國私自瓜分了帕米爾高原，分到了塔吉克斯坦。至此，中亞地區390萬平方公里的土地盡數被沙俄併吞。

阿富汗在1747年建立了杜蘭尼王朝，一度東侵印度，西凌波斯，今天的巴基斯坦地區也在他們的控制下。他們還和英國人交上了朋友。過了半個多世紀，阿富汗改朝換代，巴拉克宰家族在1826年奪取江山，建立了巴拉克宰王朝。但英國人覺得巴拉克宰王朝不好，太亂了，內部還鬧分裂，弄不好就被俄國人乘虛而入了；他們準備扶持老朋友，杜蘭尼王朝的退位國王舒賈重新復位。

於是，英國出錢、出槍，幫助舒賈在印度的旁遮普組織「還鄉團」，向阿富汗國進攻。1834年，兩軍在坎大哈附近開戰，巴拉克宰王朝的國王多斯特打敗了舒賈的還鄉團，但英國人的另一個盟友——巴基斯坦軍閥辛格卻漁翁得利，趁機把阿富汗的重鎮白沙瓦給搶走了。

多斯特畢竟不想得罪英國，他好言好語請求英國東印度公司的總督奧克蘭高抬貴手，讓辛格把白沙瓦還給他們。奧克蘭心想，我正想把整個阿富汗都吃下來，你居然還要我還白沙瓦，做夢呢！兩國交手一番，多斯特見英國人不為所動，心中也有氣，就象徵性地跟沙皇俄國聯絡了一下。這下子可觸犯了英國人的底線！當時在中亞，英國人最怕的就是俄國，現在你多斯特竟敢跟俄國人勾搭，那可別怪大英帝國不仁不義了！

1838年底，奧克蘭拼湊了一支6萬人的侵略隊伍（包括英軍、印度土兵、舒賈的隊伍和隨員）從英屬印度出發，直撲阿富汗。一些阿富汗人拼命抵抗，被英軍槍炮齊發打得屍橫遍野。阿富汗有大批部族武裝被英國的金錢收買，持不抵抗政策。到1839年春夏之交，英軍已把坎大哈、迦色列、喀布爾等重鎮全部佔領，更於1840年打敗了多斯特的主力，迫使其投降。

英國人輕輕鬆鬆地佔領了阿富汗，覺得和當年攻打印度一樣輕鬆，之後把代理人舒賈扶持上位。哪曉得這位杜蘭尼王朝的前國王在阿富汗實在不得民心，阿富汗上到諸侯，下到平民，都不買他的帳，甚至連杜蘭尼部族的人都不理他。舒賈國王不但無法幫助英軍保住阿富汗，相反地他的王位完全要靠英軍的刺刀來維持；加上英軍飛揚跋扈，酗酒行淫，搞得民怨沸騰。很快，整個阿富汗四處烽煙再起，各部族捕殺落單的英軍人員，襲擊英軍的補給線，還切斷了英軍的退路。

1841年11月，多斯特之子阿克巴爾領導喀布爾附近的阿富汗人發動了大起義，把當地的英軍包圍起來，切斷了對外聯繫，英國駐喀布爾的總督和司令都被殺死。英軍走投無路，只得答應撤離。於是英軍16000多人（其中士兵4500人）在1842年1月撤退。這下子，當年拿破崙在俄羅斯的滋味他們全嚐到了，忍飢挨餓，缺衣少食，還有阿富汗部族戰士不斷地追殺擾襲。掉隊的就是死，在隊伍周邊的也凶多吉少。最後，這些人中只有幾個人逃到了英軍駐紮的賈拉拉巴德城，2000餘人折返回喀布爾，100餘人被俘，其他的全都做了荒原上的冤魂。英國人的傀儡舒賈也在4月被當地人殺掉。

此後，阿富汗其他地方的英軍雖然在9月重新攻入喀布爾，大開殺戒屠殺了一批民眾，還把喀布爾的市場炸毀，算是出了一口惡氣。但他們見識了阿富汗人的厲害，生怕跟同伴一樣玩完，糟蹋完就趕緊在10月撤回了印度。於是多斯特重新成為阿富汗國王，第一次阿富汗抗英戰爭勝利結束。

英國殖民者這一番折騰，只是賠上了大批人頭和一個代理人，花掉了兩千萬英鎊軍費，半點的好處也沒撈到。世界頭號強國在這個混亂不堪的內陸國家，竟然嚐到失敗的滋味。他們生怕阿富汗從此倒向沙俄，因此挨了揍還要送上笑臉，趕緊和多斯特和談簽約。不過，從那時候起，阿富汗政府就拒絕英國使團進入喀布爾了。

英國和阿富汗之間的和平存在幾十年後又鬧翻了，那是1877年，英國和俄國正在歐洲尖銳對峙。俄國人為了牽制英國，就派了一支幾百人的使團衝進阿富汗，要和阿富汗國王希爾商量，請求讓俄軍借路穿過阿富汗攻打印度。

其實，整件事只是俄國的虛晃一招，英國和俄國很快在歐洲達成協議，俄國使團也都回去了。但英國人卻相當不滿：希爾你這個傢伙，我們大英帝國的使者你不允許進城，反而又跟俄國人勾搭，是可忍孰不可忍！11月，英軍兵分三路，再度殺入阿富汗境內。第二次英阿戰爭爆發。與近四十年前的第一次英阿戰爭相比，這回英軍的裝備更加先進，

上古時期 BC
漢
— 0
100 —
200 —
三國
晉
300 —
400 —
南北朝
500 —
隋朝
600 —
唐朝
700 —
800 —
五代十國
900 —
宋
1000 —
1100 —
1200 —
元朝
1300 —
明朝
1400 —
1500 —
1600 —
清朝
1700 —
1800 —
1900 —
中華民國
2000 —

他們有鐵路運送兵力和物資，有電報作為遠端通訊，還有加特林機關槍這種厲害武器。這樣一來，阿富汗人在正面戰場上敗得比上次更乾脆。希爾一見不妙，趕緊往北邊跑，想請俄國「兄弟」拉一把。但俄國原本只是藉阿富汗來牽制英國，要是真為了阿富汗和英國開戰，那不真成了傻子嗎？希爾見俄國翻臉不認人，活活氣死了。他的兒子雅各向英軍求和，簽署了喪權辱國的《岡達馬克條約》，同意阿富汗的對外關係由英國人控制，還把阿富汗的一部分領土和幾個重要山口劃歸英屬印度。

這個屈辱性的條約激怒了阿富汗人民。1879年9月，喀布爾人再度起義，殺死英國使者及衛隊70多人。英軍也勃然大怒，流放了國王雅各，更在喀布爾處死了大批阿富汗人。於是起義很快蔓延到全國。這一回，由於英軍準備得更充分，裝備也更精良，因此遭受的損失沒有上次大，但同樣被此起彼伏的阿富汗軍民打得暈頭轉向。1880年7月，希爾次子阿尤布在坎大哈城外擊潰英軍2500人，殺死其中1000人。沙俄也趁機煽風點火，支持希爾汗的侄兒阿卜杜・拉赫曼反抗英軍。

內外夾攻之下，英軍發現再在這個馬蜂窩裡待下去沒什麼好處，他們趕緊跟阿卜杜・拉赫曼談判，支持他當國王，還給他大批軍火和錢，條件是阿卜杜・拉赫曼要承認英國控制阿富汗的對外關係。雙方成交了。於是英軍在1881年撤出阿富汗。第二次阿富汗抗英戰爭結束。

此戰之後，阿富汗繼續夾在英、俄兩大帝國之間，難免受氣。俄國割走了阿富汗北邊不少土地，而英國官員杜蘭德則在阿富汗東部、北部邊境劃了一條「杜蘭德線」，把很多阿富汗人（普什圖人）的居住地劃到了印度那邊（今屬巴基斯坦）。不過，阿卜杜・拉赫曼總算在兩大國夾擊之間使阿富汗保有了基本獨立。相比其他亞洲國家的割地賠款，也算相對有尊嚴了。而這份底氣，是與阿富汗人的兩次浴血抗爭分不開的。

驚雷！天朝的崩潰

跟印度、波斯、土耳其、阿富汗等不同，清朝直到19世紀初，其所處的國家安全環境依然是風平浪靜，全國上下仍沉浸在天朝上邦的自我陶醉中。畢竟，相比那幾個難兄難弟，中國人口最多，傳統文化最悠久，民族矛盾、地區矛盾也沒那麼尖銳。但是，這好日子很快到頭了。

歐洲國家雖然不準備立刻出兵攻打中國，但他們盯的是中國幾億人口的龐大市場，一面收購中國的絲織物、茶葉、工藝品；一面也想向中國傾銷歐洲的工業品。哪怕只有百分之一的人買，那也是幾百萬啊！哪曉得中國小農經濟已經兩千年，慣於自給自足，一般人誰買那洋玩意？於是每年有大量的銀子從歐洲流入中國，卻沒多少從中國流出來。

歐洲奸商為了賺錢不要良心，你中國人不肯買工業品，那就給你們毒品鴉片好了。這鴉片一上癮，那是鬼迷心竅，傾家蕩產賣兒賣女也要買來抽啊！於是乎，罪惡滔天的鴉片貿易就這麼開始了。最初，鴉片賣得還不太多，可是到18世紀末，東印度公司專營印度鴉片業之後，輸入中國的鴉片量頓時暴漲。到19世紀前期，每年進入中國的鴉片達到上萬箱。煙霧繚繞中，一方面大批中國人淪為神情恍惚、皮肉鬆弛的行屍走肉；一方面中國的白銀嘩嘩外流。這麼下去，稍微有點頭腦的中國人都不能忍了。1838年，道光皇帝（1782—1850年）派林則徐（1785—1850年）為欽差大臣，到廣州去禁煙。林則徐扣押英國商人，收繳了鴉片2萬多箱，於1839年在虎門當眾銷毀。隨後，英國人發動了鴉片戰爭。

這是一場完全不對等的戰爭，中國當時的軍事裝備和技術，其實

BC
— 0 耶穌基督出生
— 100
— 200
— 300 君士坦丁統一羅馬
羅馬帝國分成兩部
— 400
— 500 波斯帝國
— 600 回教建立
— 700
— 800
凡爾登條約
— 900
神聖羅馬帝國建立
— 1000
— 1100 十字軍東征
— 1200 蒙古第一次西征
— 1300 英法百年戰爭開始
— 1400
哥倫布發現新大陸
— 1500
英國大破無敵艦隊
— 1600
— 1700 發明蒸汽機
美國獨立
— 1800
美國南北戰爭開始
— 1900
第一次世界大戰
第二次世界大戰
— 2000

比奧斯曼、波斯乃至阿富汗都要落後。清政府竭盡全力，抽調了10萬軍隊參戰，但這10萬人分佈在漫長的海防線上，一調動就需要翻山越嶺長途跋涉，而數千的英軍卻可以快速從海上機動調動，在局部戰場以多打少。清軍的炮既重，威力又小，射程近，而且難以轉動，面對英軍的艦炮就是固定靶。在登陸之後，清軍的火繩槍比英軍的滑膛槍射程近很多，清軍也只能遠遠地挨揍。更糟糕的是，在制度上近代化英軍的入侵士氣遠遠高於封建社會沒落渙散的清軍，往往英軍一個刺刀衝鋒，清軍全線潰逃，只留下主將或戰死、或自殺。每場戰鬥下來，英軍往往僅陣亡數人，傷數十人。

總之，英軍所向披靡，清軍節節敗退。1842年，清朝被迫簽訂了近代史上第一個不平等條約——《中英南京條約》，賠款2100萬銀元、割讓香港島、開設通商口岸、准許英國人自由經商、關稅雙方商定、英國人的訴訟由英國處理。賠款不算什麼，還要割地；割地了沒完，還要喪失經濟、法律自主權。英國之外，美法等國也接踵而來，紛紛撞開了中國的門戶，中國從此逐漸淪入半殖民地半封建化社會的深淵。鴉片貿易也更加猖獗，1842—1849年年均進口3.3萬箱，50年代即達到年均五、六萬箱，僅這二十年裡，外流白銀就達4億兩以上。

大清朝原本已是病入膏肓，哪裡還頂得住這樣的折騰？隨著外國商品湧入，朝廷因財政吃緊便加重賦稅，導致農村破產，民不聊生。

1851年，洪秀全領導了「太平天國」起義，很快席捲半個中國。1853年太平軍佔領南京，定都於此。清軍費了九牛二虎之力，直到1864年才攻克南京，將太平天國鎮壓下去。太平軍餘部與捻軍合流，又轉戰各省好幾年，到1868年才告覆滅。十多年間，清軍與起義軍彼此廝殺，半壁江山處於混亂之中。

禍不單行，1856年英、法又挑起了第二次鴉片戰爭。這一回清軍也打了幾次稍微像樣的仗，但終究還是不敵船堅炮利。很快英法聯軍攻入北京，焚燒了圓明園，又迫使清政府簽訂了《天津條約》《北京條約》，無非是割地、賠款、增開通商口岸、開使館、准許洋人「遊覽」全國、准許做生意和傳教，還有最惠國待遇和領事裁判權等。令人髮指的是，鴉片貿易也成了合法貿易。當初，被康熙在雅克薩揍回去的沙皇俄國更是趁火打劫，逼著中國簽下了一連串條約，二十餘年間，從中國東北、西北割走了150多萬平方公里的領土。轉眼之間，偌大個天朝上國，竟然成為人人操刀宰割的魚肉。上層的有識之士開始謀思變革——洋務運動開始。他們買了一批機器，開了一批工廠，辦了一批學校，造了一批槍炮，送出了一些留學生。清朝還專門建立了「總理各國事務衙門」，放下天朝上邦的架子，把國際外交當成大事來辦。

不過，這些搞洋務的大人們始終堅持「中學為體，西學為用」理念。簡單說，就是光羨慕洋人的槍打得遠，想弄些這種槍來，繼續維持清朝的封建統治，讓愛新覺羅家族繼續把滿朝文武當奴才，把全國軍隊當打手，統治老百姓。這樣的想法很天真。

沒多久，檢驗洋務運動的時刻到了。首先在西北，沙俄和英國支持浩罕汗國的大將阿古柏入侵新疆，建立了所謂的哲德沙爾汗國，沙皇俄國更趁機佔領了伊犁。1775年，清政府派左宗棠率大軍西征，左宗棠所向披靡，打得阿古柏滿地找牙，1778年初即收復大半失地。俄國見左宗棠這麼厲害，只得在1881年交還伊犁。這一仗保家衛國，耀武揚威。

接著，法國也上門踢館來了。原本越南是清朝的藩屬國。法國從19世紀中葉開始入侵越南，70年代更強迫越南簽訂了賣國條約。清朝對此當然不予承認，法國一瞪眼：不承認？那就連你一起揍！1883年，中法戰爭正式開打。這一仗，清軍開頭吃了不少虧，後來還真扳回來幾場，尤其是「鎮南關大捷」，打得法國的茹費理內閣直接垮臺了。結果呢，大臣李鴻章（1823—1901年）覺得打了勝仗，正好趁機求和，於是在1885年跟法國簽訂條約，不但把越南讓給了法國，還在中國西南邊界開放貿易，開闢通商口岸。法國戰場上沒贏，卻在談判桌上什麼都撈到了，那還有何話說？當然，清朝這一仗畢竟把號稱歐陸第二強國的法蘭西打得沒了脾氣，雖則丟了個早已名存實亡的藩屬國越南，好歹自家沒割地、沒賠款，相比之前的兩次鴉片戰爭那是「光榮」多了。

19世紀到20世紀初的東南亞

這百餘年裡，印尼繼續被荷蘭統治。馬來亞繼續作為英國勢力範圍，英國在該地區先後建立了「海峽殖民地」和受英國保護的「馬來聯邦」。英國還從菲律賓（西班牙勢力）和汶萊（葡萄牙勢力）處奪得了婆羅洲北岸地區。1888年，汶萊成為英國保護國。

1910年，英國正式確立了對馬來群島的統治模式。菲律賓在19世紀末爆發獨立革命，後來趁美國和西班牙打仗之機，菲律賓取得獨立，建立共和國。誰知美、西簽約之後，西班牙把菲律賓讓給美國，於是美國又出兵把革命鎮壓下去，菲律賓在1901年淪為美國殖民地。

緬甸從1824年開始遭到英國入侵，到1885年被英國完全佔領，成為英屬印度殖民地的一個省。柬埔寨在1863年淪為法國保護國。越南從1856年起遭到法國逐步入侵，1873年法軍攻陷河內，1883年強迫越南為保護國，1884年控制越南全境。1893年，老撾也淪為法國保護國。至此，整個中南半島只剩下泰國還保持著獨立。泰國能保全的原因，一是王朝統治者比較開明，趕在侵略者打過來之前積極和西方各國建立外交關係，進行社會和經濟改革；另一方面則是英國和法國決定把泰國作為英占緬甸和法占交趾之間的緩衝區。

洋務運動之後，中國南北兩場勝利，挫敗了英、法、俄三國圖謀，果真是脫胎換骨！當然，中法戰爭也讓清政府進一步看到了他們和西方強國的差距。為此，他們繼續引入西洋槍炮和訓練課程，訓練出幾支有模有樣的陸軍，甚至還透過「購買為主，自造為輔」的方式，組建了一支進入了世界排名前十的艦隊——北洋水師（亞洲第一，世界排名第八，美國第九、日本第十。同時，清朝對臺灣也單獨設省，加強建設，如此這般，一個嶄新的大清朝將要站立在世界民族之林了！

但接下來，東邊的一個老鄰居向中國拔刀了。它就是日本。

BC
— 0 耶穌基督出生
— 100
— 200
— 300
君士坦丁統一羅馬
羅馬帝國分成兩部
— 400
— 500 波斯帝國
— 600
回教建立
— 700
— 800
凡爾登條約
— 900
神聖羅馬帝國建立
— 1000
— 1100 十字軍東征
— 1200
蒙古第一次西征
— 1300
英法百年戰爭開始
— 1400
哥倫布發現新大陸
— 1500
英國大破無敵艦隊
— 1600
發明蒸汽機
— 1700
美國獨立
— 1800
美國南北戰爭開始
— 1900
第一次世界大戰
第二次世界大戰
— 2000

維新！日本崛起

日本過去千餘年來與中國關係密切，多數時候學習中國，也有幾次和中國打仗但都沒占到便宜。如前所述，日本在19世紀時也是閉關鎖國，而且鎖得比中國還厲害。因為西方列強一開始都去對付中國這塊大肥肉了，因此日本也就比中國多享了十多年閉關鎖國的太平年。

這時候在日本內部，隨著經濟發展，出現了不少手工業作坊，所謂「資本主義萌芽」照樣在這個島國發芽富豪、商人成為強大的力量。而幕府的封建統治不僅阻擋了商人們繼續發財，也讓諸侯大名和武士們窮得掉渣。基層農民更不用說，他們日子太苦，不管何原因，都恨不得推翻幕府。你再閉關鎖國，幕府統治還是搖搖欲墜。

這時候，後起的西方強國——美國看準了日本這塊精瘦肉。1853年，美國將軍佩里率領幾艘軍艦到江戶。日本人頭一次看到黑色的近代軍艦，這麼大的船、這麼大的炮，嚇傻了。佩里威脅：要嘛你們開國和我們做生意，要嘛我就開炮！幕府將軍沒辦法，只得忍痛簽訂了《日美親善條約》，開放港口。英國、俄國、荷蘭等也紛紛與日本簽訂了「親善條約」。就這樣，兩百餘年的鎖國時代結束了。

外國人紛紛湧入日本，自然難免衝突。西南地區跟洋人接觸比較多的長洲、薩摩等地諸侯（大名）一開始便打出「尊王攘夷」的旗號，想把「洋鬼子」趕出去，為此甚至爆發了下關戰爭和薩英戰爭。毫無懸念，他們被洋人打得滿地找牙。不過，一旦見識到了洋人的厲害，他們立刻轉而向西方學習，引入先進技術，訓練現代化軍隊。長洲和薩摩結成同盟，準備武裝推翻德川幕府，擁護天皇進行改革。德川家族自然不肯放棄掌握了兩百多年的大權，也決心武力消滅倒幕派。兩家都在磨刀霍霍。

1867年，日本孝明天皇死去，太子繼位，即為明治天皇（1852—1912年）。次年，天皇宣布廢除幕府，罷免將軍德川慶喜。德川慶喜哪裡肯聽命，於是幕府軍隊和倒幕派展開大戰。1868年1月27日，倒幕軍5000人與幕府軍1.5萬人在京都附近的鳥羽、伏見展開大戰。德川軍隊人數雖然多，可用的都是舊式火槍，抵不過手持新式步槍的倒幕軍，火炮數量則只有對方的六分之一，於是大敗。1869年，擁護天皇的軍隊全殲了德川軍，統一日本。日本天皇當了幾百年傀儡，如今終於成為真正的執政者。此後，天皇政府又在1877年的「西南戰爭」中消滅了當初擁護他，如今已勢力龐大的薩摩藩軍閥西鄉隆盛等人，順利實現了中央集權。

天皇掌權之後，立刻開始變法，史稱「明治維新」，首先是政治上「廢藩置縣」，消滅封建諸侯（大名），把日本劃分為3府72縣，天皇集大權於一身。那些大名當初費勁地打倒了幕府，幫天皇奪回了大權，結果自個兒先犧牲了。在社會文化方面，維新政府學習西方文化，翻譯西方著作，訂立歐式法典，甚至把傳統節日都從陰曆改成陽曆。日本還引進近代工業技術，修建鐵路、公路，許可土地買賣，改革稅制，統一貨幣，開設銀行。同時大力發展教育，建立了8所大學，245所中學，53760所小學。軍事方面，陸軍學德國，海軍學英國，建立了一支具有近代化裝備和訓練，同時又具有武士道精神的精銳部隊。

相比中國來說，日本國家較小，船小好掉頭，行政效率更高，而且這個島國民族求生存的意志更加堅定，沒那麼多倫理道德糾纏，比中國更懂得變通，習慣向強者學習。還有一點，日本的基礎教育即使在德川時代也是很不錯的，西方人來之前，男子有一半識字，女人也有15%識字，這一點對於全民革新的推動太重要了。因此明治維新開始不久，日本很快面目一新，成為一個新興的近代化強國。

19世紀末，全球正在向帝國主義時代飛奔，要嘛吃肉，要嘛被別人當肉吃。日本人既然擠上了末班車，當然得找個下家來掠奪。左右瞧瞧，身邊的大清國膘肥體衰，剛好用來試試身手！1874年，日軍擾襲臺灣，結果被清軍揍了回去。看來招惹大清朝還不是時候，畢竟實力還剩不少。於是日本把目光投向了西邊的朝鮮。

再說李氏朝鮮，這會兒正是高宗李熙在位，由他的父親大院君李昰應掌握大權，照樣是閉關鎖國。朝鮮比中、日都貧弱，所以他們遭到西方炮艦叩門的時間也更晚，到1866年美國商船「謝爾曼」號才來武裝通商。朝鮮大院君真夠牛氣，用火攻船打跑了「謝爾曼」號。8月，法國軍隊進攻江華島，也被朝鮮擊退。1871年美國再度派軍艦前來問罪，朝鮮雖然在炮火下死傷慘重，最後還是頂住了。東亞老三表現出的抗入侵能力，居然比中國和日本強多了。

可是大院君卻在1873年被自家的兒媳婦、李熙的妻子閔紫英（史稱閔妃或明成皇后）轟下了臺。閔妃倒也是個女中豪傑，她執政之後一反閉關鎖國的政策，反而大舉開放。這時候，日本人來了。

1875年，日本軍艦「雲揚」號入侵朝鮮海域，炮轟要塞，屠殺村民。閔妃不是大院君，她預估朝鮮打不過日本，就去找宗主國清朝撐腰。可是清朝已經在內憂外患之下暈了頭，覺得多一事不如少一事，反而勸告朝鮮以和為貴。閔妃只好和日本談判，最後在1876年簽訂了《江華條約》。條約內容看上去很不錯，第一條就是：「朝鮮是自主之邦，和日本平等」，看上去友好，卻包含了一個大兇險：日本是要通過這一條，排除朝鮮對清朝的依附，言下之意「以後我打你，我欺負你，你不許找清朝幫忙了。」此外還有建立邦交、開關通商，以及准許日本船隻隨意進出朝鮮港口，測繪朝鮮航道等。和平友好的外衣下，是赤裸裸的侵略野心。

此後，日本人就在朝鮮半島上橫行起來了，還培養出一群親日派作為侵朝的馬前卒，甚至朝鮮的新軍也由日本人訓練。不過閔妃也不是一門心思抱日本大腿，她在李鴻章指點下又和美國等西方列強簽約，遏制日本的野心。清朝也開始留意朝鮮局勢，東亞兩強在朝鮮開始了明爭暗鬥。

1882年，朝鮮發生「壬午兵變」，大批士兵起義。日本正想渾水摸魚，結果清朝搶先一步派兵登陸半島，平息了變亂，穩定了局勢，使得日本人撲了個空。清朝藉著這個機會，光明正大地開始在朝鮮駐軍，閔妃也和清朝格外親密。這一回合，清朝完勝。

日本不甘失敗，又在1884年趁著中法戰爭打得激烈的時候，指使親日派開化黨人發動「甲申政變」，劫持李熙和閔妃，企圖控制朝鮮，驅逐清軍。清軍將領袁世凱（1859—1916年）當機立斷，率軍攻入王宮，救回了高宗和閔妃，剿滅開化黨人，再次挫敗了日本的陰謀。

這幾次戰爭清朝都占了上風，可是在善後談判上卻是節節退讓，北洋大臣李鴻章和日本首相伊藤博文（1841—1909年）簽訂了《天津條約》，清朝竟然從朝鮮撤兵，並承認日本在朝鮮和清朝擁有平等的權力。此後十年，清朝留下袁世凱駐紮在朝鮮，主要精力放在了收拾國內的爛攤子上；日本則在暗中磨刀霍霍，準備武裝進攻朝鮮；朝鮮閔妃則繼續改革開放，結交西方列強，讓朝鮮也發生了一些變化，電燈、照相機之類的新產品也被引入了。

1894年，日本再度動手。他們趁著朝鮮東學黨人「甲申起義」的機會，大舉出兵朝鮮，綁架高宗和閔妃，組織親日派的傀儡政權，污蔑清朝「阻撓朝鮮改革」「陰謀攻擊日軍」。7月25日，日本艦隊偷襲清軍運兵船，中日「甲午戰爭」正式爆發。朝鮮王室雖然被日軍控制，心中可向著清軍。被挾持的大院君和閔妃等人都悄悄派人給清軍通風報信，盼

BC
— 0 耶穌基督出生
— 100
— 200
— 300 君士坦丁統一羅馬
羅馬帝國分成兩部 — 400
— 500 波斯帝國
— 600 回教建立
— 700
— 800 凡爾登條約
— 900 神聖羅馬帝國建立
— 1000
— 1100 十字軍東征
— 1200 蒙古第一次西征
— 1300 英法百年戰爭開始
— 1400
哥倫布發現新大陸 — 1500
英國大破無敵艦隊 — 1600
發明蒸汽機 — 1700
美國獨立 — 1800
美國南北戰爭開始 — 1900
第一次世界大戰
第二次世界大戰
— 2000

望著清朝能大發神威，打敗日本。

遺憾的是，清軍卻對不起信任。雖然在這三十年的洋務運動中，清朝引進了一些先進技術，建立了幾支不錯的軍隊，但整個王朝從內到外的腐朽、落後、低效一如既往。皇室爭權奪利，官僚勾心鬥角，民眾麻木，統統照舊。不能用近代化的體制把國家民族真正統合起來，再多的人力、物力也是一盤散沙。以北洋海軍為例，剛建立時還算先進，可自1885年後近十年未曾添過新船、新炮。這時可是世界海軍飛速發展，更新換代的19世紀末啊，當年的新艦變成了過時貨，北洋海軍實力已被日本艦隊趕上。有人說慈禧太后挪用了海軍經費修頤和園，其實是個誤解。因為清政府根本沒有給海軍撥什麼經費，那筆錢本來就是地方上孝敬給老佛爺做壽用的，只不過走海軍經費的流程罷了。在其他官員看來，北洋水師不過是李鴻章的私兵，憑時麼要我們地方上籌款？而家財數千萬兩白銀的大富豪李鴻章，也沒說捐點出來把自己的刀磨快些。

戰場上，清軍打得也是亂紛紛，有人膽怯畏戰撒腿就跑，有人英勇殺敵身陷重圍，沒幾個回合，勇敢的將領都死光了，於是一觸即潰成為常態。1894年9月，清軍接連在平壤之戰和大東溝海戰中輸給日軍。從此，陸軍一潰千里，北洋海軍也保船避戰，把黃海制海權拱手相讓。戰火隨即向北推移，燒到了中國的遼東半島。1895年2月，劉公島失陷，北洋海軍全軍覆沒；3月，遼東清軍全線潰退，中國徹底戰敗。

4月，李鴻章與伊藤博文簽署《馬關條約》。在這個條約中，清朝賠償白銀2億兩，割讓了遼東、臺灣等地領土，更放棄對朝鮮的宗主權。後來，雖然在俄、法、德的干涉下，日本吐出了遼東，卻又被日方勒索了3000萬兩白銀作為所謂的補償。「天朝上國」過去數十年來被英、法、俄美列強欺凌倒也罷了，如今搞了三十年洋務，居然被小小的日本也騎到了脖子上，這讓人如何忍得？康有為、梁啟超、譚嗣同等一批志士看出問題來了，問題的根本在政治體制上，要救亡圖存，就必須學習西方的政治體制，變法維新。1898年，他們在光緒皇帝（1871—1908年）支持下開始了戊戌變法。可是，這場變革很快淪為光緒皇帝和慈禧太后兩個權力集團之間的鬥爭。光緒企圖藉助維新派力量向慈禧太后奪權，而慈禧太后輕輕一掌，就把光緒打翻在地。9月21日，慈禧發動政變，囚禁光緒皇帝，屠殺維新人士，大清朝自己的內部變革宣告失敗。

隨後，遭受清政府和外國勢力雙重壓迫的廣大的北方農民蜂擁而起，開始了義和團運動。他們大搞「神仙下凡附體」的那套封建迷信，指望著刀槍不入，驅逐洋鬼子。清朝一部分官員試圖靠這些狂熱的義民來反擊侵略，慈禧太后也隨之向全世界宣戰。而東南方部分地方大員覺得朝廷這是瞎胡鬧，私下和各國溝通進行「東南互保」。1900年，英、美、法、德、日、俄、奧、義八個強國組成聯軍，殺奔北京、天津而來。清軍和義和團進行了頑強抵抗，終於法術抵不過洋槍、洋炮，北京被攻了下來，慈禧太后只得求和。

1901年，清政府簽下《辛丑合約》，賠款本息合計9.8億兩白銀，劃定北京東交民巷為使館界，允許各國駐兵，不准中國人居住；嚴禁人民反對帝國主義侵略；拆毀天津大沽口到北京沿線設防的炮臺；允許各列強派兵駐紮在鐵路沿線要地。

淪亡至此，誰還能忍受？自此，清朝內部的革命起義風起雲湧，孫中山（1866—1925年）、黃興（1874—1916年）等人不斷起義，終於在1911年引發了辛亥革命，全國大半省份紛紛宣布獨立。這時，光緒皇帝、慈禧太后已死，當年的朝鮮英雄袁世凱如今已是北洋大臣，手握重兵，左欺清王室，右壓革命黨，逼迫清宣統皇帝溥儀（1906—1967年）退位。中華民國在1912年正式建立。此後，袁世凱企圖自己當皇帝，對清朝愚忠的張勳則想復辟清朝，他們都遭到了失敗，中國終於進入了共和時代。

BC
— 0 耶穌基督出生
— 100
— 200
— 300 君士坦丁統一羅馬
羅馬帝國分成兩部
— 400
— 500 波斯帝國
— 600 回教建立
— 700
— 800
凡爾登條約
— 900
神聖羅馬帝國建立
— 1000
— 1100 十字軍東征
— 1200 蒙古第一次西征
— 1300 英法百年戰爭開始
— 1400
哥倫布發現新大陸
— 1500
英國大破無敵艦隊
— 1600
— 1700 發明蒸汽機
美國獨立
— 1800
美國南北戰爭開始
— 1900
第一次世界大戰
第二次世界大戰
— 2000

然而，中華民國的建立並不意味著苦難的結束。歐美諸國繼續欺負中國；而國內，北洋政府和國民黨南北對峙，北洋內部和南方內部也有爭權奪利的現象，局面比清末沒有好到哪裡去。

中國苦難深重之時，日本則是春風得意。兩千年來，他們在中國的影響下自卑著，如今一朝翻身，滋味妙不可言。接下來，他們繼續昂首前進，尤其要先把朝鮮嚼碎了嚥下去。可是這時候，一個更龐大的敵手——沙皇俄國插了進來，公開支持朝鮮對抗日本。

1895年，朝鮮閔妃試圖聯絡沙皇俄國對抗日本，被日本浪人衝入宮中殘殺後焚屍。高宗李熙悲憤交加，在沙俄的庇護和朝鮮老百姓的支持下，殺死了一大批親日派，並於1897年稱帝，國名從「朝鮮王國」改名為「大韓帝國」。日本還想和沙俄商量，以支持沙俄併吞中國東北為條件，換取自己獨霸朝鮮。沙俄卻不同意，他要先占東北，再和日本平分朝鮮。兩頭野獸分贓不勻，只能開咬。

於是在1904年日俄戰爭爆發，戰火在朝鮮和中國東北蔓延。俄國整體實力強於日軍，然而畢竟遠隔西伯利亞，調兵遣將非常費事。加上俄軍戰術蠢笨，俄國國內又發生革命，經過一年多的慘烈血戰，日本居然打敗了俄國！雙方簽訂了《朴資茅斯和約》，不但朝鮮由日本獨佔，而且中國東北地區也是雙方均分勢力範圍。

世界叢林，強者為尊。日本既然能打敗沙俄，那麼也就正式拿到了列強的座席票，成為當時亞洲唯一的世界強國。此後，日本開始不斷地咀嚼，把朝鮮一點一點地吞進了肚子裡。

1910年，日本正式併吞朝鮮。

戰鬥吧！阿拉伯和勞倫斯

20世紀初，除日本外的亞洲各國苦難深重之際，歐洲也是戰雲密佈，各大強國間劍拔弩張。1914年6月28日，塞爾維亞人在塞拉耶佛刺殺了奧匈帝國的皇儲費迪南，火藥桶頓時點燃。8月初，同盟國的奧匈帝國、德國，協約國的俄國、法國、英國等紛紛宣戰，第一次世界大戰全面爆發。

「一戰」主要是歐洲幾大強國為了搶地盤、爭利益而爆發的，主要戰場也是在歐洲。但是亞洲國家想要獨善其身顯然是不可能的，很快他們也都捲了進來。

這裡面最積極的是已經躋身世界強國的日本。日本這些年跟英國結盟，歐戰一爆發，它馬上迫不及待地在8月23日也對德國宣戰。宣戰後幹什麼呢，派幾萬兵到歐洲去支援盟友？才不做這種傻事呢。日本一邊派出海軍跟英國艦隊聯合，滿太平洋地追擊德國遠東艦隊的幾艘船；另一邊，它出動大隊人馬直接去搶德國的勢力範圍——中國山東青島。德軍在青島只有幾千人馬，哪裡擋得住幾萬日軍？11月，青島的德軍投降。日本趁機強佔了中國山東。中國北洋政府再三抗議，誰理你！就這樣，日本盡情地打太平拳，只佔便宜，不冒風險。

強國能宰割別人，弱國就只能嚥下苦果。中國在大戰之初嚴守中立，卻無法阻止自己的國土被日本侵略。到1917年，中國加入協約國，派了20萬民工支援歐洲前線，流血流汗，犧牲很大。印度作為英國的殖民地，當然要出錢出人支持宗主國。於是，印度人千里迢迢地奔赴各大

上古時期 BC
漢
0
100
200 三國
晉
300
400 南北朝
500
隋朝
600 唐朝
700
800
五代十國
900 宋
1000
1100
1200
元朝
1300 明朝
1400
1500
1600 清朝
1700
1800
1900 中華民國
2000

戰場，投身到殘酷的大戰中，四年下來戰死了兩萬多人。

阿富汗倒是嚴守中立，沒有吃什麼虧。緊鄰歐洲戰場的波斯愷加王朝卻倒了大楣。那時候波斯已經發現了大片油田，黑乎乎的石油讓人眼紅。因此俄國兵從北邊南下，土耳其和德國兵從西邊過來，英國兵從東邊經過阿富汗過來，幾家在波斯大打出手。所謂神仙打架，凡人遭殃，不過如此。經過幾次大戰，同盟國的軍隊被轟了出去。

被捲入程度最深的，還要數亞、歐交界處的奧斯曼土耳其帝國。近一個世紀，同盟、協約兩大陣營中的國家都欺負過土耳其，但欺負得最狠的莫過於協約國的沙皇俄國。相反，同盟國的老大德國本身統一很晚，倒是沒怎麼欺負過土耳其。德皇威廉二世還口口聲聲德國是奧斯曼的好朋友，甚至專門給七百年前的阿拉伯英雄薩拉丁送了大理石棺材，對土耳其也很夠意思，把兩艘新式軍艦也送給了土耳其。這麼一來，奧斯曼土耳其決定跟德國做好朋友。

1914年10月，土耳其派出了德國贈送的軍艦，揍掉了老對頭俄國海軍的幾顆大牙。日薄西山的奧斯曼帝國正式加入了同盟國一方。協約國想不到這個「歐、亞病夫」竟敢和自己作對，當即調兵遣將前往土耳其想教訓教訓。土耳其此時已經換上了青年黨執政，心想我們再也不是當初那個腐朽落後、任人宰割的封建國家了，何懼你們這些帝國主義！

他們調兵遣將跟協約國對抗。奧斯曼土耳其當時的領土已經不太多了，歐洲的伊斯坦布爾等一點地盤和小亞細亞算是土耳其人的基本地盤，另外還佔據著今天的伊拉克、敘利亞、黎巴嫩、巴勒斯坦、沙特西部等阿拉伯地區。土耳其的邊境四面烽煙不絕。比如前面說的，在東邊跟英國、俄國爭奪波斯，在北邊的高加索、黑海一帶和俄軍進行拉鋸戰。

西邊也打起來了。英國、法國在1915年派出一支強大的艦隊，掩護著大批陸軍，向歐、亞交界處的達達尼爾海峽進攻，企圖把土耳其切成兩段。土耳其軍隊在德國顧問的指點下，堅守海峽。英、法海軍逼近陸地，萬炮齊轟，土耳其就布下水雷，炸沉炸傷不少敵艦；英、法軍派出掃雷艦開路，土耳其就趁敵軍掃雷艦過去後，抓緊再布下一批；英、法陸軍在岸邊登陸，土耳其就在山頂佈陣，居高臨下，迎頭痛擊。曾經被歐洲強國藐視的土耳其陸軍，如今堅守陣地，使協約國軍隊寸步難行。經過半年的激戰，雙方各自損失10多萬人，協約國軍隊被迫撤退。這一戰，土耳其軍隊以勝利贏回了榮譽，負責指揮的將軍凱末爾（1881—1938年）成為民族英雄。而協約國方面則受到很大震盪，第一海務大臣費希爾辭職，力主此次戰役的海軍大臣溫斯頓·邱吉爾下臺，前線指揮官漢密爾頓將軍從此退役。

真正打得厲害的還是南邊。協約國無法直接攻入土耳其核心領土，就分兵進攻阿拉伯地區。英國派了一支兵馬，從波斯灣北上，企圖攻克巴格達。這支軍隊在伊拉克沙漠裡傻傻地一路狂奔，最後被土耳其軍隊包圍在庫特伊馬拉，彈盡糧絕，水也喝光了，只好在1916年4月投降。

1917年，英軍在波斯灣方向投入12萬大軍，進攻由3.5萬人防守的巴格達，雖然最終得勝，卻傷亡了4萬人，還有大批人病死、渴死、熱死，連司令官莫德將軍都死了。

土耳其和英國還在亞、非交界的西奈沙漠拉鋸著。先是土耳其軍隊從巴勒斯坦向埃及進攻，被英軍打退。接著英國軍隊從埃及向巴勒斯坦反攻，又被土軍打退。雙方你來我往，反覆爭奪了幾個回合，都沒占到便宜。1917年3月，英國4萬大軍向加沙發動進攻，卻兩次被數千人的土耳其軍隊打退，損失上萬人。眼看這麼下去，英軍在西亞還不知道要損失多少兵力。

幸虧這時，英國在中東方面的總司令換成一個叫艾倫比的厲害人物。艾倫比到達埃及後，親臨前線觀察地形，得出結論：要從埃及進攻西亞，必須先佔領水源地比爾謝巴，這樣才能讓大軍有水可以喝，也足夠支撐穿越沙漠的需求。於是，艾倫比先做出要繼續猛攻加沙的架勢，誤導土軍把主力都調去防守，然後在1917年10月以8萬大軍的力量向比爾謝巴發動突襲，僅用一天就拿下了這一水源地。佔領水源地之後，在沙漠裡打仗就有了保障。艾倫比隨後分兵進擊，佔領交通樞紐，切斷了土軍退路。到12月9日，攻佔了聖地耶路撒冷。同時，艾倫比還充分利用了阿拉伯人反對奧斯曼土耳其帝國的起義。

20世紀初，在整個阿拉伯地區，反對土耳其的起義已經風起雲湧。「一戰」爆發後，英國更是出錢出槍支持阿拉伯人造反。1916年，阿拉伯領袖侯賽因・伊本・阿里（1854—1931年）發動大起義，在1916年10月宣布建立「阿拉伯王國」，阿里自稱國王。英國軍官勞倫斯（就是「阿拉伯的勞倫斯」）奉命去當阿里的軍事顧問，指揮阿拉伯人大打游擊戰，四處煽風點火，搶佔城市，切斷鐵路，把土耳其的西亞防區攪成了一攤爛泥，搞得土軍焦頭爛額，有力地配合了艾倫比的進攻。

雖然英軍、阿拉伯聯軍在1917年底取得了中東地區的勝利，但在整個戰局上，由於俄國爆發十月革命退出戰爭，協約國失去了一個大塊頭盟友。這樣一來，土耳其在高加索方向的壓力頓時沒了，不但把不少軍隊調到中東，還趁勢搶佔了亞美尼亞、格魯吉亞、阿塞拜疆等高加索地區。德軍也得以把大批軍隊從東線調到西線，協約國在戰爭西線的壓力大大增加，中東的英軍也被抽調不少去支援法國。這麼此消彼長，接下來的幾個月，艾倫比停止進攻，土耳其也得以暫時固守防線。

協約國的困難是暫時的。等到1918年美軍大舉登陸歐洲，協約國立刻恢復了進攻，中東局勢也隨之轉好。1918年9月，艾倫比一面佯攻約旦河谷，一面令勞倫斯和阿拉伯游擊隊在敵後到處奇襲，分散土耳其和德國人的注意力。隨後，艾倫比在地中海岸邊發動突襲，一舉突破土軍防線，然後切斷了土軍的退路。短短幾天，土耳其的主力便被摧毀了。英軍在阿拉伯起義軍配合下，38天推進560多公里，奪取了整個巴勒斯坦、黎巴嫩和敘利亞，殲滅了在西亞的土軍，光俘虜就抓了7萬多人，自己傷亡卻不到5000人。奧斯曼土耳其帝國在阿拉伯地區的幾百年統治也宣告結束。

這段時間，在其他戰場上協約國也是節節進逼。10月30日，奧斯曼土耳其帝國宣布投降。又過了十來天，奧匈帝國、德國先後投降，第一次世界大戰以協約國集團的徹底勝利而告終。對於亞洲各國來說，「一戰」影響巨大。在英、法等國被打得焦頭爛額之際，日本沒付出多少代價就撈了大筆好處，不但位列戰勝國五強，而且成為世界海軍第三強國，實力和野心都進一步膨脹了。

印度在戰爭中大力給宗主國英國輸血，希望英國看在自己恭順的份上，戰後給予自治權，結果卻被英國玩了，戰後遭到變本加厲的奴役。

波斯在戰前是英國、俄國瓜分之地，戰後俄國崩潰，就被英國一家獨占。1921年，英國支持波斯大將禮薩汗（1876—1944年）發動政變，掌握大權。1925年，禮薩汗廢黜了愷加王朝國王，自稱國王，建立了巴列維王朝。

中國雖然加入協約國也是個「戰勝國」，卻依然逃不脫被欺侮的命運。在巴黎和會上，在英、法的操縱下，竟然把戰前德國在中國山東霸佔的權益轉讓給日本。中國民眾非常憤怒，由此爆發了五四運動。後來，在一貫主張「門戶開放」的美國主持的華盛頓和會中通過「九國公約」，中國才收回了山東主權。儘管如此，日本依然在中國橫行霸道，步步進逼。作為戰敗國的奧斯曼土耳其，結局更為悲慘。中東的地盤當然要全部交出，不但如此，協約國還想把整個土耳其徹底瓦解，瓜分土耳其剩下的一點地盤——色雷斯、君士坦丁堡和小亞細亞。

英國、法國、義大利、希臘等國都想要分一杯羹。協約國軍隊分路進入土耳其，控制軍事要地，奧斯曼皇室的蘇丹穆罕默德六世成為協約國的傀儡。眼看雄霸數百年的國家就要亡國滅種，土耳其人的憤怒之火也被點燃了。他們在協約國的刺刀下不屈不撓地反抗。1920年，他們成立了土耳其國民大會，並在凱末爾等人的率領下發動獨立戰爭。區區一個二等戰敗國要反抗戰勝國集團，談何容易？幸好，北邊來了一個朋友——蘇俄。蘇俄正遭到協約國的圍攻，與土耳其同病相憐。他們向凱末爾提供了大批武器援助。這下凱末爾有了精神，在東邊打敗亞美尼亞，在西邊打敗希臘，在南邊更打退了法國人的進攻。一時間，協約國連連驚呼，彷彿幾百年前那個旋風般的土耳其又回來了。國際政治就是這樣，尊重不是別人賜予的，而是靠自己的力量爭取的。凱末爾領導的土耳其展示了如此強悍的戰力，協約國也不得不掂量掂量一下。

1923年，雙方簽署《洛桑條約》，協約國承認土耳其是一個主權國家，土耳其也保住了在歐洲和小亞細亞一帶的領土。不過，蘇丹穆罕默德六世因為甘願當協約國奴才，因而被國會廢黜。至此，奧斯曼帝國結束，土耳其成為共和國。

那麼，在「一戰」中配合英軍大戰奧斯曼土耳其的阿拉伯人，他們的命運又如何呢？很不幸，棋子就是棋子。侯賽因・伊本・阿里起義的初衷，是希望在趕走土耳其人後，建立一個統一的阿拉伯國家。很多阿拉伯人也都有此希望，他們在1918年成立了「阿拉伯政府」。可是，協約國列強是不會允許一個統一的阿拉伯國家存在的，控制該地區在軍事上極為重要，而該地區又那麼富有石油，更何況，阿拉伯半島的其他勢力，比如沙特王室也不肯放棄自己的地位。

於是，在協約國的大棒下，阿拉伯地區被分割成了十多個國家，大部分國家的實際控制權依舊掌握在歐洲列強手中。像非洲的阿爾及利亞、突尼斯、摩洛哥繼續被法國控制，利比亞繼續被義大利佔領，埃及還是在英國手中。西亞部分，費沙爾本來已經被推舉為敘利亞的國王，可協約國最終商定，敘利亞仍是法國人的地盤。於是，1920年法軍向敘利亞推進，用大炮和機槍屠殺這些兩年前還是並肩抗敵的戰友，把費沙爾轟了出去。英國為了安撫昔日的盟友費沙爾，讓他當了伊拉克的國王，費沙爾的兄弟阿卜杜拉則成為外約旦（今巴勒斯坦和約旦）的國王。當然，這些國家都是英國的附庸國。阿拉伯人的獨立夢想遭到了踐踏，這不僅讓很多阿拉伯地區的仁人志士心懷悲憤，就連當初與他們同生共死的勞倫斯也非常氣憤，拒絕擔任總督一職，選擇隱居避世抗議。

反抗！暴力與非暴力

第一次世界大戰打完了，歐美列強經過了重新一輪的洗牌，亞洲大部分地區依然慘遭奴役。然而，經歷過「一戰」洗禮的亞洲國家，不會再心甘情願乖乖地去當奴隸了。他們分別用各自的方法，奏響了自強的進行曲。

最先獲得成功的是阿富汗。前面說過，阿富汗在19世紀的兩次抗英戰爭，都讓世界老大約翰牛啃掉了一地大牙，後來英國是用類似外交欺詐的手段，才把阿富汗變成自己的保護國。等到1919年2月，阿曼諾拉繼承了阿富汗的王位，覺得幾十年前就被英國佬耍了，不能再這麼傻傻地當英國人的跟班。他宣布，阿富汗獨立了！

大英帝國好歹是個戰勝國，還是世界領袖，哪裡能說放就放？5月，英軍浩浩蕩蕩地開進了阿富汗，阿富汗軍隊毫不含糊，迎頭痛擊，第三次英阿戰爭爆發。大英帝國在瓦濟里斯坦戰役中被阿富汗人打敗，塔勒要塞也被包圍。巴基斯坦一帶的普什圖族也紛紛發動抗英起義，印度國內的民族解放運動也此起彼伏。英國前後受敵，打了沒幾個月，雙方停戰。1921年，英國正式承認阿富汗獨立。

另一位獨立英雄是波斯的禮薩汗，雖然他是靠著英國支持的政變獲得了權力，但是他不甘心當英國的傀儡，掌權不久就跟蘇俄建交，廢除了以前沙俄跟波斯簽訂的各種不平等條約。跟蘇俄搞好關係後，禮薩汗廢止了尚未被批准的英國和波斯協定，把英國人從波斯政府和軍隊中轟了出去，解散了被英國控制的波斯軍隊。禮薩汗又在1928年廢除了治外法權，收回了關稅自主權，成立了國家銀行，從英國人的銀行贖回了鈔票發行權。

1931年他更頒布法令，禁止外國人在波斯佔有農業土地，接管了國內的電信線路，宣布國家壟斷對外貿易。1932年，波斯又從英國公司手中收回了部分油田開採權，大幅提升了英國公司繳納的稅率。

除了從英國人手中奪回各種權力，禮薩汗還以土耳其總統凱末爾為榜樣，大搞改革。他限制教會的權力，由國王派遣總督治理全國各省，加強中央集權制度，推行司法、行政改革。他改革教育，開辦各級世俗學校，允許婦女進入國家機關工作和上大學，邁出了男女平等的第一步。他興建企業，大辦工廠，修建公路、鐵路。1935年，波斯王國更名為伊朗王國（意即雅利安人的王國）。當然，禮薩汗這麼一來，英國人是不大滿意的，所以1941年就以「勾結德國」為名逼得他退位流亡了。

西亞的沙烏地阿拉伯在國王阿卜杜勒·阿齊茲的率領下，1927年脫離英國的統治，獲得獨立，並在1932年宣布統一全國。伊拉克也在1932年獨立。其他西亞的阿拉伯國家還在英、法統治下，如巴林、卡塔爾、科威特、約旦、葉門、阿曼等是英國的殖民地或保護國，敘利亞、黎巴嫩等則屬法國的勢力範圍。

亞洲中西部的阿富汗、伊朗、沙特、伊拉克凱歌高奏，南亞次大陸也是風起雲湧。前面說過，印度是英屬殖民地中最肥的一塊肉，素來被英國看重。當時的英國在世界上的其他幾塊殖民地，如南非、澳大利亞、加拿大、紐西蘭，早在「一戰」前就已經獲得了自治權，成為「自治領」，「一戰」中因為出兵支援英國打仗有功，在戰後均獲得準獨立國家的地位，成為「英聯邦」成員。印度人眼看其他英屬殖民地紛紛贖了身，也不禁想爭取自由。

不過印度比較和平，不想像阿富汗那樣動刀動槍，他們就舉行和平請願。哪知道，手無寸鐵的和平請願也是大罪。1919年4月13日，旁遮普

BC
0 耶穌基督出生
100
200
300 君士坦丁統一羅馬
羅馬帝國分成兩部 400
500 波斯帝國
600 回教建立
700
800
凡爾登條約
900
神聖羅馬帝國建立
1000
1100 十字軍東征
1200 蒙古第一次西征
1300 英法百年戰爭開始
1400
哥倫布發現新大陸
1500
英國大破無敵艦隊
1600
發明蒸汽機
1700
美國獨立
1800
美國南北戰爭開始
1900
第一次世界大戰
第二次世界大戰
2000

省的阿姆利則市，兩萬多印度人在廣場集會，反對英國殖民政府的《羅拉特法案》（規定只要殖民政府懷疑誰，就可以任意逮捕誰，無須審判而長期監禁），並抗議他們逮捕兩名印度社會活動家。結果英軍開來裝甲車堵住廣場入口，命令廓爾喀和錫克士兵對人群開槍。剎那間槍聲大作，印度群眾自相踐踏，死幾百人，傷一千多人。

阿姆利則慘案激怒了印度人。這時候的印度國大黨領袖是莫罕達斯・卡拉姆昌德・甘地（1869－1948年，即聖雄甘地）。這位出生在第三等級種姓吠舍的印度知識分子，決心帶領全國人民，採用「非暴力」「不合作」的手段與英國抗爭。具體怎麼做呢？那就是印度人都和英國政府斷絕關係：不跟英國人做生意，不向英國納稅，不做英國殖民政府的官，不到英國人的學校上學，不買英國貨。另外，就是絕食、靜坐、集會。總之，你手裡頭有槍我惹不起，但我和你老死不相往來，當你是空氣！

甘地為了帶頭做榜樣，在1920年辭去了英國政府授予他的勳爵和勳章。隨後，印度人中當官的辭職，學生退學，全印度掀起了轟轟烈烈的非暴力不合作潮流。英國人頓時焦頭爛額，人仰馬翻。甘地一再強調，一定要非暴力，英國軍警要抓人，讓他們抓去，不要反抗，更不要起義！我們是文明的印度人！

甘地很為這個「非暴力」戰略驕傲，可是下層的老百姓一旦開始反抗，誰能保證打不還手啊？1922年2月5日，聯合省（今北方邦）戈勒克布爾縣喬裡喬拉村的幾千位農民發生暴動，燒死了22個員警。甘地聽說後非常悲痛，覺得自己的「非暴力運動」被玷辱了。他趕緊讓國大黨通過決議，譴責這種暴力行為，並無限期地停止「非暴力不合作運動」。英國人一看高興極了，馬上把甘地逮捕入獄，第一次「非暴力不合作運動」被鎮壓下去了。

過了幾年，世界性大規模經濟危機發生，英國是牆內損失牆外補，就加緊搜刮印度。印度國大黨在1930年發動了第二次「非暴力不合作運動」。當時英國殖民政府在印度實行食鹽專營，幾億印度人吃鹽全得買英國人的，這一個月就得多少錢啊！甘地就帶著一群印度人跑到海邊，自己動手用海水煮鹽。當時，甘地已經60歲了，由於多次絕食抗爭，身體很差。可他堅持參加繁重的煮鹽勞動，讓印度群眾非常感動。在甘地的領導下，印度全國的「非暴力不合作運動」再次風起雲湧。

眼看印度人厲害，英國總督歐文趕緊把甘地找來說：老兄啊，我們英、印是一家，何必鬧得這麼不愉快呢？這樣吧，大家各退半步，你們國大黨別再鬧了，我們也不再欺負你們了，好不好？甘地也正擔心印度老百姓把「非暴力不合作運動」變成武裝起義，他不跟國大黨的戰友們商量，便和歐文簽訂了《德里協定》。

簡單說，甘地同意完全停止正在進行的「非暴力不合作運動」，並派代表參加倫敦的會議。英國則恢復國大黨的合法地位，釋放大部分政治犯，停止戒嚴，不再鎮壓印度的群眾運動。至於食鹽經營，照樣由英國殖民政府壟斷。對於這個協定，甘地在國大黨的戰友們大部分都反對，覺得英國人讓步太少，印度讓步太多。這時候，甘地拿出自己的威望，說服大家同意了協定。

在其他被殖民的國家，反抗的烈火也越燒越旺，一不留神就噴發而出。當地上層精英分子建立了資產階級政黨，尋求獨立、自治。荷蘭佔領下的印尼，1926年爆發了雅加達起義，1927年爆發了蘇門答臘起義。1930年越南的胡志明得到了蘇聯的協助，組建了印度支那共產黨，開始在越南北部地方反抗殖民政府。一些宗主國也被迫採取措施放寬對殖民地的壓迫。比如美國在1935年建立了菲律賓自治政府；英國在1937年同意緬甸人自治，緬甸脫離英屬印度，由倫敦直轄。

BC
0 耶穌基督出生
100
200
300 君士坦丁統一羅馬
羅馬帝國分成兩部
400
500 波斯帝國
600 回教建立
700
800
凡爾登條約
900
神聖羅馬帝國建立
1000
1100 十字軍東征
1200 蒙古第一次西征
1300 英法百年戰爭開始
1400
哥倫布發現新大陸
1500
英國大破無敵艦隊
1600
發明蒸汽機
1700
美國獨立
1800
美國南北戰爭開始
1900
第一次世界大戰
第二次世界大戰
2000

怒吼！中日大決戰

對比尚在為獨立而戰的亞洲兄弟們，已經崛起的日本也有它的煩惱。

前面說過，日本藉由「一戰」獲得了世界五強之一的地位，可是它畢竟是一個領土狹小的島國，資源缺乏，雖然占了朝鮮、臺灣，那也沒增加多少地盤。在國際上仍主要由美國、英國、法國三家主導，日本這個五強之一只是個跟班，日本謀求更大發展的「英日同盟」，也被美國三拳兩腳給拆散了。

另一方面，日本軍方的力量很強。西方國家是軍隊聽內閣的，日本內閣卻要受軍隊制約，中下級軍官更是有「下克上」的傳統。野心勃勃的軍方一心想對外發動新的侵略戰爭，什麼法律統統被當成放屁，甚至敢不顧上級命令擅自行動，發動兵變也不稀罕。軍國主義的日本一步一步地走上了戰爭的危險道路。

日本要擴張，哪個目標最合適呢？當然是鄰近的中國囉！地大物博，資源豐富，卻又積貧積弱，內戰不絕。早在日俄戰爭之後，日本便從清政府手中獲得了在東北「南滿鐵路」沿線駐軍的權力，還在中國的大連（日本叫「關東州」）駐紮了一支軍隊，即「關東軍」。日本「滿洲鐵路株式會社」更是把勢力深入東北。1931年9月18日，日本關東軍和在朝鮮的日軍突襲東北，十幾萬東北軍或等死，或一槍不發退入了華北，僅有少數將領堅持了抵抗，但很快也一一失敗，日本狼吞虎嚥地把整個東北吞了下去。

這一口咬下來，國民政府卻只知道不斷抗議。日本軍閥的野心和胃口被大大地刺激了。隨後幾年裡，他們繼續不斷向中國挑釁，發動了一個又一個事變，國民政府繼續節節退讓。於是，上海由日本駐軍了；熱河、察哈爾紛紛淪陷；華北成為「緩衝區」，日本大批駐軍……日本還建立了一個偽「滿洲國」，把清朝末代皇帝溥儀立為傀儡「皇帝」。面對日本的飛揚跋扈，中國一味忍氣吞聲，簡直要到了亡國滅種的關頭。

日本這麼橫，民國的實際掌控者蔣介石在做什麼呢？牆內損失牆外補，他在忙著玩「統一」，對共產黨及紅軍不斷發動圍剿。

外有日本人節節進逼，內有共產黨，怎麼辦？蔣介石還是老一套，「攘外必先安內」。他逼著東北軍張學良、西北軍楊虎城等去圍剿陝北紅軍，反正不管哪一方消耗了都是好事。可張學良、楊虎城也不傻，尤其是張學良自從放棄東北、華北，他手下的東北軍將士們都一心想打回老家去，誰樂意跟紅軍玩命啊！幾仗下來，東北軍被紅軍連著吃掉好幾個師。蔣介石可不管，還親自飛到西安逼著東北軍繼續拼。1936年12月12日，張學良、楊虎城發動「兵諫」，把蔣介石抓了起來，迫使他同意了停止內戰、一致對外抗日主張。這樣，持續十年的「土地革命戰爭」結束。整個中華民族再度站到一起，準備抵禦外辱，保家衛國。

對中國的變化，日本人不以為然。1937年，他們照老法子又發動了「七七事變」，企圖把華北吞進肚子。日本軍閥滿以為，這無非是過去幾年重複多次的戲碼再演一次而已。可是這一回中國不再一味退讓。共產黨通電全國奮起抵抗，蔣介石也出動軍隊搶先進攻駐紮在上海的日軍，中國的抗日戰爭全面爆發。

從此，日本侵略軍深陷中國抗戰泥淖。中國民眾儘管承受了巨大的犧牲，卻在這血與火的洗禮中，逐漸錘煉出了現代中國人響噹噹的民族氣質，堅持到了世界大戰的全面爆發。

日本入侵中國，本想是再割一大塊肥肉，沒想到打成了虧本買賣，

BC
— 0 耶穌基督出生
— 100
— 200
— 300
君士坦丁統一羅馬
羅馬帝國分成兩部
— 400
— 500 波斯帝國
— 600
回教建立
— 700
— 800
凡爾登條約
— 900
神聖羅馬帝國建立
— 1000
— 1100 十字軍東征
— 1200
蒙古第一次西征
— 1300
英法百年戰爭開始
— 1400
哥倫布發現新大陸
— 1500
英國大破無敵艦隊
— 1600
— 1700 發明蒸汽機
美國獨立
— 1800
美國南北戰爭開始
— 1900
第一次世界大戰
第二次世界大戰
— 2000

眼見軍費花了幾百億，橡膠、石油等戰略物資也不斷消耗，國際上還遭到批評，接下來怎麼辦呢？一個法子是賣給國際社會一個面子，撤出中國，但這樣仗不就白打了，錢也白花了嗎？另一個法子就是進一步擴大戰爭，打中國沒賺頭，就改打別的地方。於是日本軍閥分成了兩派，一派想要北上打蘇聯，搶佔西伯利亞；一派想要南下跟美國、英國、法國、荷蘭打，搶他們在東南亞的殖民地。

最先動手的是北進派。這幫傢伙覺得，當初日俄戰爭我們打贏了，這次重演勝利有何不可？於是他們在1938年挑起了張鼓峰事件，1939年又打了坎門諾戰役。誰知道此時的蘇聯再不是三十多年的沙皇俄國，日軍被機械化的蘇軍打得屁滾尿流。

這下日本可知道蘇聯不好惹了，決定改為南進。正巧，日本的盟國納粹德國於1939年進攻波蘭，挑起了世界大戰，不到一年，東滅波蘭，北占丹麥、挪威，西吞法國、荷蘭、比利時、盧森堡，把英國逼得退守孤島。日本大喜，趁機出兵搶佔了法國的殖民地印度支那（越南）。可是這樣一來又把美國、英國徹底得罪了。美、英宣布，日本在亞洲到處幹壞事，是可忍孰不可忍，必須馬上撤出中國。不然，我們就對日禁運，命脈鋼鐵和石油也在其中！

日本被逼到了絕路。區區島國真被斷了鋼鐵和石油，那就是老虎被拔光了牙齒，只能任人宰割啊！於是乎，他們孤注一擲，在1941年12月7日派出艦隊偷襲美國太平洋艦隊駐地——夏威夷珍珠港。太平洋戰爭爆發了，美國也加入世界大戰。

偷襲珍珠港後頭半年，日本囂張了一陣，殲滅大批美國、英國、荷蘭軍隊，佔領了東南亞、西太平洋的大片領土，包括英屬緬甸、馬來亞，法屬越南，荷屬印尼，美屬菲律賓等。這些地方長期遭受歐美列強的欺負，日本打出「幫助黃種人兄弟趕走白種人侵略者」「建設大東亞共榮圈」的旗號，很是蠱惑了一批人。

不過，日本的好日子也就只有半年而已。他們不打美國是等死，打美國是找死。美國一旦參戰，龐大的生產力頓時化為滾滾鋼鐵洪流，龐大的人力儲備也變成龐大的軍隊，殺奔太平洋戰場而來。單說海軍，日本偷襲珍珠港時，擊沉美軍4艘戰列艦，重創太平洋艦隊。可是從1941年到1945年，美軍共下水了航空母艦35艘、護航航母115艘、戰列艦10艘、巡洋艦48艘、驅逐艦和護衛艦800多艘，而日本同期只造了航母5艘、護航航母12艘、戰列艦2艘、巡洋艦9艘、驅逐艦63艘。日本的造船數只有美國的零頭，怎麼打？就算再讓你打兩個珍珠港，你又能如何？

1942年6月，美、日兩軍在中途島決戰。日本擁有紙面上的「兵力優勢」，其實雙方飛機數量差不多，加之日軍指揮失誤，被擊沉4艘航母，從此喪失戰場主動權。此後幾年裡，美軍後續的艦船源源不斷趕來，日軍只能步步後退。面對美軍漫天遍海的艦隊，日本聯合艦隊冰消雪融了。彪悍的日本士兵退守太平洋各島嶼，在美軍的航彈和艦炮下面粉身碎骨，他們手中的步槍和刺刀根本打不到美國人。有些狡猾的日軍躲進洞穴裡打游擊，結果不是被火焰噴射器燒成烤肉，就是被推土機直接活埋。

這種苦日子挨到1945年終於到頭了。日本的歐洲盟友首先崩潰，義大利法西斯領袖墨索里尼被本國游擊隊抓住槍斃，德國納粹元首希特勒在地下室自殺。3月9日，美軍出動300多架B-29重型轟炸機，投擲了2000多噸燃燒彈，將整個東京變成一片火海煉獄，燒毀城區面積40多平方千米，房屋被燒毀20多萬間，死亡約10萬人。8月6日和9日，美國飛機在日本廣島、長崎兩個城市投下兩枚原子彈，直接造成約10餘萬日本人死亡，後續死亡約30多萬。8月8日，蘇聯對日宣戰，150萬機械化部隊潮水般殺入中國東北地區，幾天之內便殲滅日本陸軍精銳部隊——關東軍60多萬人。八路軍總司令朱德下令敵後根據地發動全線反攻。幾面夾擊下，走投無路的日本只得在8月15日宣布投降。

夢想一統亞洲、爭霸世界的日本，從巔峰上跌落下來。日本在戰爭中死亡約300萬人（其中軍人陣亡約200萬），先前數十年侵略所得的朝鮮獨立，臺灣、中國東北等地歸還中國，而且不得擁有正規軍和進攻型武器。相反，中國雖然付出了傷亡3500萬人的慘烈代價（其中軍人傷亡近400萬），最終還是依靠全國軍民的奮戰和盟國的支持，打贏了曠日持久的抗戰，收回了被侵佔的領土，國際地位也有所提升。戰前受人欺凌的弱國，戰後不但位列盟軍四強，更成為聯合國五大常任理事國之一。抗戰後期的1943年，國民政府與美、英簽約，取消美、英兩國在華的治外法權，中國各界一片歡呼。

由於中國的實力畢竟比蘇、美差了一大截，加之戰爭後期正面戰場的糟糕表現，使得中國在戰爭勝利之時，還是避免不了被他國宰割的命運。例如香港、澳門未能一併收復。

第七章：風潮迭起——冷戰與亞洲

（西元20世紀中後期至21世紀初）

世界大戰削弱了傳統的殖民帝國實力，亞洲各國奮力掙脫枷鎖，贏得獨立。然而去除枷鎖後，亞洲還是動盪不斷。在美、蘇爭霸的「冷戰」大背景下，各國間的衝突較頻繁，內鬥也此起彼伏……面對世界霸主的爭奪，亞洲國家也展示了強悍的戰鬥力。朝鮮半島戰爭、越南戰爭讓美國人鎩羽而歸，阿富汗戰爭則成為蘇聯折戟沉沙的墳場。

ASIA
俄羅斯
歐　洲
哈薩克
烏茲別克
蒙古
吉爾吉斯
塔吉克
土庫曼
土耳其
敘利亞
黎巴嫩
伊拉克
伊朗
阿富汗
中國
北韓
南韓
日本
尼泊爾
不丹
約旦
巴勒斯坦
以色列
巴基斯坦
科威特
阿拉伯聯合大公國
沙烏地阿拉伯
阿曼
葉門
印度
孟加拉
緬甸
寮國
台灣
香港
泰國
越南
柬埔寨
菲律賓
汶萊
馬來西亞
新加坡
印度尼西亞
斯里蘭卡
非洲
OCEANIA
大洋洲

現今亞洲政區示意圖

內戰！鐵幕的先驅

「二戰」前，整個亞洲除了日本之外，沒幾個真正的獨立國家，連中國這種重量級「選手」都在遭受日本入侵，不少西亞國家都屬於英國、法國勢力範圍。東南亞尤其嚴重，除了泰國，其他幾乎都是英、法、美、荷等西方列強的殖民地。在「二戰」前期，英、法、荷等國都遭到了沉重打擊，甚至美國也一度被日本打得找不著北。日本在佔領東南亞期間，為了拉攏亞洲人，扶持了一些當地的民族政權。

等到「二戰」結束，亞洲便風雲翻覆，掀起了聲勢浩大的獨立運動。這件事當然讓西方強國不太開心。為了保持自己的地位，他們經常對殖民地威逼利誘，威逼利誘不管用時，甚至不惜直接出兵鎮壓。一時間，東南亞地區烽煙四起。

前美國殖民地菲律賓的運氣比較好，美國畢竟是西方列強中相對開明的國家，而且當時美國正在反對英、法的傳統殖民體系，藉以徹底成為西方國家的盟主，這也需要建立一個正面楷模，所以很痛快地就讓菲律賓在1946年獨立了。

印尼在日本投降後，閃電般地於1945年8月17日宣布獨立，成立了印尼共和國。荷蘭不滿意，出兵入侵，英國也來助戰。印尼和兩個強國打了三次獨立戰爭，終於在1949年跟荷蘭簽訂了協定。1950年，印尼正式獨立，並加入了聯合國。

英國呢，他們比較明白事理，也知道現在要強行維持過去的殖民地不太有希望了，於是在1947、1948年讓自己的殖民地印度、巴基斯坦、緬甸也獨立了。馬來亞地區在1948年成立馬來亞聯合邦，1957年取得獨立。

1963年，英屬的新加坡、北婆羅洲和砂拉越也宣告獨立，並與馬來亞組成馬來西亞聯邦。在馬來西亞人口中，馬來人接近一半，華人也有四成以上。由於部分馬來人的狹隘民族觀，擔心新加坡的華人威脅其地位，因此在1965年將新加坡逐出馬來西亞。新加坡獨立建國，大力發展經濟，很快成為亞洲四小龍之一。

這些國家的獨立基本問題不大，即使有些波折，也很快平息。但在交趾支那（即今天的越南、老撾、柬埔寨）地區，獨立卻引發了曠日持久的戰爭。

如前所述，這些地方原本是中國的藩屬國，在19世紀晚期被法國人佔領。可是法國在1940年就被德國打得投降了，於是日本趁機佔領了這些地方。等到日本人被打敗後，這些地方的人想，終於東洋鬼子、西洋鬼子都滾了，該我們獨立建國了吧？於是越南共產黨在胡志明（1890—1969年）領導下，成立了「越南民主共和國」；老撾也宣布獨立，建立了「老撾王國」。

但法國不願意放棄土地肥沃、物產豐富的殖民地。法軍在英國的支持下捲土重來。老撾人少國弱，很快招架不住，被法國重新佔領。但越南的胡志明可不是吃素的，他率領越南共產黨，迎頭痛擊法軍。法國為了重新樹立世界大國的威風，也必須找回這個面子，不但把大批軍隊都派到越南，還扶持越南阮朝的退位皇帝阮福晪建立了傀儡政權，招募了幾十萬偽軍，甚至把二戰結束時投降的德軍都招進隊伍，投到越南的崇山峻嶺中。於是，越共在北，法國在南，兩國展開了曠日持久的大戰。

一開始，法軍仗著裝備精良，節節進逼，佔領北方大片領土，把越共的根據地分割切斷後分兵圍剿。但胡志明充分發揮了本土作戰的優勢，神出鬼沒地與法軍周旋。到1947年底，法軍停止深入進攻，越軍則深入敵後開展游擊戰。

雙方拉扯了兩年後，新中國成立了，新中國立刻加大對胡志明的支持力度，以陳賡將軍為首的顧問團也前往越南指導越軍對法作戰。這麼一來，越軍作戰水準大增，1950年開始反攻，殲滅了大量法軍，收復高平、諒山等城市，解放區重新連合成一片。此後，越南聯合老撾、柬埔寨的游擊隊，前後夾擊法軍。

1953年，法軍在美國的支持下發動了最後一次大規模進攻，佔領了越南西北的奠邊府。結果越軍反過來把法軍包圍在奠邊府。一場激戰之後，法軍被全殲，被俘1萬多人。此戰徹底把法國打得沒了脾氣，只得求和。

1954年7月21日，日內瓦國際會議決定在印度支那半島停火。大家約定，越南以北緯17度為界，暫時被劃為南北兩個國家，北邊是胡志明領導的「越南民主共和國」，南邊是前阮朝君主阮福映的「越南國」，雙方計畫在1956年進行大選。法軍呢，沒他們什麼事了，灰溜溜地撤出了。柬埔寨和老撾也都獲得了獨立。

然而，事情還沒完。就在法國人灰頭土臉地離開亞洲時，世界範圍內的美、蘇「冷戰」已經鬥得狼煙四起。以「冷戰」思維來看越南戰爭，那就不光是一個越南獨立問題了，而是兩大陣營的此消彼長啊。

美國心中生氣，總不能讓共產黨的胡志明輕輕鬆鬆統一越南吧！美國總統艾森豪威爾很快插了進來，他支持南越將領吳庭豔發動政變，推翻了阮福映，建立了「越南共和國」。而同時，北邊的胡志明則實行土地改革，打土豪、分田地，搞起了轟轟烈烈的社會主義運動，越共的游擊隊也不斷地向南方滲透。

雙方利益衝突如此嚴重，只得又開打了。美國取代法國，成為南邊的臺柱子。一開始，美國只想打「代理人戰爭」「特種戰爭」，出錢、出槍、出顧問，扶持吳庭豔的南越軍隊跟胡志明打。可胡志明得到中國

BC
0 耶穌基督出生
100
200
300 君士坦丁統一羅馬
羅馬帝國分成兩部
400
500 波斯帝國
600 回教建立
700
800 凡爾登條約
900 神聖羅馬帝國建立
1000
1100 十字軍東征
1200 蒙古第一次西征
1300 英法百年戰爭開始
1400
哥倫布發現新大陸
1500
英國大破無敵艦隊
1600
1700 發明蒸汽機
美國獨立
1800
美國南北戰爭開始
1900
第一次世界大戰
第二次世界大戰
2000

和蘇聯的支持，信心足得很，南越「偽軍」根本不是對手。打了差不多十年，南越不但無法消滅越共，反而自己的地盤不斷被佔領，內部矛盾也此起彼伏。眼看著代理人不管用，美國只好親自插手。1965年，詹森政府宣布將戰爭級別升級到「局部戰爭」，美國陸、海、空三軍殺奔越南。原本以為，堂堂的美國大兵對付這些越共游擊隊，那還不是牛刀殺雞，手到擒來？誰知一打起來全不是那麼回事。越共游擊隊頑強啊，你一陣狂轟濫炸，看似炸平了，可他們又不知從哪裡鑽出來，打你個措手不及。

沒辦法，美國只好不斷地增兵，沒幾年，在越南的美軍達到了60萬，除美軍外還有幾萬韓國軍人，以及聯邦德國、日本、菲律賓、臺灣等盟友的部分兵力。美軍的各種新式武器也紛紛在越南投入實戰，包括大規模直升機編隊、氣墊船、鐳射制導炸彈等。美軍的狂轟濫炸，經常把越南村寨整片整片的夷為平地，屠殺越南民眾。為了遏制越共在叢林的游擊戰，美軍往越南南部多達10%的地區投放了大量化學毒品「橙劑」。這種落葉劑不但會使植物枯死，還會使沾染上毒劑的人產生各種病變，生出可怕的畸形兒。橙劑不但使越南數百萬人深受其害，不少參加越戰的美國大兵也產生了可怕後遺症。美國還順帶著把柬埔寨、老撾都重新佔領了。

堂堂世界霸主全力進攻，北越這小兄弟難道還能頂住嗎？結果還真頂住了，因為越共背後站著蘇聯和中國兩個大塊頭。蘇聯、中國對越南的支持，不僅是提供武器、物資、資金和顧問，而且正是由於中國和蘇聯的威懾，美軍才不敢大舉進攻北越的土地，只能迎擊南下的越共游擊隊。這樣一來，北越等於有了一塊受保護的根據地，可以源源不斷地派兵到南方參戰，把美軍拖進曠日持久的消耗戰。幾年打下來，美軍在越南陣亡了5萬多人，受傷30多萬人，國內也爆發了轟轟烈烈的反戰運動。加上蘇聯步步進逼，美國窮於應付，只好採取了壯士斷腕的舉措。

1968年，美國尼克森政府開始從越南逐步撤軍。

美國都被打得那樣了，更何況南越政權。美國一走，南越政權哪裡還招架得住，到1975年越共軍隊攻佔西貢，南方的「越南共和國」滅亡。次年，統一的越南政府正式建立，國號「越南社會主義共和國」。柬埔寨和老撾也重新獲得獨立。

相對朝鮮戰爭雙方平局收場，國家保持分裂的悲劇，越共胡志明則是打跑了美國，實現了國家統一。當然，這並不是說越南人就比朝鮮人更厲害，而是因為越南戰爭比之十多年前的朝鮮戰爭，蘇聯和美國兩家的實力對比已經發生了改變，社會主義陣營處於優勢狀態，更因為中華人民共和國的實力大幅度增長，給了美國更多的制約。

越南接連打敗了法國、美國，這可不得了，連美國都栽在我們手裡，這麼算來，全世界強國蘇聯第一，美國第二，我們越南可以排第三。這小小的東南亞，我們也得當個霸主才成啊！越南的後臺靠山蘇聯當時正是如日中天，在全球範圍內逼得美國不斷後退，他們也希望自己手下的這個小弟神氣一點。於是在蘇聯的支持下，越南開始爭霸東南亞。

越南首先對幾個鄰國下手。1977年，他們迫使老撾簽約，把邊界領土劃過去一大片，還把老撾變成自己的附庸國。越南又入侵柬埔寨，到1978年底佔領了柬埔寨全境，扶持起傀儡政權。此後，越南還跑到柬埔寨和泰國的邊境鬧事，派出小股部隊入侵泰國。

越南囂張了兩年，看沒人來治他，愈發趾高氣揚，在1979年竟悍然入侵中國邊境，挑起了邊境衝突。

越南人似乎忘記了，當初他們能打跑法國人、美國人，背後不光是蘇聯，更離不開中國的支援。如今恩將仇報，擅自啟釁，那還有什麼好下場！戰事一開，越南便節節敗退，戰場很快推入越南境內。不到一個月，越北的諒山等三座省會城市都被中國占領，首都河內也岌岌可危。

BC
0 耶穌基督出生
100
200
300 君士坦丁統一羅馬
羅馬帝國分成兩部 400
500 波斯帝國
600 回教建立
700
800 凡爾登條約
900 神聖羅馬帝國建立
1000
1100 十字軍東征
1200 蒙古第一次西征
1300 英法百年戰爭開始
1400
哥倫布發現新大陸 1500
英國大破無敵艦隊 1600
1700 發明蒸汽機
美國獨立 1800
美國南北戰爭開始 1900
第一次世界大戰
第二次世界大戰
2000

中國在教訓了越南一頓後就撤兵了。

此後，中、越雙方在邊境開始了長達十年的對峙，小規模戰役接連不斷。越南在戰場上死傷了不少人，可是為了幫蘇聯老大哥牽制中國，他們也只得硬著頭皮上。直到1989年「冷戰」結束，越南才從柬埔寨撤軍，中國和越南才停止衝突，實現關係正常化。柬埔寨的王室西哈努克親王（1922—2012年）也從中國返回柬埔寨，重新登基。

反目！印巴分治

再說南亞的文明古國印度，它在「二戰」中也爆發了獨立風潮，「二戰」後其獨立心理更是愈發強烈。英國政府當然想讓印度繼續當其殖民地，可是眼看著印度人的獨立呼聲一浪高過一浪，再要強壓著是不可能了。於是，英國在1946年召集印度幾大勢力開會，商量印度自治或獨立的事情。

過去的幾十年裡，英國為了自己的統治，分化瓦解，有意挑起宗教不和。如今他們發現，衝突的激烈程度已經超出了他們的控制範圍。

這下英國人也慌了。1947年，蒙巴頓勳爵奉命協調雙方矛盾。6月4日美國宣布，英屬印度殖民地將被分成信奉印度教的印度，和信奉伊斯蘭教的巴基斯坦兩個獨立國家。

英國人想趕緊甩掉這個燙手山芋，蒙巴頓宣布的印度和巴基斯坦的獨立時間是8月15日。也就是說，短短兩個月時間，他就要完成對幾百萬平方公里、幾億人口的疆域分割！而且，為了所謂「公平」，他安排一個完全不瞭解印度的英國律師德雷克里夫來劃分疆土。這位律師辛辛苦苦地在總督府閉門造車了兩個月，在一張地圖上完成了印度和巴基斯坦兩個國家的邊界劃分，把有很多印度教教徒的居住區劃給巴基斯坦，而把許多伊斯蘭教教徒的居住區劃入印度。然後，英國人還把這條生死攸關的邊界線藏著，直到8月14日，也就是巴基斯坦宣告獨立的當天才予以公布！

這簡直是唯恐天下不亂啊！分界線一公布出來，整個印度次大陸

BC
— 0 耶穌基督出生
— 100
— 200
— 300 君士坦丁統一羅馬
羅馬帝國分成兩部
— 400
— 500 波斯帝國
— 600 回教建立
— 700
— 800 凡爾登條約
— 900 神聖羅馬帝國建立
— 1000
— 1100 十字軍東征
— 1200 蒙古第一次西征
— 1300 英法百年戰爭開始
— 1400
哥倫布發現新大陸
— 1500
英國大破無敵艦隊
— 1600
— 1700 發明蒸汽機
美國獨立
— 1800
美國南北戰爭開始
— 1900 第一次世界大戰
第二次世界大戰
— 2000

頓時天下大亂。許多印度教教徒發現自己的家園被劃入了巴基斯坦，同樣許多伊斯蘭教教徒發現自己的故鄉被劃入印度。頓時，他們都陷入了其他宗教的汪洋大海中。為了保住身家性命，他們只能背井離鄉，逃亡到自己所屬宗教的國家。尤其在西部的旁遮普地區，雙方教徒發生了不計其數的衝突，至少有50萬人喪生，僥倖逃脫的也都淪為難民，缺衣少食，苦不堪言。

英國人的這次領土劃分，把原本世代共處了千百年的兩大宗教群體，變成了勢不兩立的仇敵，也讓原本希望兩大群體共同努力建設新印度的聖雄甘地非常痛苦。在獨立之日爆發的血腥動亂中，甘地挺身而出，呼籲停止宗教仇殺，由此，才使得東部孟加拉地區的流血事件遠遠少於西部地區。可是，甘地自己也被極端的印度教勢力視為「叛徒」，認為他在庇護伊斯蘭教教徒。1948年1月30日，也就是獨立之後還不到半年時間，甘地便被印度教極端分子暗殺。

印、巴兩國獨立後，事情並沒有完。巴基斯坦被人為地分為東巴基斯坦（今孟加拉）和西巴基斯坦兩部分，兩部分中間為印度。這種劃分一看就知是不讓大家好過，可見英國其心多麼歹毒。更嚴重的問題是，英國人的這條分界線畫得不但草率，而且含糊，邊境上有很多地方都有爭議，你說是你的，他說是他的。尤其是西北部的喀什米爾邦，沒有確認是歸印度還是歸巴基斯坦。這塊地方的居民以伊斯蘭教教徒占多數，可也有不少印度教教徒，這就如同在兩個娃娃之間掛起一塊糖，雙方都想爭。

兩國剛剛獨立幾個月，即1947年底，印度和巴基斯坦就為爭奪克什米爾地區開戰，這就是第一次印巴戰爭。打了一年多後，雙方誰也不能趕走誰，只好在1949年簽約停火。印度略占上風，佔領了喀什米爾一大半的領土和人口。1965年，兩方又打了一仗，這次不光是爭奪喀什米爾，印度軍隊還越過邊境線，直接進攻巴基斯坦本土。這次打了幾個月，戰場上巴基斯坦稍微占點便宜，但最終還是接受聯合國調停，雙方維持了戰前的分界線，又以平局收場。

這兩次印巴戰爭之後，兩國的梁子越結越深。雙方已經不光是為了爭奪喀什米爾，而是已把對方視作死敵。為了壓過對方，自然得各自拉攏夥伴，拜投大哥。巴基斯坦當時還是英聯邦成員，傾向於西方，認了美國當老大。而印度呢，畢竟是「二戰」後獨立的前殖民地國家中最強大的一個，在第三世界中影響力很大。實力擺在那裡，美國、蘇聯都想拉攏他。

不結盟運動

1954年，印度總理尼赫魯發表演說，首次提到「不結盟運動」，並將中國總理周恩來宣導的「和平共處五項原則」主張，作為不結盟運動的基礎原則。1955年，由印度、巴基斯坦、印尼、緬甸、斯里蘭卡五國發起，召開了萬隆會議，與會的29個第三世界國家宣布不願意捲入美國和蘇聯之間的「冷戰」，決定以爭取民族獨立和發展民族經濟，共同抵制美國與蘇聯的殖民主義和新殖民主義活動為宗旨，建立中間地帶。

1956年，南斯拉夫總統鐵托、埃及總統納賽爾和印度總理尼赫魯舉行會談，提出了不結盟的主張。1961年9月起，召開首次不結盟國家首腦會議。不結盟運動奉行獨立、自主和非集團的宗旨和原則，支持各國人民維護民族獨立、捍衛國家主權以及發展民族經濟和文化的抗爭，到「冷戰」結束時已有一百多個成員。印度在不結盟運動中隱然有領袖之風，也就成為美、蘇競相拉攏的香餑餑。

印度威風起來的同時，巴基斯坦國內則是問題重重，東部（今孟加拉國）覺得受到西部人的欺負，一直憤憤不平。1971年，東巴發生動亂，印度趁機宣布支持東巴獨立，出動數十萬大軍，兵分兩路，同時進攻巴基斯坦東西兩部分，第三次印巴戰爭爆發。巴基斯坦實力原本就不如印度，加之美國同時對雙方進行武器禁運，而印度可以得到蘇聯的大批武器支援，

因此打了沒多久，巴軍節節敗退。不到一個月，印度就全殲了巴基斯坦東部軍團，在西部也佔領了巴基斯坦數千平方公里領土。此後，雖然在中、美兩國干涉下，印、巴停火，但巴基斯坦從此一分為二，東部的孟加拉獨立。

印度愈加春風得意，在1974年進行了首次核子試驗，併吞了藏南小國錫金。但這絲毫不能緩解南亞地區的緊張局勢，遭到削弱的巴基斯坦對印度更加恨之入骨。之後兩國之間是大戰不見，小衝突不斷，動不動就是一陣邊境槍擊炮轟。巴基斯坦也在1998年成功進行了核子試驗。南亞次大陸的這兩個地區大國的敵對，也使南亞次大陸成了全世界的火藥桶之一。

血仇！阿以矛盾

當東南亞諸國和印度獨立之時，西亞地區的阿拉伯國家也逐漸擺脫了英、法控制。前面說過，伊拉克、沙特等國家在「二戰」前就已獨立了；被法國佔領的敘利亞和黎巴嫩則在「二戰」中獲得獨立。除此之外在西亞地區的其他國家，英國到「二戰」結束時依然是「太上皇」。不過，這個位置已經坐不穩了。阿拉伯國家紛紛鬧事，要求英國退出西亞。尤其是沙烏地阿拉伯自詡為阿拉伯國家的領袖，也很積極支持其他國家的獨立運動。同時，美國和蘇聯兩個巨頭也力圖在西亞分一杯羹，從兩面向英國施加壓力。1945年，伊拉克、約旦、敘利亞、黎巴嫩、葉門、沙特和非洲的埃及一起建立了「阿拉伯聯盟」，聯合起來跟外部勢力抗衡。

內外夾攻之下，英國招架不住，只能逐漸撤出西亞。1946年，約旦獨立，1957年英軍全部撤出約旦；1961年，科威特正式獨立；1962年，北葉門發生革命，脫離英國統治；1967年，南葉門也轟走了英軍，建立共和國（南北葉門在1990年統一）；1971年，阿拉伯幾個酋長國成立了阿拉伯聯合酋長國；1973年，阿曼、卡塔爾、巴林也獲得獨立。西亞的阿拉伯國家終於能夠自己當家做主了。

就在這幾十年裡，西亞先後發現了大片油田，原本的不毛之地頓時「鹹魚翻身」。1960年，伊朗、伊拉克、科威特、沙烏地阿拉伯再加上南美洲的委內瑞拉在巴格達開會，成立了「石油輸出國組織」（即OPEC，簡稱歐佩克），大家聯合起來一起跟西方發達國家討價還價，免得石油錢全被強國賺去了。不過，趕走了英國人並不意味著西亞就能太平無事，阿拉伯兄弟們就可以安享石油福利。中東這塊地方各種問題糾結：阿拉伯人與外來勢力的衝突，美、蘇兩霸的問題等，讓這塊地方幾十年來一直冒硝煙。而在「二戰」後的幾十年中燒得最厲害的，要算是巴勒斯坦地區的阿拉伯人和猶太人之間的矛盾。

「一戰」後，英國把巴勒斯坦地區變成直屬的「託管地」。面對總想鬧獨立的阿拉伯人，英國決定利用猶太人來牽制一下，遂大力支持猶太復國主義運動。到了「二戰」時，納粹德國對猶太人的屠殺，也讓國際主流社會對猶太人的同情心大增，更促使歐洲猶太人潮水般湧向中東。另外，由於猶太人多從事金融、商業，這些行業在中世紀是受歧視、鄙夷的行業，到了現代社會卻是把握社會命脈的高級行業，這也使得他們的發言權大增。這麼一來，聯合國就在1947年11月29日通過了181號決議，把巴勒斯坦地區分為猶太人和阿拉伯人兩個國家。

這個決議出來後，猶太人歡呼雀躍，我們終於有了自己的國土！可是阿拉伯人都氣壞了，憑什麼你們幾個動動嘴皮子，就要割走我們的土地啊？沙特國王憤憤地說：「歷史上誰在迫害猶太人？穆斯林嗎？既然德國人殺害猶太人，就在德國劃出一塊土地給他們好了，為什麼要損害與猶太人的苦難毫無干係的巴勒斯坦人民的利益？」更讓阿拉伯人氣憤的是，聯合國這個劃分方案完全是偏袒猶太人。當時在巴勒斯坦的猶太人只有60萬（其中大部分是近幾年搬來的），卻要劃走1.5萬平方公里的肥沃土地；而土生土長的阿拉伯人有120多萬，卻只得到1.1萬平方公里土地，還多是貧瘠的邊角區域。按這種分法，有50萬阿拉伯人要背井離鄉，要從「猶太國」被趕出去。這也偏袒得太離譜了！

猶太人可不管你們阿拉伯人高不高興。1948年5月14日，他們宣布建立以色列國。這下可捅了馬蜂窩。

阿拉伯聯盟（以埃及、敘利亞為主）在5月16日出動數萬大軍，殺奔以色列而來，第一次中東戰爭爆發。

最初，阿軍佔優勢，以軍節節敗退，聯合國劃給的土地被占了一大半。眼看這個剛剛成立的國家就要被淹沒了，美國操縱聯合國通過決議，命令雙方停火四週。以色列抓緊這個機會，大力擴充軍備。全世界的猶太人傾囊捐贈，從美、英、法等國購買了大批新式武器。等到停火一結束，雙方再度開打，已經脫胎換骨的以色列軍隊，打得阿拉伯聯軍大敗。

1949年春之後，以色列與阿拉伯各國陸續簽約停火，第一次中東戰爭結束。以色列不但收復了聯合國劃給自己的全部領土，還把聯合國劃給巴勒斯坦阿拉伯人的領土也侵佔了一大半。近百萬巴勒斯坦人被趕出家園，淪為難民。

到1956年，又爆發了第二次中東戰爭，不過這次戰爭和巴勒斯坦關係不大，是埃及領導人納賽爾上臺後，因為強行收回蘇伊士運河，並禁止以色列船隻通過運河與蒂朗海峽所引發，以色列聯合英、法兩大強國，對埃及發動了進攻。以色列單挑埃及還可以說各有千秋，加上英、法，那勝負是全無懸念。不過，埃及雖然傷亡慘重，依然節節抵抗。阿拉伯各國則一同聲援埃及，而美、蘇兩霸出於戰略佈局的需要，也對英、法施壓。最終，英、法、以撤出侵佔的埃及領土，以色列則獲得了蒂朗海峽的航行權。

回頭再說巴勒斯坦地區，以色列占了80%的土地，覺得挺合理：一部分是聯合國分給我的，另外的是1948年第一次中東戰爭贏來的，你們阿拉伯人自己打了敗仗，怪誰？巴勒斯坦人覺得，整個巴勒斯坦都是我們的，你以色列本來就是外來入侵者。好歹，你先把聯合國劃給我的土地還來吧。1964年，他們建立了巴勒斯坦解放組織，還在周圍阿拉伯國家的支持下建立了好幾支武裝力量（最強大的一支是法塔赫），駐紮在周邊國家，不斷對以色列展開游擊戰。

BC
— 0 耶穌基督出生
— 100
— 200
— 300
君士坦丁統一羅馬
羅馬帝國分成兩部
— 400
— 500 波斯帝國
— 600
回教建立
— 700
— 800
凡爾登條約
— 900
神聖羅馬帝國建立
— 1000
— 1100 十字軍東征
— 1200
蒙古第一次西征
— 1300
英法百年戰爭開始
— 1400
哥倫布發現新大陸
— 1500
英國大破無敵艦隊
— 1600
— 1700 發明蒸汽機
美國獨立
— 1800
美國南北戰爭開始
— 1900
第一次世界大戰
第二次世界大戰
— 2000

上古時期 BC
漢
— 0
100 —
200 — 三國
晉
300 —
400 — 南北朝
500 —
隋朝
600 — 唐朝
700 —
800 —
五代十國
900 —
宋
1000 —
1100 —
1200 —
元朝
1300 —
明朝
1400 —
1500 —
1600 — 清朝
1700 —
1800 —
1900 — 中華民國
2000 —

這下以色列可坐不住了。反正你們阿拉伯人就是不肯讓我們猶太人好好過日子，那就先下手為強！1967年6月5日，以色列軍隊向埃及、約旦和敘利亞發動了閃擊戰。這一戰頗有「二戰」時的德軍「風範」，以色列先是出動幾百架戰機突襲三國機場，把大量敵機炸毀在地面上；隨後十萬大軍以坦克為先導，旋風般席捲而過。埃及、約旦、敘利亞完全被打蒙了，短短幾天之內，損兵折將，丟盔棄甲。第三次中東戰爭只持續了6天，以色列以己方千餘人的代價，殲滅阿拉伯軍隊約2萬人，不但把巴勒斯坦地區剩餘20%的領土（即加沙地區和約旦河西岸）全部併吞，還佔領了埃及的西奈半島和敘利亞的戈蘭高地等達6萬平方公里的土地，威震中東。而數百萬巴勒斯坦人則全部淪為難民。

這一戰，以色列樹立了自己的軍事強國的地位，但這只能激起阿拉伯人更強烈的憤恨。以色列和周邊的敘利亞、埃及繼續摩擦不斷，一會兒是導彈襲擊，一會兒是大規模炮擊，或者派飛機狂轟濫炸。

到1973年10月，埃及、敘利亞聯手發動第四次中東戰爭，阿拉伯國家的伊拉克、約旦、阿爾及利亞、利比亞、摩洛哥、沙烏地阿拉伯、蘇丹、科威特、突尼斯以及巴勒斯坦解放組織等多多少少都派兵參加。這一次聯軍不但聲勢浩大，而且事前經過精心準備，在10月6日集中優勢兵力發動突襲，把以色列打得暈頭轉向，蘇伊士運河的「巴列夫防線」也被突破。

遺憾的是，聯軍內部想法不一致。埃及總統薩達特的目的只在以戰促和，初戰告捷後，埃及軍隊在10日放慢了進攻的步伐。以色列的反應卻遠遠超過這些對手，遭到襲擊後短短幾天之內，他們把幾十萬預備役部隊全部動員起來，在美國支持下發動反攻。他們首先在西線擋住埃及軍隊，集中兵力在北面猛攻敘利亞軍隊。敘利亞元首老阿薩德想不到埃及居然失誤，被以色列一陣猛攻，節節敗退，不但沒有收復戈蘭高地，反而連首都大馬士革都受到了威脅，全靠伊拉克、約旦等國家的支持才頂住了。打暈敘利亞之後，以色列再把重心轉到西線，又接連挫敗埃及軍隊。10月16日，以色列悍將沙龍（1928—2014年）率軍突破蘇伊士運河，連占要地，把埃及的一個集團軍包圍在河邊。10月24日，聯合國開展調解工作，力促雙方停火，次年參戰各方分別簽署停戰協定。

這一戰，雙方基本打個平手，以色列在遭到突襲的不利局面下沒有自亂陣腳，反而後發制人，最終奪取戰場的主動權，顯示了比阿拉伯國家強得多的軍事實力。埃及則「以戰促和」，從以色列手中收復了蘇伊士運河東岸約10公里寬的狹長地帶。可憐的是敘利亞，白白傷亡大批軍隊，損失不少坦克、飛機，結果寸土未復。

第四次中東戰爭也是20世紀阿拉伯國家聯合對以色列的最後一次大規模戰爭。此後，埃及逐漸和以色列關係正常化，和平收復了第三次中東戰爭中被佔領的西奈半島。這樣一來，原本埃及、敘利亞對以色列兩面夾擊的態勢就沒有了，阿拉伯國家圍剿以色列的聯盟也就出現了裂痕。

以色列解除了埃及這個後顧之憂後，可以全力收拾心腹之患——巴解組織。這會兒巴解組織的實力已經發展得相當強大，從1970年起，巴解組織及其軍隊進駐黎巴嫩。

1982年6月4日，以色列藉口駐英國大使被巴解組織暗殺，出動10萬大軍，在海軍、空軍和直升機的支援下，大舉入侵黎巴嫩。巴解組織雖然也有幾萬人馬，還得到敘利亞的支持，但畢竟屬於游擊隊武裝，哪能跟以色列正規軍硬碰？加上當時兩伊戰爭已經爆發，阿拉伯世界內部選邊站隊，有的支持伊朗，有的支持伊拉克，正在相互攻伐之際，不可能聯合起來對付以色列。短短幾天，以色列便佔領黎巴嫩的四分之一領土。聯合國緊急斡旋雙方停戰，協調幾個月之後，巴解組織在8月撤出貝魯特，以色列則在9月底從黎巴嫩撤軍。這一戰，被稱為第五次中東戰爭。此戰，敘利亞、巴解組織損失了近萬兵力、幾百輛坦克。以色列還

BC
0 耶穌基督出生
100
200
300
君士坦丁統一羅馬
羅馬帝國分成兩部
400
500 波斯帝國
600 回教建立
700
800
凡爾登條約
900
神聖羅馬帝國建立
1000
1100 十字軍東征
1200
蒙古第一次西征
1300
英法百年戰爭開始
1400
哥倫布發現新大陸
1500
英國大破無敵艦隊
1600
發明蒸汽機
1700
美國獨立
1800
美國南北戰爭開始
1900
第一次世界大戰
第二次世界大戰
2000

和黎巴嫩的基督教民兵「長槍黨」一起，在9月16日製造了駭人聽聞的大屠殺，殺害民眾數千人。以色列軍司令沙龍被比利時法院判處「反人類罪」。

經過五次中東戰爭，阿拉伯方面反以色列的軍事力量基本上被打垮了，以色列成為巴勒斯坦地區的主宰。眼看以色列這麼厲害，巴勒斯坦人也只好接受現實。1988年，巴解組織在阿拉法特（1929—2004年）的帶領下，做了以下幾件事。首先，他們宣布，正式建立巴勒斯坦國，首都為耶路撒冷。其次，他們表示接受聯合國1947年的181號決議，也就是同意讓以色列佔領57%的領土，自己只要43%。此外，阿拉法特還表示，承認以色列這個國家的生存權，譴責恐怖主義。

正巧，這時候以色列總理換了「鴿派」拉賓（1922—1995年），於是巴、以雙方開始和平談判。1994年5月14日，雙方在開羅簽署協定，以色列在巴勒斯坦地區的加沙和約旦河西岸劃分出一些領土，供巴勒斯坦人居住，並且讓他們自治，阿拉法特也得以回到故土。

不過，以色列分給巴勒斯坦「自治」的領土大約只有2500平方公里，只占巴勒斯坦地區的不到一成，而且被切割成幾百塊，每一塊都位於以色列軍隊的包圍之下。這種待遇，巴勒斯坦人當然不滿意。到了1995年11月4日，以色列總理拉賓被猶太激進分子刺殺，強硬派內塔尼亞胡（1949—）上臺，巴、以關係重新緊張。中東地區依然烽火不絕，動盪不斷。

慘烈！兩伊戰爭

就在巴勒斯坦和以色列糾葛之際，東邊的伊朗和伊拉克又在1980年爆發了一場曠日持久的大血戰。

1979年，伊拉克的領導人是復興社會黨的薩達姆・海珊（1937—2006年）。

復興社會黨和薩達姆

1947年，敘利亞學者阿弗拉克（1910—1989年）創立了阿拉伯復興黨，宗旨是團結整個阿拉伯民族，實現復興、統一和社會主義。1953年該黨與敘利亞社會黨合併，稱為復興社會黨。雖然社會黨在1961年退出聯合，重新獨立，但社會黨依然沿用復興社會黨之名。1963年，復興社會黨在敘利亞和伊拉克先後發動政變上臺。伊拉克大權很快落入阿里夫手中，復興社會黨又在1968年再次政變推翻阿里夫。1969年，敘利亞復興社會黨和伊拉克復興社會黨正式分道揚鑣。薩達姆此時已經是伊拉克「復興黨」的二把手，掌握伊拉克大權。他在第四次中東戰爭中派出2萬精兵助戰敘利亞，又收回了西方石油公司在伊拉克的全部股份。同時，薩達姆與蘇聯的關係逐漸密切，得到了蘇聯支援。1979年，薩達姆正式成為伊拉克總統，一手掌握了黨政軍大權。

在伊拉克東邊的伊朗，這時候也爆發了伊斯蘭革命，推翻了巴列維王朝。霍梅尼（1902—1989年）掌權後建立了共和國。這個國家一反巴列維時期親英、親美的政策，甚至攻佔了美國駐伊朗大使館，把使館人員劫持作為人質。這樣一來，美國和伊朗的關係就跌到了冰點。

伊朗巴列維王朝的覆滅

伊朗禮薩汗在1925年登基後，為了爭取獨立，擺脫英國控制，與納粹德國有所往來，因此在1941年被英國人逼下臺，由其子巴列維（1919—1980年）繼位。巴列維掌權期間，按照美國的架構實行「白色革命」，進行土地改革、給予婦女選舉權、森林水源收歸國有、工人參加分紅。同時，對美國給予大量特權。此舉遭到宗教領袖霍梅尼的大力反對，國王驅逐霍梅尼出伊朗，並對伊朗民眾的大規模遊行進行鎮壓，打死數萬示威者。1978年底，全國各地爆發革命，軍隊宣布「中立」。1979年1月，國王巴列維逃出伊朗，開始「度假」，2月，霍梅尼返回伊朗，宣布廢除君主制度，4月1日正式改國名為「伊朗伊斯蘭共和國」，經公民投票後建立了政教合一的體制。

伊朗和伊拉克兩家鄰居原本就存在利益紛爭。兩國擁有1200公里長的邊界，諸如阿拉伯河河面歸屬糾紛、波斯灣上的幾個島嶼的主權歸屬等都是兩國爭執的目標。霍梅尼號召伊拉克境內的民眾推翻薩達姆，這讓薩達姆極為惱火。另外，伊朗境內有不少阿拉伯人，伊拉克境內也有不少波斯人，兩方的少數民族都少不得和多數的民族發生摩擦，由此加深了民族衝突。兩國境內還都有不少庫爾德人，於是伊朗支持伊拉克的庫爾德人鬧獨立，伊拉克支持伊朗的庫爾德人鬧獨立，鬧得沸沸洋洋。

薩達姆盤算了一下：論軍力，現在霍梅尼剛上臺，伊朗國內動盪未息，軍隊實力大幅度下降，而我伊拉克得到蘇聯大批援助，兵強馬壯；論國際環境，蘇聯是我的後臺，而霍梅尼剛剛抓了美國的使館人員，和美國也是不共戴天，等於說蘇、美兩大霸主都站在我這邊；還有中東的其他阿拉伯國家，大部分也都是兄弟，肯定會支持我打霍梅尼的。這麼一算，天時、地利、人和都在我這一邊，現在不揍伊朗，更待何時？於是，薩達姆在1980年9月22日一聲令下，伊拉克大軍滾滾東進，揭開了兩伊戰爭的序幕。

戰爭之初，伊拉克佔據優勢，很快攻入伊朗境內，佔領了多個城市和要地，可惜的是，薩達姆並沒有擴大勝利成果的戰略眼光。相反，霍梅尼號召伊朗民眾迅速組建後備部隊，頂住了伊拉克的猛攻。到10月底，伊拉克的攻勢就停下來了。經過一年的僵持拉鋸，伊朗在1981年9月開始反攻，接連收復失地，殲滅大批伊拉克軍隊。薩達姆沒料到霍梅尼居然這麼能打，自己冒冒失失地惹了個大麻煩，他趕忙在1982年6月提議停火。

這時，伊朗軍隊越過邊境，開始攻入伊拉克國土。1982年7月13日，伊朗12萬大軍向10萬伊拉克軍隊防守的重鎮巴士拉發動猛攻，伊朗軍隊用人海戰術衝擊著伊拉克軍隊防線。經過半個月的激戰，伊朗軍隊付出了近2萬人陣亡的代價，依然未能奪取巴士拉。此後，兩伊又在巴士拉浴血廝殺了數次，伊拉克以慘重的損失守住了這個南部重鎮。到1984年3月，伊朗攻勢基本被阻止。

伊拉克在戰爭中還使用了化學武器，殺傷伊朗軍民上萬人。聯合國安理會在1987年通過了第598號決議，要求停火。1988年8月20日，雙方正式停戰。

「兩伊戰爭」是「二戰」後一次極為慘烈的戰爭。當時加起來人口不過幾千萬的伊朗和伊拉克兩國，總共有53萬人戰死（伊朗35萬，伊拉克18萬），95萬人受傷（伊朗70萬，伊拉克25萬），8萬人被俘（伊朗3萬，伊拉克5萬），還有多達百萬的平民傷亡。第三國的船隻也有700多艘被擊沉、擊毀或擊傷。

在戰爭中，伊朗和伊拉克都使用了大量的新式武器，可是雙方的戰術卻相當笨拙，大多就是在邊境線附近你進我退地平推，最後兩敗俱傷。所有的新式武器也都用來砸正面的火線，就這麼砸掉了幾千輛坦克、幾百架新式飛機、幾十艘艦艇。因此，「兩伊戰爭」被稱為「高科技武器打低水準戰爭」的典型。

這種戰法不但延長了戰爭時間，還消耗了大量的生命和金錢。兩國的軍費開支和戰爭損失達7000億美元，打完仗後，伊朗欠了450億美元外債，伊拉克則欠了800億美元外債。兩國原本靠著石油過著富裕日子，如今被戰火燒得滿目瘡痍、家徒四壁。戰爭削弱了伊朗和伊拉克這兩個地區強國的實力。

阿富汗！蘇聯的墳場

20世紀下半葉的亞洲，充斥著美、蘇爭鬥的氣息，兩大霸主也不時親自下場搏鬥。60年代的越南戰爭讓美國大傷元氣，蘇聯趁機搶佔上風。然而殷鑒不遠，蘇聯很快又重蹈美國的覆轍，陷入另一個戰爭泥淖。這個泥淖就是阿富汗。幾十年前大英帝國在這裡栽了跟頭，如今蘇聯又接踵而來。

前面說過，阿富汗在1921年擺脫英國控制成為獨立國家。這個國家位於亞洲的十字路口，東邊是中國，西邊是中東，南邊是印度，北邊是蘇俄（蘇聯），可謂咽喉要地。但凡對亞洲有點野心的國家，都會打它的主意。所以，阿富汗獨立之後，英國和蘇聯依然不斷插手阿富汗事務，造成阿富汗內部鬥爭頻繁。到1933年，查希爾（1914—2007年）當上阿富汗國王，也挺有福氣，在王位上一坐就是四十年。「二戰」前他和納粹德國頗有往來，從希特勒手中撈了不少好處。「二戰」中他嚴守中立，把糧食和牲畜賣給美國、印度，又賺了一大筆錢。他任用一些能幹的宰相（多數是王室成員），使得阿富汗逐漸擺脫了封建桎梏，有了一點現代國家的味道。

「二戰」後，美、蘇「冷戰」，阿富汗這種咽喉要道之地自然要大力爭奪。對於蘇聯來說，如果能把阿富汗變成自己的勢力範圍，蘇聯海軍到印度洋就變得觸手可及。自20世紀50年代開始，蘇聯就大力援助阿富汗，還支持阿富汗跟東邊的巴基斯坦搶地盤。而美國呢，雖然對美國來說阿富汗沒那麼重要，但蘇聯要做的就是他們要破壞的，因此，美國也給阿富汗送了不少好東西。雖然美國送的東西不如蘇聯送的值錢，也足夠勾引住阿富汗，讓阿富汗人惦記著這點東西，不要全力投入蘇聯懷抱。阿富汗樂得美、蘇兩霸都討好自己，乾脆公開宣布，我們不摻和你們的冷戰，嚴守中立，你們有什麼禮物統統送來吧！

但是，阿富汗畢竟是一個較為落後的國家。全國各地的部族勢力很大，民眾教育水準低下，醫療也很落後。另一方面，隨著時代的變遷，不少阿富汗的年輕人從西歐和蘇聯留學歸國。喝過洋墨水後，他們的眼光自然不同，對於王室貴族的專權非常憤恨，而且形成了很多相互排斥的政治派別。富人和窮人的矛盾，知識份子和部族守舊派的矛盾，親美、親蘇的政治派別間的矛盾，層層交疊在一起，把阿富汗變成了一個火藥桶。

1969年到1972年，阿富汗發生了三年飢荒，由於王室權貴貪腐無能，導致超過10萬人餓死。這下火藥桶被引爆了。1973年7月，查希爾國王的堂兄達伍德（1909—1978年）在蘇聯和軍隊的支持下發動政變，推翻了堂弟的統治，宣布阿富汗廢除君主制，成為「阿富汗共和國」，自任總統兼總理。

蘇聯認為，這下可算是把阿富汗握在手掌心了。誰知這達伍德也是一個不甘當傀儡的梟雄。他一面和蘇聯保持友好關係，滿足蘇聯的一些要求，想方設法從蘇聯身上揩油；另一方面，他加強了獨裁統治，任命自己的親戚們為高官要職，對內鎮壓部族勢力和親蘇黨派和軍官。他還不斷對美國及西方招手，希望繼續「大小通吃」，保持在美、蘇兩國之間的超然地位，兩邊撈好處。

要知道，70年代的蘇聯正是如日中天，在全球範圍逼得美國節節敗退，豈能容忍小小的達伍德得了便宜還賣乖，當初是我們蘇聯把你扶上位的，要叫你下臺也是易如反掌的事！1978年4月，蘇聯支持阿富汗的左翼政黨「人民民主黨」又發動了一次政變，達伍德被槍殺。人民民主黨的領導塔拉基（1917—1979年）成為阿富汗新領導，改國號為「阿富汗民主共和國」。

塔拉基上臺之後，對外全面倒向蘇聯，甘當蘇聯的被保護國，允許蘇聯全面插手阿富汗事務，在阿富汗大批駐軍。對內沒收部族首領、宗教社團的多餘土地，取消高利貸，取消窮人的一切債務，禁止買賣婚姻，動員婦女參加工作。塔拉基的這些改革其初衷是好的，可是他不顧阿富汗現實國情，沒有循序漸進，而是生搬硬套，靠槍桿子強行推廣，這就把全國的有錢人、宗教團體和保守人士都得罪了。面對怨聲載道，塔拉基不在乎：對這些反革命分子客氣什麼！於是，監獄裡人滿為患，刑場槍聲不絕。這些「反革命」當然也不甘心坐以待斃。於是，阿富汗出現了大量武裝叛亂隊伍。

塔拉基這麼搞，鬧得內部都出了問題。黨內反對塔拉基的呼聲此起彼伏，塔拉基的得意門生和副手阿明（1929—1979年）趁機「逼宮」，在1979年7月奪取了軍政大權，把塔拉基架空成一個傀儡。這位阿明的政治觀點其實比老師更加激進，堅決鐵腕推行社會改革。但他的外交手腕要比老師靈活，認為我們阿富汗歷來素有反對外國入侵的光榮傳統，我們不能乖乖地給蘇聯當「兒子」，好處要拿，可是美國那邊也得打好招呼，還是左右逢源為妙。

蘇聯知道這件事，當然不高興，他們跟塔拉基勾結，準備藉開會的機會幹掉阿明。誰知阿明先下手為強，在9月發動政變，殺死恩師塔拉基，自己當上了阿富汗名副其實的總統。阿明上臺後大搞獨裁統治，削弱親蘇派力量，還向美國、巴基斯坦等國示好。

蘇聯眼見自己的代理人被阿明做掉，還擺出了要投靠對手的架勢，豈能善罷甘休！1979年12月底，蘇聯向阿富汗發動了突襲。以蘇聯對付阿富汗，本來就是牛刀殺雞，更何況先前蘇聯早已在阿富汗政府和軍隊內部扶持了大批親蘇勢力。12月27日，蘇軍空運部隊直接攻佔了阿富汗首都喀布林，打死了不聽話的阿明，扶持親蘇派的卡爾邁勒（1929—1996年）上臺，建立了傀儡政權。此後幾天，蘇軍迅速控制了阿富汗全境，阿富汗政府軍基本不戰而降，歸順了卡爾邁勒。

蘇聯眼看這麼輕而易舉地拿下阿富汗，得意得很：看看，這就是紅色帝國的實力！他們覺得最多一、兩年後就可以撤軍，可實際上真正的戰鬥才剛剛開始。早在塔拉基當政時期，阿富汗各地就有大批反政府軍，還有不少人逃出阿富汗，在鄰國巴基斯坦安營紮寨，準備「反攻倒算」。現在蘇聯公然入侵阿富汗，這些反政府軍頓時升級成為「反抗外國入侵」的民族英雄。他們滾雪球一樣壯大，到處打擊蘇軍和親蘇的政府軍。

另一方面，蘇聯這麼赤裸裸地入侵一個主權國家，等於在全世界民眾面前扯下了遮羞布。大多數國家都憤怒譴責，以美國為首的幾十個國家還抵制了1980年在莫斯科舉辦的奧運會。更關鍵的是，蘇聯此舉得罪了整個阿拉伯世界。以沙特為首的阿拉伯國家紛紛慷慨解囊，支持反抗力量。世界各國的大批青年開赴阿富汗，和蘇軍展開激戰。美國可得意了，趕緊提供他們武器，還在巴基斯坦建立了訓練營、宗教學校，投資了數十億美元，訓練阿富汗的游擊隊反抗力量。

靠著美國的武器裝備，游擊隊神出鬼沒地穿行在阿富汗山區。蘇軍的裝甲部隊可以橫掃千軍，可是在山地，他們只能排成一字長蛇陣，游擊隊只要用反坦克導彈把頭尾的坦克擊毀，其他坦克就都成了固定靶。蘇軍投入了大批武裝直升機，游擊隊就設法把這些直升機誘到山谷低飛，然後用山頭埋伏的火箭筒和機關槍「居高臨下」幹掉它們。蘇軍多次向游擊隊盤踞的山區掃蕩，但都是損兵折將。雖然能佔領一些地區，卻抓不住游擊隊主力，等蘇軍一走，游擊隊又活躍起來。

這麼打了幾年，游擊隊的武器由美國不斷供給，經驗越打越豐富，膽子也越打越大。蘇聯為了維持他的傀儡政權，不得不持續往阿富汗增兵，最後達到10多萬人。持續不斷地打仗，要耗費龐大的資源，蘇聯雖然「身強體壯」，可也撐不住這樣不斷放血啊。加上蘇聯過去幾十年為了爭霸，一味發展重工業，現在陷入阿富汗這個泥淖，外傷引發內傷，國內衝突也起來了。1985年，戈巴契夫擔任了蘇共總書記，覺得這樣下去不行，開始尋求停止「冷戰」，全線回縮。1989年，蘇軍全部撤出阿富汗。

持續九年多的阿富汗戰爭，蘇聯前後投入了150多萬裝備精良的官兵，最終鎩羽而歸，戰死1萬多人，傷4萬人，耗資450億盧布。蘇聯在這一地不但被牽扯了大量精力，消耗了大量資源，還在國際上老臉丟盡，可謂面子、裡子輸個精光。就在撤軍之後不久，蘇聯麾下的東歐社會主義陣營發生劇變，華沙條約組織解散。又過了兩年，蘇聯自己也解體了。傳說中的「帝國墳場」阿富汗，這回埋葬了身強體壯的蘇聯，也間接終結了「冷戰」。

阿富汗從中也沒有得到任何好處。整個國土成為蘇軍、親蘇政府軍和游擊隊的戰場。阿富汗各派軍人戰死數萬人，而平民死傷則高達百萬，還有數百萬人背井離鄉，淪為難民。更可怕的是，戰亂將過去百年裡阿富汗歷屆王朝、政府辛辛苦苦逐漸打造的統一國家及政權體系砸得粉碎，阿富汗實質上重新陷入部族武裝、宗教團體和軍閥割據的分裂狀態。

蘇聯撤軍後，親蘇的人民民主黨政府和反蘇的游擊隊之間還在繼續打仗，同時雙方各自內部也都是問題重重，不時有政府軍勾結游擊隊造反，也有游擊隊歸順政府一方，朝秦暮楚，反覆無常。這麼又持續了兩年，到1991年底蘇聯解體，俄羅斯徹底斷絕了向阿富汗政府提供各類援助。反觀游擊隊還能繼續從沙特等阿拉伯國家獲得源源不斷的武器、彈藥和鈔票。這下，阿富汗政府招架不住了，部隊紛紛倒戈。1992年3月，阿富汗總統納布吉拉（1947—1996年）宣布辭職，游擊隊佔領了喀布爾，蘇聯扶持的人民民主黨政權至此徹底覆滅。

打垮了親蘇政府後，該和平了吧？做夢！

阿富汗全國的軍閥和宗教武裝立刻開始清算起彼此的舊帳。種族衝突、宗教問題交織錯雜，大家重新分邊站隊，展開了一輪又一輪的內戰，把這個國家推入了無盡的苦海。

玩完！強人薩達姆・海珊

隨著東歐劇變、華約解散，持續了數十年的「冷戰」，以美國的勝利而告終。從此，世界進入美國「一強獨霸」的時代。美國在這個時代盡顯蠻橫。凡是不符自己意志的人，它都想消滅。首先被滅的便是伊拉克總統薩達姆・海珊。

前面說過，薩達姆也算是阿拉伯國家中的一代梟雄，他執掌伊拉克之後，在西邊積極參加對以色列的圍攻，在東邊和伊朗打了八年「低水準高烈度」的血戰。等「兩伊戰爭」打完，伊拉克已然是家徒四壁。戰前外匯盈餘400億美元，戰後卻反欠了800億美元，其中有150億美元是欠鄰國科威特的。

薩達姆摸摸見底的口袋，對科威特國王說：兄弟啊，我們商量件事，你看，我跟伊朗打了八年，也算是為我們阿拉伯人的大業犧牲。你們國家這麼有錢，也不在乎那一些小錢。那150億美元，要不然就算個人情吧？科威特國王眼一瞪：老薩，你說什麼話呢，欠債還錢，天經地義啊！

但這還不算什麼，在科威特與伊拉克的邊境上發現了大片油田，伊拉克說是他家的，科威特也說是他家的，還擅自動手開採起來。石油就是錢啊！薩達姆窮得雙眼冒火，看著腦滿腸肥的科威特，一拍桌子：好好商量你不聽，那就戰場上見！

戰場上沒啥懸念，伊拉克有百萬大軍，科威特總人口還不到二百萬。

1990年8月2日，伊拉克十萬大軍越過邊境，僅僅一天時間就把科威特給滅了。薩達姆得意洋洋，宣布科威特成為伊拉克的第19個省。可是，這已經不是19世紀了啊，連蘇聯入侵阿富汗都遭到了全世界反對，你伊拉克這麼鬧不是自找麻煩嗎？尤其是現在「冷戰」結束了，美國正在想辦法要找個人揍，以顯示世界霸主的威風，一看薩達姆送上門來，大喜，當即派出八個航空母艦的編隊，幾十萬大軍殺奔波斯灣而去。美國的北約盟友英國、法國、義大利、加拿大等也派出幾萬個兵馬隨從。而中東地區的其他一些阿拉伯國家如沙特等，也跟美國站在了一條戰線上。

一下子，薩達姆四面楚歌。他開始還不太在乎，我們伊拉克也是身經百戰了。當初「兩伊戰爭」，伊朗的兵比我們多得多，我們不也頂住了嗎？如今，伊拉克有120萬大軍，五、六千輛坦克；你們多國部隊加起來也不過70萬人，坦克才只有我的一半，也不過就是飛機多點。我就算打不贏你，莫非守也守不住嗎？來就來，誰怕誰！因此他拒絕了聯合國的調解、蘇聯的斡旋，也拒絕了美國的最後通牒，打死不肯從科威特撤軍。

美國冷冷一笑：那就打死你好了。1991年1月17日，「波斯灣戰爭」正式爆發。伊拉克軍隊嚴陣以待，只等著聯軍衝來，迎頭痛擊。哪曉得來的不是滾滾裝甲洪流，更不是漫山遍野的步兵，卻是遮天蔽日的飛機和導彈。這下子，習慣了「兩伊戰爭」打法的伊拉克人傻眼了，這叫什麼戰術啊，不成了純挨打嗎？沒錯，就是要你純挨打！

聯軍每天出動幾千架次飛機，狂轟濫炸一個多月，直接把伊拉克的大炮坦克全部炸成了廢鐵。而伊拉克只能發射幾個飛毛腿導彈來對盟軍基地作「撓癢癢」的反擊。等炸得差不多了，聯軍這才出動地面部隊，如同刀切豆腐，把伊拉克陸軍殺得稀裡嘩啦。薩達姆這才知道厲害，趕緊在2月26日宣布撤軍。這一仗加起來打了四十天，伊拉克損失10多萬人，其中戰死2萬，還損失300多架飛機，5000多輛坦克裝甲車。聯軍只死了500多人，傷幾千人，損失幾十架飛機、幾十輛坦克。

這一戰，美軍第一次展現了現代化電子戰、資訊戰的威力，這種「不對稱戰爭」把世界上包括俄羅斯在內的其他國家全嚇傻了。而薩達姆則不幸做了美國的磨刀石。他當初為了缺錢才打科威特，結果一仗下來，不但慘敗撤軍，國內也被炸得一片稀巴爛，光戰爭損失就達2000億美元，還得賠科威特幾百億美元，以後還要被美國制裁，真是慘到家了。這一仗慘的還不光是薩達姆，整個阿拉伯世界也被劈開了一道重重的裂痕。美國藉由這次大勝，趁機在中東地區大批駐軍，勢力大為擴充。而阿拉伯世界的統一對外，則已恍如隔世。

對薩達姆來說，波斯灣戰爭只是厄運的開始。此後的十多年裡，美國每隔一段時間就把他揪出來，一會兒說他藏有違禁武器；一會兒說他不民主，鎮壓人民；一會兒又在伊拉克設置禁飛區，扶持伊拉克北部的庫爾德人造反。薩達姆呢，雖然打不過美軍，嘴上還不肯服軟，經常叫囂著「我要戰鬥到底！」

雙方就這麼玩了十多年，等到2001年「911」恐怖襲擊後，美國總統小布希宣布：「伊拉克的薩達姆不但違反聯合國規定，藏有違禁武器，而且還勾結恐怖分子賓·拉登，應予以消滅！」並提供了諸多虛假證據。薩達姆心想，這大帽子壓死人啊。他趕緊喊冤：沒有啊，我沒有勾結賓·拉登啊，違禁武器也早就銷毀了啊！聯合國也反對美國擅自動武。可此刻的美國正是如日中天，誰管你！

2003年3月20日，美、英20多萬大軍再次殺奔伊拉克，「伊拉克戰爭」（又稱第二次波斯灣戰爭）爆發。這時候，伊拉克經過十多年的制裁，早已元氣大傷，雙方實力的差距比波斯灣戰爭時期還大。美、英聯軍還扶持了伊拉克國內的反薩達姆勢力，內外夾擊。戰爭不到一個月就結束了，美英聯軍死了不到300人，而薩達姆的軍隊死了上萬人。4月15

日，聯軍佔領伊拉克全境，扶持了親美政權。薩達姆帶著少數親信躲了兩年多，於2005年底被美軍抓獲。2006年，伊拉克新政府以「謀殺和反人類罪」判處其死刑。12月30日，薩達姆被絞死。

不過，薩達姆的垮臺並沒有為伊拉克帶來和平安寧。此後的十年間，伊拉克境內戰火不斷，美軍常常遭到路邊炸彈襲擊，無辜平民也經常被波及。十年間，單是美軍就死傷了5萬餘人。而當初美、英發動戰爭的藉口，例如傳說中的「薩達姆擁有的違禁武器」沒有找到，「薩達姆勾結恐怖組織」的證據也是一點全無。倒是找出了相反的證據，薩達姆的違禁武器確實早就被銷毀了。薩達姆倒臺之後，伊拉克的極端宗教勢力再度泛濫，最後甚至培育出了邪惡的「伊拉克和黎凡特伊斯蘭國（ISIS）」。

薩達姆只因錯判局勢，輕舉妄動，把一個原本能稱雄中東的基業生生敗掉，不但自家身亡名裂，也讓伊拉克從此兵連禍結，令人歎息。相對來說，東邊的伊朗就要明智得多。霍梅尼時代的伊朗，同時和蘇、美兩家結怨，又跟薩達姆打得死去活來。但「波斯灣戰爭」爆發後，新任領袖哈梅內伊（1939—）深知唇亡齒寒的道理，並沒有去落井下石，而是嚴守中立，還允許伊拉克戰機逃到伊朗避難。伊朗不去故意挑釁美國，面對美國的壓力時也絕不屈服，同時與俄羅斯、中國等搞好關係，並多次在國際上放出和解、協商的善意。伊朗利用本國的資源優勢賺取外匯，大力發展高等教育，加強科研，建立以原油生產為主的多種產業。

希望！亞洲的時代

如今的亞洲，武裝衝突與動盪仍為亞洲帶來新的威脅。朝鮮半島南北兩邊對峙，南亞次大陸印、巴虎視眈眈，阿富汗烽煙未息，敘利亞兵火不絕，巴勒斯坦地區和平遙遙無期，葉門內戰又把以沙特為首的一批阿拉伯國家給牽扯進去……全球軍隊人數最多的10個國家，亞洲占了7個半（中國、印度、朝鮮、韓國、巴基斯坦、伊朗、越南，半個是土耳其）。

聯合國五常之外的「非法擁核」國家也全是亞洲國家：印度、巴基斯坦、朝鮮、以色列。此外，如果有需要，日本也能很快製造出核武器。

然而，在總體上亞洲已經開始迎來嶄新的黃金時代。亞洲人口最多的中國和印度已經開始了經濟大轉型。據預測，亞洲的中產階級人口將從2010年的5億增長到2020年的17.5億，這意味著急劇膨脹的市場需求。

五、六千年的文明開始再次領跑了，五百年的淪落屈辱，五十年的奮起直追。亞洲的命運重新回到了自己的手中，自己的腳下，自己的眼前。

讀史知今，身處如今這個變革的時代大潮之中，或許顧盼回眸，能讓我們在展望與遠眺中，多一些明智，少一些迷茫。

汲古閣 06

你一定想看的亞洲史

作者　楊益
美術構成　騾賴耙工作室
封面設計　斐類設計工作室
發行人　羅清維
企劃執行　張緯倫、林義傑
責任行政　陳淑貞

企劃出版　海鷹文化
出版登記　行政院新聞局局版北市業字第780號
發行部　台北市信義區林口街54-4號1樓
電話　02-2727-3008
傳真　02-2727-0603
E-mail　seadove.book@msa.hinet.net

總經銷　知遠文化事業有限公司
地址　新北市深坑區北深路三段155巷25號5樓
電話　02-2664-8800
傳真　02-2664-8801
網址　www.booknews.com.tw

香港總經銷　和平圖書有限公司
地址　香港柴灣嘉業街12號百樂門大廈17樓
電話　（852）2804-6687
傳真　（852）2804-6409

出版日期　2021年03月01日　二版一刷
定價　320元
郵政劃撥　18989626　戶名：海鴿文化出版圖書有限公司

國家圖書館出版品預行編目（CIP）資料

你一定想看的亞洲史 ／ 楊益作.
-- 二版. -- 臺北市 ： 海鴿文化，2021.01
面 ； 公分. --（汲古閣；6）
ISBN 978-986-392-359-6（平裝）

1. 亞洲史

730.1　　109020336

SeaEagle

SeaEagle